Horst Bartnitzky/Reinhold Christiani

Zeugnisschreiben in der Grundschule

Beurteilen ohne und mit Zensuren
Leistungserziehung · Schülerbeobachtung
Differenzierte Klassenarbeiten
Freie Arbeit · Übergangsgutachten · Elternberatung

Erweiterte Neuausgabe

HORST BARTNITZKY/REINHOLD CHRISTIANI

Zeugnisschreiben in der Grundschule

Beurteilen ohne und mit Zensuren
Leistungserziehung · Schülerbeobachtung
Differenzierte Klassenarbeiten
Freie Arbeit · Übergangsgutachten · Elternberatung

Erweiterte Neuausgabe

Agentur Dieck

Die Deutsche Bibliothek - CIP-Einheitsaufnahme

Bartnitzky, Horst:
Zeugnisschreiben in der Grundschule : Beurteilen ohne und mit Zensuren, Leistungserziehung, Schülerbeobachtung, differenzierte Klassenarbeiten, freie Arbeit, Übergangsgutachten, Elternberatung / Horst Bartnitzky/Reinhold Christiani. - Erw. Neuausg. der Fassung von 1987. - Heinsberg : Agentur Dieck, 1994
ISBN 3-88852-326-5
NE: Christiani, Reinhold:

Erweiterte Neubeausgabe der Fassung von 1987

Gesetzt aus der Times
Printed in Germany

ISBN 3-88852-326-5

Alleineinvertrieb: Buchhandlung Elke Dieck · Richard-Wagner-Str. 1 · D-52525 Heinsberg
Tel. 02452/6041 · Fax 02452/66594

Inhalt

1. Leistungsbeurteilung — Prüfstein für eine leistungsfähige Kinderschule

Wir sollten es nicht verdrängen und auch nicht beschönigen: Die Grundschule nimmt eine Auslesefunktion wahr. Zurückstellung, Nichtversetzung, Überweisung in die Sonderschule, Übergang in weiterführende Schulen — das sind die Entscheidungen, durch die Kinder in der Grundschule aussortiert werden.

Zensuren verleihen Rechte

Für solche Entscheidungen (ob beispielsweise Torsten sitzenbleiben muß oder ob Christian zum Gymnasium überwechseln darf) muß gegenwärtig vor allem dieses eine Instrumentarium herhalten: die Zensuren. Wer Zensuren verteilt, verteilt immer auch Lebenschancen.

Es ist deshalb innerhalb dieses Verteilungssystems nur konsequent, wenn — um einer vermeintlichen Gerechtigkeit willen — verlangt wird, die Leistungsbeurteilung müsse objektiv, vergleichbar sein. Dazu wiederum bedürfe es zwangsläufig einheitlicher, standardisierter Anforderungen und schließlich präziser Beurteilungskriterien.

Dient die Leistungsbeurteilung der Auslese . . .

Eine perfektionistische Leistungsbeurteilung also, die dazu dienen soll, Verteilungsentscheidungen zweifelsfrei zu begründen?

Aus grundschulpädagogischer Sicht können wir eine solche Entwicklung nicht wollen; denn ein auf Auslese und Berechtigung ausgerichteter Leistungsbegriff wirkt sich verhängnisvoll aus:

Ein solches Denken führt zu einem Klima, in dem die Bildung der Persönlichkeit dem Götzen der Meßbarkeit ausgeliefert wird. Im Mittelpunkt des pädagogischen Interesses stünde dann nicht mehr, was das Kind lernt und wie es lernt und was dieses Lernen bei ihm bewirkt. Die Zensuren werden stattdessen zum alles beherrschenden Thema.

Als Lehrerinnen und Lehrer werden Sie, statt Anwälte der Kinder zu sein, zu Vollzugsbeamten dieses Berechtigungswesens. Diese Rolle steht jedoch in Widerspruch zu jenen Zielen, die für Erziehung und Unterricht in der Grundschule gelten. Deshalb kann die Aufgabe der Schule nicht darin bestehen, Kinder durch das Anwenden scheinbar objektiver, unbestechlicher Maßstäbe fein säuberlich in „gute" und in „schlechte" Schüler zu sortieren.

Das übermächtige System der Leistungsbeurteilung muß sich daran messen lassen, ob es dem Bildungs- und Erziehungsauftrag gerecht werden kann:

. . . oder dem Bildungs- und Erziehungsauftrag der Schule?

Ermöglicht es, daß alle Kinder tragfähige Grundlagen erwerben? Befähigt es zu eigenständigem Entscheiden und Handeln? Hält es Leistungswillen und Lernfreude aufrecht? Fördert es Hilfsbereitschaft? Macht die Leistungsbeurteilung überhaupt noch Leistungserziehung, die Entwicklung von Leistungsfähigkeit und -bereitschaft also möglich?

Mit dieser Problematisierung wollen wir allerdings nicht Schulleistung überhaupt infragestellen. Im Gegenteil: Wir gehen von diesen beiden Prämissen aus:

Erstens:

Für die Entwicklung der kindlichen Persönlichkeit sind Leistungsbereitschaft und Leistungsfähigkeit unerläßlich. Jedes Kind braucht zu seiner Selbstentfaltung die Erfahrung, daß es — auf welchem Gebiet auch immer — etwas leisten kann.

ZWEITENS:
Unverzichtbarer Bestandteil der Leistungserziehung ist die Leistungsbeurteilung: sie hilft den Kindern, sich selbst einzuschätzen; sie gibt dem Lehrer Auskunft darüber, was er in seinem Unterricht erreicht hat und in welcher Hinsicht er welche Kinder zukünftig fördern muß. Schließlich gibt sie den Eltern Informationen über die Lernentwicklung ihrer Kinder und kann so zum Anlaß werden, sich mit dem Lehrer zu beraten.
Mithin entscheidet sich am Konzept und an der Praxis der Leistungsbeurteilung, inwieweit die Grundschule eine leistungsfähige Kinderschule ist.

1.1 Zum pädagogischen Leistungsbegriff

Die Grundschule nimmt mit ihrer Leistungserziehung eine notwendige Anpassungspflicht wahr, um Schüler auf ihr zukünftiges Leben in der Gesellschaft vorzubereiten. Wo diese Anpassung jedoch uneingeschränkt, ohne Rücksicht auf die Möglichkeiten und Bedürfnisse von 6- bis 10jährigen Kindern vollzogen wird, kommt ein Leistungsbegriff ins Spiel, der anderen Zielsetzungen als einer pädagogischen folgt. Diesen nicht-pädagogischen Leistungsbegriff möchten wir Ihnen vorab vorstellen und kommentieren.

Der Leistungsbegriff: Abbild des gesellschaftlichen Wettbewerbs?

■ *Merkmale eines nichtpädagogischen Leistungsbegriffs*

Die Grundschule ist Teil unserer Leistungsgesellschaft. Es ist das Kennzeichen dieser Gesellschaft, daß sie den Zugang zu beruflichen und sozialen Positionen allein von der individuell erbrachten Leistung abhängig machen will. Nicht mehr Herkunft oder Religion, Besitz oder Gesinnung sollen den Ausschlag geben, sondern das Leistungsprinzip: Es war das Vehikel, um ständische Vorrechte zu beseitigen; seitdem gilt es als das sozial-neutrale Zuweisungsregulativ.
Dieses Leistungsprinzip beruht auf den Gesetzen des gesellschaftlichen Wettbewerbs: Nur wenn bestimmte Leistungsnormen erfüllt sind, wird man mit Gratifikationen (Beförderung, Gehaltszulage, Zulassung zu bestimmten Bildungsgängen) belohnt. Damit soll das Leistungsprinzip letztlich die Verteilung von Gütern möglichst gerecht steuern (gleicher Lohn für gleiche Leistungen). Als Konsequenz hieraus ergibt sich ein Leistungsbegriff, den man allgemein bezeichnet als:

[1] produktorientiert
[2] konkurrenzorientiert
[3] ausleseorientiert

Im Unterrichtsalltag findet dieser Leistungsbegriff seine Entsprechung,

Drei kritische Fragen an Ihr Verständnis von Leistung in der Unterrichtspraxis

[1] wenn Schulleistungen ausschließlich an (Klassenarbeits-)Ergebnissen gemessen werden, unabhängig von deren Zustandekommen:
Orientierung an einem meßbaren Produkt

[2] wenn soziale Lern- und Arbeitsprozesse vernachlässigt werden und stattdessen rivalisierendes Lernen hingenommen oder gar bevorzugt und der Leistungsvergleich (z. B. mittels eines Notenspiegels) betont wird:
Orientierung am Konkurrenzdenken

[3] wenn Schulversagen als gegeben akzeptiert wird und entsprechende Selektionsmaßnahmen in Kauf genommen werden:
Orientierung an der Auslese.

Dem Wettbewerbsdenken entsprechend wird also auch schon die Grundschule — gleichsam als die Leistungsgesellschaft im kleinen — mit der Selektion beauftragt; und zwar um so nachdrücklicher, je mehr die Schulleistung zum maßgeblichen Faktor für den sozialen Aufstieg geworden ist.

Ein so verstandener Leistungsbegriff bleibt zwangsläufig auf den technologisch-ökonomischen Aspekt verkürzt. Ihm liegt als Zielvorstellung die reibungslose Einpassung in die Wettbewerbsgesellschaft zugrunde. Dem Lernen und Leisten in der Grundschule wird damit ein rein mechanistisches Sinnverständnis unterlegt: Leistung dient nicht mehr der Entfaltung der kindlichen Persönlichkeit, sondern sie verkümmert — wirtschaftlichem Denken entsprechend — zu einem verwertbaren (oder aber zu einem Abfall-) Produkt. Und die erzielten Lernprodukte, deren Bildungswert kaum interessiert, sind nichts anderes als die Eintrittskarte für Institutionen, in die die Schüler erst nach ihrer Grundschulzeit eintreten: in die weiterführenden Schulen.
Eine Grundschule, die ihre Steuerungsfunktion im schulischen Berechtigungswesen möglichst präzise, d. h. über genormte Anforderungen, wahrnehmen will, müßte alle Kinder über einen Leisten schlagen und damit deren unterschiedliche Ausgangsbedingungen mißachten. (Sie wendet das Leistungsprinzip im übrigen konsequenter an als die Leistungsgesellschaft selbst; denn dort bleibt meist unbeantwortet, wer für welche Leistungen warum belohnt wird.)

■ *Der Auftrag der Grundschule als Maßstab für einen pädagogischen Leistungsbegriff*

Unser Suchraster für einen pädagogischen Leistungsbegriff:

Leistung und Bildung dürfen sich nicht ausschließen. So kann der Leistungsbegriff nur dann pädagogisch genannt werden, wenn er dem Bildungs- und Erziehungsauftrag der Grundschule gerecht wird. Wir beschreiben deshalb zunächst diesen Auftrag, um von daher den pädagogischen Leistungsbegriff zu bestimmen.

der Auftrag der Schule . . .

Der Auftrag der Schule — und damit auch der Grundschule — wird gemeinhin mit den folgenden Zielsetzungen umschrieben (vgl. Fend 1980, S. 377 ff.)

— in der inhaltlichen Dimension:
die aktive und offene Auseinandersetzung mit den kulturellen Traditionen fördern, zu Urteilsfähigkeit erziehen, tragfähige Grundlagen in den Fächern und Lernbereichen ermitteln (vgl. auch Lichtenstein-Rother/Röbe 1982 S. 78 ff.)

— in der personalen Dimension:
die kindliche Persönlichkeit vielseitig entfalten; Vertrauen in die eigenen Fähigkeiten fördern; zu Selbstverantwortung, Selbstdisziplin und Zielstrebigkeit erziehen; Hilfen geben zur „moralisch-mündigen Handlungsfähigkeit als Selbstbestimmung“ (Roth 1971, S. 388)

— in der sozialen Dimension
zu sozialer Sensibilität und Einsicht erziehen, zu sozialer Verantwortung, zu Hilfsbereitschaft, zu Solidarität und Mitgefühl (vgl. auch Klafki 1985, S. 172 ff).

Diese Zielsetzungen sind daran ausgerichtet, dem Verfassungsauftrag gemäß mehr Humanität und mehr Demokratie in den Bereichen des individuellen und des gesellschaftlichen Lebens zu verwirklichen. Für die Grundschule sind diese Zielsetzungen beispielhaft in den Richtlinien des Landes Nordrhein-Westfalen (1985, S. 12) so zusammengefaßt:

„Die Grundschule leistet ihren Beitrag zur grundlegenden Bildung, indem sie bei den Kindern Selbst- und Welterkenntnis anbahnt, sie schrittweise zu Urteilsfähigkeit, zu selbständigem und verantwortungsbewußtem Handeln hinführt und Einstellungen und Haltungen aufbauen hilft, die für die Persönlichkeitsentwicklung und für die mündige Teilhabe am gesellschaftlichen Leben erforderlich sind.“

. . . der Anspruch an Leistungsanforderungen und Leistungsbeurteilung

Im Zusammenhang mit der Frage nach einem pädagogischen Leistungsbegriff in der Grundschule lassen sich die hier genannten Zielsetzungen noch weiter konkretisieren: Sind Leistungsanforderungen und Leistungsbeurteilung so gestaltet, daß sie dazu beitragen,

— Lern- und Arbeitsverhalten grundzulegen (selbständiges, bewußtes, zielorientiertes Lernen)?
— Leistungsbereitschaft und Leistungsfähigkeit aufzubauen (Anstrengungsbereitschaft, Ausdauer, Steuerung und Kontrolle des eigenen Leistungsverhaltens)?
— Neugier, Interesse, Kreativität und Lernfreude zu ermöglichen und zu fördern?
— zu sozialer Sensibilität und Einsicht zu erziehen?
— Vertrauen in die eigenen Fähigkeiten zu stärken?
(vgl. LICHTENSTEIN—ROTHER/RÖBE 1982, S. 82 ff)

Das sind die wichtigsten Prüffragen. Der pädagogische Leistungsbegriff unterscheidet sich damit vom nicht-pädagogischen durch drei zentrale Orientierungen (vgl. KLAFKI 1985, S. 171 ff): Er ist orientiert

Der pädagogische Leistungsbegriff — dreifach bestimmt:

[1] am individuellen Lern- und Entwicklungsprozeß des Kindes (statt ausschließlich an Lernprodukten):
Unter welchen Bedingungen lernt das Kind?
Wo macht es Fortschritte, wo hat es Schwierigkeiten, wo sind seine Stärken?
Welche Hilfen braucht das Kind?

Individualisierung/ Soziales Lernen/

[2] an der sozialen Dimension des Lernens (statt an konkurrierendem und rivalisierendem Lernen):
Welche Fähigkeiten sozialen Handelns müssen gestärkt werden? Was kann das Kind von den anderen profitieren? Wie kann es seine Leistungsfähigkeit wirksamer in die Klassengemeinschaft einbringen? Wie kann gemeinsames Lernen und Leisten (z. B. in Phasen freier Arbeit, bei Projekten) gefördert werden?

Ermutigen und Fördern

[3] an den Grundsätzen des Ermutigens und Förderns (statt an Auslese):
Wie kann der Lehrer dem Kind Mut machen? Wie kann er Lernfreude und Anstrengungsbereitschaft wecken und steigern? Wie kann er den Verbleib in der Klassengemeinschaft sichern?

Stehen aber nicht diese pädagogischen Orientierungen quer zum schulischen Alltag, wo doch der ökonomisch orientierte Leistungsbegriff den gesellschaftlichen Erwartungen entsprechend dominiert? Bleibt nicht die Anerkennung des Kindes in seinem Subjektsein pure Illusion, wenn die Grundschule als Selektionsinstanz dem pädagogischen Leistungsbegriff kaum eine Chance läßt und stattdessen Produkt-, Konkurrenz- und Ausleseorientierung favorisiert?
Um dieses Dilemma zu veranschaulichen, werden wir Ihnen Ausschnitte aus der Leistungsentwicklung einzelner Kinder in der Grundschule schildern.

1.2 Fallbeispiele

■ *Ingrid und Ingo*

INGRID hat zwei ältere Schwestern und konnte bereits lesen, bevor sie in die Schule kam, weil sie es bei ihren Geschwistern abgeschaut und mitgelernt hatte. Längst hatte sie also schon den Schritt geschafft, nicht nur alle Buchstaben und deren Zuordnung zu Lauten zu kennen, sondern auch die Laute zu verschmelzen und schöpferisch Wörter und Sinn zu entdecken. Ingrid hat die Arbeit an der Fibel über sich ergehen lassen, ist aber dann auch zunehmend als Zugpferd mit eingesetzt worden. Sie konnte Phasen freierer Arbeit dazu nutzen, um schon selbst weiterzulesen, weil sich in der Klasse eine umfangreiche Klassenbücherei befindet. Von ihrem günstigen Ausgangspunkt hat sie ihr Lesenkönnen in der Schule bestätigt gefunden und hat ihre Fähigkeit, auch längere Texte selbständig zu lesen, weiter ausgebildet.

Kindern mit unterschiedlichen Lernvoraussetzungen können wir nur durch unterschiedliche Lernanforderungen gerecht werden

Hingegen Ingo: Er sitzt in derselben Klasse wie Ingrid. Ohne Anregung von Zuhause, konnte er bis jetzt keine Erfahrungen machen, wie wichtig überhaupt Lesen ist: daß es etwas ist, was einem Spaß macht und weiterhilft; daß es etwas ist, was auch in der Familie als wichtig angesehen wird — der also von daher überhaupt keine Motivation zum Lesenlernen in die Schule mitbrachte. Die Lehrerin kümmert sich sehr individuell um Ingo. Er bemüht sich nun ihr zuliebe auch, ein bißchen zu lesen. In der Tat gelingt es ihm dann, kleinere Wörter im Laufe der Zeit zu erlesen: Und am Ende der Klasse 1 kann die Lehrerin mit gutem Gewissen sagen, daß Ingo einfache Wörter mit vier bis fünf Buchstaben selbständig erlesen kann.

Auf dem zensurenfreien Zeugnis wird Ingrid vermutlich bescheinigt: „Ingrid kann auch längere Texte selbständig erlesen." Bei Ingo hingegen heißt es wahrscheinlich nur: „Ingo kann schon einfache, kurze Wörter erlesen." Dies mag dem sachkundigen Leser solcher quasi-standardisierten Zeugnisse mitteilen: Die Leistung von Ingrid ist — angesichts der Lernergebnisse und im Vergleich zu den Mitschülern — offensichtlich unvergleichlich größer. Aber ist Ingrid auch wirklich gefordert und damit gefördert worden? Hat sie Vergleichbares an Einsatz und Anstrengung eingebracht wie beispielsweise Ingo?

Unterschiedliche Leistungsanforderungen, doch einheitliche Leistungsmaßstäbe

Ingo hat zweifellos erheblich mehr an Anstrengungsbereitschaft, an Leistungswillen und an Beharrlichkeit aufgebracht. Müßten nicht diese individuell erbrachten Leistungen entsprechend im Zeugnis gewürdigt werden? Jedenfalls sollten die individuellen Anstrengungen gewürdigt werden, statt sie an normierten Anforderungen und an den Mitschülern zu messen und dann gering zu schätzen. Im Zeugnis von Ingo könnte es also weiter heißen: „Das ist für Ingo eine großartige Leistung, über die ich mich sehr freue. Er hatte es nämlich anfangs sehr schwer. Zwar hat er jetzt noch einige Probleme mit dem Lesen, aber ich bin zuversichtlich, daß er am Ende des nächsten Schuljahres gut lesen können wird, wenn sich Ingo und die Lehrerin weiter solche Mühe geben werden."

■ *Jens und Nadja*

Bei der Verwendung von Zensuren läßt sich das Beurteilungsdilemma noch schärfer zeigen. Ein Beispiel aus der Klasse 3:

Am Rechtschreibunterricht nimmt, wie anderswo auch, eine Reihe von Kindern teil, die rechtschreibliche „Selbstläufer" sind — Kinder, die das Rechtschreiben lernen, ohne daß der Lehrer sich überhaupt anzustrengen braucht. Der Unterricht könnte noch so viele rechtschreibdidaktische Schwächen haben, die Kinder werden dennoch gute Rechtschreiber.

Das Zensurendilemma: nicht die Anstrengung zählt (Beispiel: Jens) . . .

Daneben gibt es die rechtschreibschwachen Kinder — die Kinder, denen vor allem im Rechtschreibunterricht die Sorge gelten muß:

Jens hat bei viel intensiver Hilfe und Übung sieben Fehler gemacht — eine enorme Leistung für ihn. Eine Zeitlang hatte er Diktate gar nicht mitgeschrieben, weil es für ihn sonst zu entmutigend gewesen wäre. Jens hat es nun mit viel zusätzlicher Übung, mit viel eigener Anstrengung in diesem Diktat auf sieben Fehler gebracht.

. . . sondern das Produkt (Beispiel: Nadja)

NADJA dagegen, die zu den rechtschreiblichen Selbstläufern gehört und aus diesem Selbstbewußtsein heraus leicht unachtsam wird, hat vier Fehler gemacht. Das Ergebnis zählte, unabhängig von der individuellen Leistung — und von der Fehlerart.

Doch Jens hat mehr geleistet als Nadja, Er müßte für seinen Einsatz und für den damit erzielten Fortschritt wenigstens ein „Gut" erhalten. Sollte Nadja jetzt — gemessen an ihren Fähigkeiten und wegen mangelnder Anstrengungsbereitschaft — ein „Ausreichend" bekommen? Zensierung also aufgrund dessen, was ein Kind tatsächlich geleistet hat, statt an einer (willkürlich) gesetzten Norm?
Man kann sich den Sturm der Entrüstung vorstellen, den eine solche auf Anstrengung und Fortschritt des einzelnen Schülers bezogene Bewertung bewirken würde.

Der Konflikt zeigt: Nicht das, was Kinder leisten, wird gesellschaftlich anerkannt, sondern das Leistungsergebnis, das also, was unter dem Strich herauskommt; unabhängig davon, wie dieses Ergebnis zustandegekommen ist. Und insofern ist es auch nur konsequent, wenn man die zensurenfreie Zeit mit dem Schonraumargument begründet: Mag bei den kleineren Kindern noch Großherzigkeit möglich sein, das eigentliche Lernen beginnt dort, wo vor allem die Leistungsprodukte bewertet werden, nämlich von dem Zeitpunkt an, wo Zensuren erteilt werden. Denn erst hier manifestiert sich die gesellschaftliche Wertschätzung eines bestimmten Typs von Leistung.

■ *Abdelghani*
Als letztes Beispiel ein ausländisches Kind, ABDELGHANI: Seiteneinsteiger, neun Jahre alt; aus Nador, einem kleinen Dorf in Marokko. Der Vater hatte ihn im Sommer aus seinem Heimaturlaub mitgebracht. Die restliche Familie ist in Marokko geblieben. Er kommt in eine „Auffangklasse". Hier sitzt er zunächst völlig still und verschlossen da, kann nur die arabische Sprache und Schrift. Hilfen über die Muttersprache, etwa durch Sprachvergleiche, durch Vermittlungshilfe fehlen, weil es an der Schule keinen arabisch sprechenden Lehrer gibt. Deshalb ist es notwendig, mit sehr viel Anschaulichkeit und mit sehr viel individuellem Zuspruch zu helfen. Nach einigen „sprachlosen" Wochen entstehen tatsächlich erste Kontakte zu den Mitschülern. Besonders in kleinen Rollenspielen kann Abdelghani Begeisterungsstürme bei seinen Mitschülern entfesseln, und das motiviert ihn dann auch, etwas mehr aus sich herauszugehen. Er lernt tatsächlich allmählich Druckschrift schreiben und lesen. Zuhause allerdings (der Vater kommt erst abends zurück) kümmert sich niemand um ihn. Er ist sich tagsüber allein überlassen, erfährt nicht wie andere — auch ausländische — Kinder Ermutigung zum Lernen durch sein Zuhause. Er ist also ganz angewiesen auf das, was in den wenigen Stunden am Vormittag in der Schule unter diesen besonders erschwerten Bedingungen geschieht. Nach einem Jahr in dieser Übergangsklasse wird er in die Regelklasse versetzt. Er kann sich umgangssprachlich verständigen. Er kann die Druckschrift schreiben, einfache Texte lesen. Er kann sogar Aufgaben der vier Grundrechenarten lösen. Es ist also schon bewundernswert, was Abdelghani in dem einen Jahr geleistet hat.

Folge der einheitlichen Meßlatte: Trotz erfreulicher Lernfortschritte wird dem Kind der Erfolg verwehrt

Wenn man seine Leistungen allerdings mit dem vergleicht, was seine Mitschüler in den Regelklassen können, und wenn man sich vorstellt, wie sein Zeugnis im Vergleich zu dem der anderen Kinder aussehen wird — wie wird dann sein weiteres Lernschicksal sein? Es ist zu befürchten, daß von dem Tag an, an dem er mit der gleichen Elle wie die Kinder der Regelklasse gemessen wird, die depremierende Erkenntnis, nicht mithalten zu können, seine Lernbereitschaft und -fähigkeit verkümmern läßt.

Mit diesen Beispielen wollen wir Ihnen zeigen: Was in der Grundschule — ganz im Sinne gesellschaftlicher Erwartungen — hauptsächlich zählt, das ist letztlich die Leistung als Ergebnis (Produktorientierung), nicht aber das Leisten selbst (Prozeßorientierung). Der Leistungsbegriff wird auf den Vergleich der Ergebnisse und damit auf den Vergleich zu den Mitschülern (Konkurrenzorientierung) reduziert:

Das Zensurendilemma: Die Rangskala macht einen Teil der Kinder zu Versagern

Mögen Ingo, Jens und Abdelghani sich noch so sehr anstrengen, es bleibt ihnen — trotz ihres persönlichen Erfolgs — der sogenannte Schulerfolg versagt. Auch die permanente Erfahrung des Weniger- oder gar des Nicht-Könnens wird ihnen auf Dauer wahrscheinlich nicht erspart bleiben. Sie werden an unverrückbaren Anforderungsnormen gemessen und werden daran womöglich scheitern (Ausleseorientierung).

Fazit:
Der pädagogische Leistungsbegriff kann im Beurteilungssystem mit Zensuren letztlich kaum realisiert werden, mag auch der einzelne Lehrer über Härten hinweghelfen wollen: Solange die Leistungsbeurteilung auf Kategorien wie Effektivität, Gleichförmigkeit, Konkurrenz ausgerichtet ist, so lange bleiben öffentliche Beschwörungsformeln wie Ermutigung, Grundlegung der Bildung für alle, Erziehung zu Selbständigkeit, Förderung von Kreativität und sozialer Einsicht bloße Worthülsen.

Leistungsbeurteilung ist aber kein Selbstzweck. Sie hat ihre Berechtigung nur im Zusammenhang mit dem Bildungs- und Erziehungsauftrag; und damit muß sie auch den Grundsätzen der Leistungserziehung angepaßt sein. Um diese Grundsätze für eine wirksame Leistungserziehung geht es im folgenden:

1.3 Grundsätze für eine wirksame Leistungserziehung

Wir haben bisher die Lernbedingungen ausgeblendet, die dem pädagogischen Leistungsbegriff überhaupt erst Geltung verschaffen. Schulleistung ist — wie wir in Kapitel 2 noch ausführlicher darstellen werden — ein überaus komplexes Faktorenbündel. Zu einem nicht unerheblichen Teil hängt die *Lern*-Leistung des Kindes von der *Lehr*-Leistung der Schule ab. Schulleistung darf deshalb nicht einseitig — als „Bringschuld" des Schülers — mißverstanden werden.

Mit der Frage nach den Bedingungen von Schulleistung stellt sich uns direkt die Frage nach der Leistung der Schule. Am Beispiel:

Was leistet die Grundschule, damit Kinder etwas leisten können?

Soll die Grundschule die Leistungsfähigkeit und Leistungsbereitschaft der Kinder stärken, dann muß sie die Lernsituationen auch so differenziert gestalten, daß alle Kinder tatsächlich etwas leisten können; daß sie — gemessen an ihren Lernmöglichkeiten — Erfolg haben und Vertrauen in ihre eigenen Fähigkeiten gewinnen können. Und sollen Kinder zu selbständigem, selbstkontrolliertem Lernen erzogen werden, dann muß der Unterricht auch den nötigen Spielraum geben für selbstgesteuertes Lernen und für die Übernahme von Verantwortung.

Leistungserziehung kann also nicht losgelöst von Unterricht gedacht werden: Wünschenswerte Einstellungen und Haltungen erwachsen nicht aus Worten, nicht aus noch so gutgemeinten Ermahnungen und Belehrungen; sie müssen im Unterricht selbst erfahren und erprobt und eingeübt werden.

Leistungserziehung bliebe in einer gleichermaßen inhaltsleeren wie folgenlosen Beschwörung des Erzieherischen stecken, wenn einerseits in Sonntagsreden weiterhin die Bedeutung der Charaktererziehung, der Erziehung zu Fleiß, Leistungswillen und Selbstdisziplin herausgestellt wird, wenn jedoch andererseits im Unterrichtsalltag die meiste Zeit und die größte Anstrengung in prüfungsrelevante Aktivität investiert werden soll — mithin keine Gelegenheit bleibt, das gewünschte Verhalten auch einzuüben.

Unterricht und Erziehung voneinander zu trennen, widerspräche der unteilbaren Einheit des Kindes als Person. Unterricht und Erziehung sind die beiden Sichtweisen eines einheitlichen pädagogischen Prozesses, der auf die Einheit von Wissen und Haltung zielt.

Leistungserziehung: nicht durch belehrende Worte, sondern durch Situationen, in denen Kinder selbständig lernen und etwas leisten können

Die Einheit von Erziehung (die sich nicht in bloßer Disziplinierung erschöpfen) und Unterricht (der nicht zu bloßer Stoffvermittlung verkümmern darf) ist in dem Konzept des erziehenden Unterrichts hergestellt. Dieser vermittelt Kenntnisse und Fertigkeiten in einer Weise, daß Kinder durch den Unterricht zugleich zu Leistungsfähigkeit und -bereitschaft, zu verantwortlicher Selbständigkeit im Denken und Handeln, im Urteilen und Entscheiden erzogen werden. Aus dieser Einheit von Erziehung und Unterricht folgt zugleich, daß die Grundschule keine bloße Lernanstalt sein darf, sondern daß sie sich als ein Lebens-, Lern- und Erfahrungsraum verstehen muß.

Unser Fazit aus dem Konzept des erziehenden Unterrichts:
Der pädagogische Leistungsbegriff zeichnet sich dadurch aus, daß alle mit Leistungserziehung und -beurteilung zusammenhängenden Fragen eingebunden sind in ein Gesamtkonzept von Erziehung und Unterricht. Unter der Perspektive Leistungserziehung ergeben sich dabei die folgenden drei Grundsätze, an denen sich alle Leistungsbeurteilung messen lassen muß.

> ERSTER GRUNDSATZ:
> Leistenkönnen ist Voraussetzung für Leistenwollen.
>
> ZWEITER GRUNDSATZ:
> Spielraum für Selbständigkeit ist Voraussetzung für Leistungsfähigkeit.
>
> DRITTER GRUNDSATZ:
> Solidarisches Lernen ist Voraussetzung für soziale Leistungen.

■ *Leistenkönnen ist Voraussetzung für Leistenwollen*
Kinder kommen mit ganz unterschiedlichen Voraussetzungen in die Schule: Jedes Kind will — und muß ja auch — die Erfahrung machen, daß es etwas leisten kann. Ein Kind möchte das Gefühl haben: Das habe ich geschafft. Das kann ich jetzt. Darin bin ich sicher. Ich darf mit mir zufrieden sein. Schließlich muß es die Gewißheit haben: Ich werde so, wie ich bin, akzeptiert — und nicht nur in dem, was ich kann.

Nichts ist erfolgreicher als der Erfolg

Das Bewußtsein, etwas leisten zu können und akzeptiert zu werden, gibt dem Kind Sicherheit und Zuversicht, stärkt seine Lernfreude und seinen Leistungswillen. Leistenkönnen ist die Voraussetzung für Leistenwollen. Dieses Bewußtsein entwickelt sich aber nur dann, wenn die Anforderungen der Schule auf das Kind individuell zugeschnitten sind. Anforderungen, die das Kind — auch mit einiger Anstrengung — tatsächlich einlösen kann, haben eine wichtige pädagogische Funktion: Sie ermöglichen dem Kind, daß es etwas leisten kann, sie vermitteln ihm die für seine Persönlichkeitsentwicklung notwendige Könnenserfahrung, stärken Lernfreude und Leistungswillen.

Lernfreude und Leistungsbereitschaft gehen verloren . . .

Genormte, undifferenzierte Anforderungen hingegen bewirken, daß Kinder überfordert oder auch unterfordert werden. Nur auf die wenigsten Kinder einer Klasse „passen" die Durchschnittsanforderungen. Sie sind deshalb kein geeignetes Mittel, Kinder zu Leistungsbereitschaft und -fähigkeit zu erziehen:

. . . bei Überforderung

Ständig *über*forderte Kinder können für sich nicht den Zusammenhang von Anstrengung und Erfolg erkennen. Zwangsläufig läßt dann die Bereitschaft zur Anstrengung nach, weil sich kein Erfolg einstellt. Denn nichts ist erfolgreicher als der Erfolg. Der ständige Mißerfolg führt in eine ausweglose Versagersituation, die sich auf die Leistungsbereitschaft, auf das Selbstbild insgesamt und auf das

Verhalten nachteilig auswirkt. Das fehlende Selbstvertrauen hindert das Kind schließlich daran, seine Fähigkeiten voll auszuschöpfen. Die Einstellung zu sich selbst und zum Lernen entscheidet mit darüber, wie erfolgreich und lernfähig ein Kind ist.

. . . und auch bei Unterforderung

Aber auch bei den ständig *unter*forderten Kindern läßt die Anstrengungsbereitschaft nach. Bloßes Verweilen im Unterricht läßt sie vergessen, daß Lernen auch angestrengtes Tun ist. Die Lernfortschritte der Kinder bleiben hinter ihren Möglichkeiten zurück. Im ungeduldigen Warten auf die Langsamen zeigt sich zudem ein Überheblichkeitsdenken, das sich auf die Lerngruppe insgesamt sozialschädlich auswirkt.

Genormte Anforderungen verhindern zudem, daß alle Kinder grundlegende Kenntnisse vermittelt bekommen. Doch alle Kinder, auch die langsamen und die schwer lernenden, haben einen Anspruch darauf, tragfähige Grundlagen zu erwerben. Ausreichende, mangelhafte oder gar ungenügende Leistungen machen keinen Sinn, denn sie können keine Grundlagen für erfolgreiches Weiterlernen sein; wachsende Vorkenntnislücken erlauben kein sinnvolles Mitmachen mehr.

Fazit:

Anforderungen haben eine erzieherische Funktion nur dann, wenn sie für das einzelne Kind grundsätzlich erreichbar sind

Genormte Anforderungen sind kein geeignetes Mittel, Kinder zu Leistungsbereitschaft und -fähigkeit zu erziehen. Unter der Zielsetzung der Selektion dienen sie dazu, an Kinder eine einheitliche Meßlatte anzulegen, sie in „gute“ und „schlechte“ zu unterteilen oder für diese oder jene Gruppe zu sortieren. Eine pädagogische Funktion können genormte Anforderungen jedenfalls für sich nicht reklamieren.

Besonders verhängnisvoll wirkt sich aus, daß mit genormten Anforderungen die Normierung des Lerntempos einhergeht. Die Gleichschrittigkeit des Unterrichts nimmt keine Rücksicht auf die unterschiedlichen Lernmöglichkeiten und also auch nicht auf die Unterschiede in der benötigten Lernzeit.

Ein Beispiel aus der Schulanfangsphase:

In die Grundschule kommen die fast perfekten Leser, die bereits alles lesen können und auch wollen. Bei anderen Kindern sind bestimmte Teilfunktionen des Lesens noch unterentwickelt. Wieder anderen mangelt es noch an elementaren Voraussetzungen, sie kommen auch ohne jede Lesemotivation in die Schule. Die Streuung der Lernfähigkeit dieser gleichaltrigen Kinder beträgt bis zu fünf Lebensjahren.

Aus dem Lehrgang für alle individuelle Lerngänge machen

Es müssen folglich die einen durch zusätzliche Leseanreize weiter herausgefordert werden, sonst würden Lesefreude, Neugier und Anstrengungsbereitschaft zwangsläufig erlahmen. Bei anderen muß der Lehrer die unterschiedlich entwickelten Teilfunktionen gezielt ausbilden oder die grundsätzliche Lesemotivation überhaupt erst aus- und aufbauen.

Die Konsequenz aus der Einsicht in die unterschiedlichen Lernmöglichkeiten und in die unterschiedliche Lernzeit kann nur heißen: Die undifferenzierten Lehrgänge (in der Mathematik, im Lesen- und Schreibenlernen) müssen zum individuellen Lerngang des Schülers werden.

Die Leistungen in diesen Fächern sind nämlich vor allem von individuellen Vorkenntnissen abhängig. Deshalb werden langsam lernende Kinder um so mehr vom Unterricht profitieren, je mehr der Lehrer die Lernprozesse zielerreichend, Schritt für Schritt — den Vorkenntnisebenen der einzelnen Schüler entsprechend — organisiert. Auf diese Weise lassen sich Vorkenntnislücken verhindern und tragfähige Grundlagen — wenn auch nur in bescheidenem Rahmen — aufbauen.

Das Motto der egalisierenden Gerechtigkeit: „Allen das Gleiche“ mag zwar als

Gerecht ist nur, was dem Kind gerecht wird

Alibi für Frontalunterricht herhalten, gerecht wird der Lehrer mit dieser „Angebotsgleichheit" dem einzelnen Kindes jedoch nicht. So ist die unterscheidende Gerechtigkeit mit ihrem Motto: „Jedem das Seine" die notwendige Ergänzung. Jedem Schüler muß das an Lernangeboten zuteil werden, was er für seine individuelle Entwicklung braucht und was ihn persönlich fördert. Gleiche Anforderungen verstärken vorhandene Ungleichheiten.

Zutreffend vergleicht Flitner (1985, S. 17) die pauschalierenden Angebote des Frontalunterrichts mit einer Sportveranstaltung und resümiert:

„Eine Veranstaltung, die alle Kinder auf einen gemeinsamen Hürdenlauf schickt, bei dem im voraus feststeht, daß nur eine kleine Zahl ans Ziel gelangen darf und bei der, zum Beispiel wegen der Höhe der Hürden, die Kleinwüchsigen überhaupt keine realen Chancen haben, wäre als Schausport kränkend, als Veranstaltung zur sportlichen Förderung der Kinder absurd. Wo die Schule verstanden wird als ein solcher Hürdenlauf, dort ist die egalisierende Gerechtigkeit verabsolutiert und die unterscheidende Gerechtigkeit vergessen."

Deshalb wäre innere Differenzierung falsch verstanden, wenn man damit lediglich die leistungsschwachen und langsam lernenden Schüler an den jeweiligen Klassendruchschnitt heranführen wollte. Vielmehr wird der differenzierte Unterricht den folgenden Aufgaben der Grundschule gerecht:

Was leistet differenzierter Unterricht?

- allen grundschulfähigen Kindern tragfähige Grundlagen zu vermitteln, auf der die weiterführenden Schulen aufbauen können. Leistungsschwache Schüler bedürfen dafür besonderer Aufmerksamkeit; sie brauchen mehr Lernzeit, mehr und auch anderer Lernhilfen.
- alle Kinder so weit wie möglich zu fördern, d. h.: Für viele Kinder müssen außer dem Grundbestand zusätzliche Lernangebote bereitgestellt werden.
- Interessen und Neigungen der Kinder zu wecken und auszubauen. Dazu müssen ein breites Angebot — gerade auch im musischen und praktischen Bereich — bereitgestellt und spezifische Arbeitsmöglichkeiten (z. B. Freie Arbeit) arrangiert werden.
- die Selbständigkeit und die soziale Fähigkeiten der Kinder zu entwickeln und zu fördern.

■ *Spielraum für Selbsttätigkeit ist Voraussetzung für Leistungsfähigkeit*

Im herkömmlichen lehrergesteuerten Unterricht bleibt das Kind zwangsläufig rezeptiv. Es muß zuhören, sich melden, muß warten, bis es vielleicht drankommt. Es bemüht sich, dem Unterrichtsablauf zu folgen; konzentriert sich auf das, was der Lehrer vorgibt; muß dabei noch all das aussortieren, was an Störungen (durch Schüler und durch dann folgende Ermahnungen und Bestrafungen des Lehrers) in das Unterrichtsgeschehen mit einfließt. Das Neue muß das Kind dann für sich mit dem bereits Gelernten verknüpfen, in einen sinnvollen Zusammenhang bringen.

Lehrerzentrierter Unterricht verhindert, daß das Kind sein eigener Trainer werden kann

Durch eine Vielzahl empirischer Untersuchungen (Überblick in: Lichtenstein-Rother 1980, S. 64 ff.) ist hinlänglich bestätigt, was dem selbstkritischen Lehrer ohnedies bewußt ist: Der Frontalunterricht zeichnet sich durch ein starkes Handlungsübergewicht des Lehrers aus. Dem Kind bleibt dabei kaum Zeit für selbständiges Arbeiten; es findet keine Gelegenheit, sich in Ruhe und Gründlichkeit und in seinem individuellen Lerntempo mit dem Unterrichtsgegenstand auseinanderzusetzen.

Der Frontalunterricht mit seinen genormten Anforderungen in genormter Lernzeit zwingt den Lehrer schließlich dazu, nur noch mit dem obersten Leistungsdrittel der Klasse zu arbeiten, der „Steuerungsgruppe":

So haben die schwachen Schüler überhaupt keine Möglichkeit zu verarbeiten, was sie lernen sollen. Sie verfehlen den Gedankengang des Unterrichts, den roten Faden, werden dadurch unsicher und folgen schließlich dem Unterricht nur noch äußerlich, ohne innere Anteilnahme und eigentlich abwesend. Ermutigung, Zuspruch und Lob bleiben dann in aller Regel aus; eher macht sich Angst breit, den Anforderungen nicht mehr gewachsen zu sein, vor den Klassenkameraden bloßgestellt werden zu können. Haben sie keine Möglichkeit, selbst etwas zu tun, das ihrer Leistungsfähigkeit entspricht, dann bleibt der Lernerfolg gänzlich aus. Vertrauen in die eigene Leistungsfähigkeit kann sich so nicht einstellen.

Das Kind zum Subjekt des Lernens machen

Das Kind ist in dem hier geschilderten Unterrichtskonzept eher Objekt des Lernens. Eine solche Schule ist zu sehr fixiert auf die Steuerbarkeit der Lernwege, auf die Machbarkeit des Lernens überhaupt. Sie läßt keinen ausreichenden Spielraum für aktives, bewußtes und selbstgesteuertes Lernen.

In der pädagogischen Psychologie ist die Erziehung zur Selbständigkeit als besonders wichtig für die Entwicklung von Leistungsfähigkeit herausgestellt worden (Heckhausen 1968, S. 194 f.). Kann das Kind die Erfahrung machen, daß Anstrengung zu Erfolg führt, dann fühlt es sich selbst auch verantwortlich dafür, Aufgaben zu erledigen; der Erfolg stärkt sein Selbstwertgefühl und macht es so bereit zu neuen Leistungen. Fehlendes Selbstvertrauen hindert es daran, seine Leistungsfähigkeit voll auszuschöpfen.

Wo das Kind keine Möglichkeit zu selbständigem Lernen hat, dort kann auch keine Erziehung zu Selbständigkeit, keine Förderung von Initiative und Lernaktivität gelingen: das Kind bleibt in Bezug auf das selbständige Lernen und auf die aktive Auseinandersetzung mit der Sache sich selbst überlassen.

Offene Unterrichtsformen lassen viel Spielraum für selbstgesteuertes und eigenverantwortliches Lernen

Deshalb muß die Grundschule den Freiraum und die Lerngelegenheit schaffen, damit das Kind zu selbständigem Lernen befähigt wird. In offeneren Formen des Unterrichts, in Phasen Freier Arbeit beispielsweise oder im Wochenplanunterricht, lernen sie verantwortlich zu handeln, selbständig ihr Wissen und Können zu sichern und auszubauen, an sich selbst Anforderungen zu stellen, ihre Arbeitszeit aktiv zu nutzen und Selbstverantwortung für das eigene Lernen zu entwickeln.

Das Kind wird autonom in der Zeiteinteilung. Es lernt Schwierigkeiten zu überwinden, sich durchzubeißen, ohne sich unter Druck zu fühlen, es kontrolliert seine Arbeitsergebnisse, entscheidet sich für bestimmte Aufgaben und Themen. Es erfährt die gelösten Aufgaben als sein Werk, erkennt einen Sinn darin und lernt bewußt und aktiv.

Weil ihm die Anforderungen einsichtig sind, wird es sich mit Aussicht auf Erfolg auch gerne anstrengen wollen. So gewinnt es Selbstvertrauen und lernt schließlich, seine Leistungsfähigkeit richtig einzuschätzen und auszuschöpfen.

Lichtenstein-Rother (1986, S. 196) hat stichwortartig zusammengestellt, in welche Richtung sich Leistungsfähigkeit durch Freie Arbeit und auch durch Wochenplanunterricht, durch gezielte Selbständigkeitserziehung also, entwickelt:

Freie Arbeit und Wochenplan: pädagogische Chancen

- „Sich selbst Ziele setzen, Arbeitsprozeß und Arbeitsergebnis verantworten lernen;
- Aufbau von Interessen;
- Lernangebote und Arbeitszeit nutzen sowie verantwortlich damit umgehen;
- Spielraum in einer vorgegebenen Ordnung entdecken und ausschöpfen;
- Anregungen aufgreifen und weitergeben;
- Hilfe suchen und Hilfe geben; individuelle Fähigkeiten und Arbeitsergebnisse in den sozialen Kontext der Klasse einbringen;
- Aufgaben und Pflichten entdecken und auf sich nehmen;
- Ideen und kreative Impulse für sich oder für andere verwirklichen;

— Eingrenzung der Beliebigkeit selbstbestimmter Tätigkeiten durch die im Kontext der Schulsituation gegebene Zweckbestimmung (bewußt und zielstrebig lernen sowie selbstkontrolliert arbeiten)“

Wir nennen Ihnen hier noch drei unserer Erfahrung nach wichtige Voraussetzungen, um Leistungsfähigkeit und Selbstständigkeit fördern zu können:

[1] *Das Gestalten des Klassenraums*

Der Klassenraum: ein Spiegel dessen, was der Lehrer unter Leben und Lernen in der Schule versteht

Ist der Schüler Subjekt des Lernens und steht der Lehrer nicht mehr im Mittelpunkt des unterrichtlichen Geschehens, dann müssen auch Bänke und Stühle nicht mehr nach vorn ausgerichtet sein. Die Sitzordnung ist aufgelockerter, veränderbar; es gibt funktionsverschiedene Zonen. Ein Klassenraum mit frei zugänglichem Arbeitsmaterial, mit Wänden und Tischen als Austellungsflächen und mit Gruppen- und Einzelarbeitsplätzen ist eine wichtige Voraussetzung für selbstgesteuertes und eigenverantwortliches Lernen.
Kinder haben ein individuelles Bedürfnis an Lernzeit, an Ausdauer, an Bewegung und Spiel. Ein Klassenraum, werkstattähnlich hergerichtet und in dem man sich wohlfühlen kann, gibt den Kindern Gelegenheit für individuelles Tun.
Wenn dann noch in allen Klassen die Türen geöffnet bleiben, können die Kinder ihre „intellektuellen Wanderungen“ unternehmen und auch von der Arbeit und dem Leben in anderen Klassen mit profitieren.

[2] *Das Bereitstellen von Arbeitsmitteln*

Wir können Kinder nicht mit belehrenden Worten oder mit Druck zu Leistungsbereitschaft erziehen. Pädagogisch sinnvoll kann es nur sein, den Kindern Gelegenheit zu geben, selbständig zu arbeiten, sich selbst kontrollieren zu lernen.

Ohne Selbstbildungsmittel keine Selbsttätigkeit

Kinder können in der Freien Arbeit ihr Wissen und ihre Fähigkeiten selbständig aber nur dann ausbauen, wenn genügend Materialien zur Verfügung stehen. Deshalb sollte eine „vorbereitete Umgebung“ planmäßig aufgebaut werden, damit Freie Arbeit nicht zu willkürlicher Beschäftigung wird.
Die Materialien sollten möglichst das „Grundcurriculum“ der Klasse repräsentieren.
Daß erfahrungsgemäß die meisten Kinder aus freien Stücken mit diesen lehrplanbezogenen Materialien arbeiten, mag als Indiz dafür gelten, daß Kinder Freude am eigenen Können haben, wenn die Ziele für sie nur erreichbar sind. Wo Material mit passendem Schwierigkeitsgrad ausgewählt werden kann, dort werden auch die Anforderungen als persönliche Zielsetzungen übernommen.

[3] *Das Beschränken von Unterrichtsstoff*

Unter der Stoffülle leidet die Übungsintensität. Das Üben ist jedoch die unverzichtbare Bedingung für zielerreichendes Lernen. Alles Können entsteht erst durch Üben. Aber Stoffülle löst Zeitdruck aus, bringt lediglich Oberflächenwissen hervor und führt schließlich zu einer reinen Belehrungsschule. Durch die Konzentration auf die grundlegenden Inhalte und Ziele wird Zeit gewonnen für intensives, persönlich engagiertes Lernen. Nichts ist der Leistungsbereitschaft abträglicher, als unter Zeitdruck zu lernen.

Stoffbeherrschung durch Stoffbeschränkung

In der Freien Arbeit kann das Kind seine Arbeitszeit selbst ansetzen. Und alles spricht sogar dafür, daß die vorhandene Zeit hier intensiver genutzt wird als im Klassenunterricht.

Es wäre ein Irrtum anzunehmen, individuelle Förderung und mehr Spielraum für Selbsttätigkeit zielten auf eine individualistische Selbstentfaltung ab. Das Gegenteil ist der Fall: Die Phasen selbständigen und individualisierenden Lernens bieten hinlänglich Gelegenheit zum Miteinanderlernen.
Anders das „gemeinsame“ Lernen in Frontalunterricht: Es bewirkt letztlich die

Gleichschaltung aller Kinder einer Klasse. Normierung der Anforderungen und der Lernzeit favorisiert konkurrierendes Lernen und leistet insofern egoistischem Lernen Vorschub. Dieses Unterrichtskonzept steht im Widerspruch zum Erziehungsziel der Solidarität. Wir sind damit bei dem dritten und letzten Grundsatz angelangt:

■ *Solidarisches Lernen ist Voraussetzung für soziale Leistungen*

Im gegenwärtigen wie im zukünftigen Leben der Kinder sind soziale Leistungen wie Mitmenschlichkeit, Hilfsbereitschaft, Verläßlichkeit für das Zusammenleben unabdingbar. Viele Leistungen können überhaupt nur durch die Fähigkeit zur Teamarbeit und durch kooperatives Verhalten erbracht werden. Zum Auftrag der Schule gehört es, zu Kooperationsfähigkeit, zu gegenseitiger Hilfe und zur Sensibilisierung für die Situation des anderen zu erziehen.

Soziale Tugenden gehen im Wettbewerbsklima leicht unter

In einer angespannten Wettbewerbsatmosphäre aber tritt das solidarische Verhalten der Kinder und ihr Lernen um der Sache selbst willen hinter die Auseinandersetzung um die ersten Tabellenplätze der Klassenbestenliste zurück. So erbringen bereits Kinder im Grundschulalter ihre Leistungen in Konkurrenz zu den anderen Kindern der Klasse. Das Miteinanderlernen weicht dem Lernen im Gegeneinander, denn die Leistung eines Schülers wird um so höher eingeschätzt, je schlechter die Mitschüler abschneiden. Vergleichsprozesse führen zu Ellenbogendenken (z. B. Sichtschutz durch Federmäppchen) und schließlich zu den bekannten Mogeltechniken in Prüfsituationen.

Cohn (1975, S. 154) beklagt den vom Rivalitätsprinzip geprägten Geist der Schulen und nennt die persönlichen und sozialen Folgen beim Namen:

„Das Rivalitätsprinzip aber bedeutet die Organisation des unverdünnten Egoismus. Im Erziehungswesen bedeutet dies Rivalisieren um Noten, um bevorzugte Stellung, zuerst um die Gunst des Lehres, dann in Universitäten, Behörden und Stellungen. Nur ich oder du können reüssieren, nicht wir. (Resultat: besser ich als du.) Die Balance zwischen Ich-Gerichtetheit und Wir- Antrieb ist permanent gestört. Persönliche und soziale Krankheit sind das Resultat."

Selbstverständlich gehört es zum natürlichen Verhalten von Kindern, zu wetteifern und sich miteinander zu messen. Kinder wollen ihr Können durch Vergleiche unter Beweis stellen, sich einordnen und auch ihre Grenzen erkennen. Doch der Lehrer muß dafür Sorge tragen, daß diese Form des Vergleichens sich nicht in Formen des Abwertens und Ausstechens ausprägt. Eine solch angespannte Wettbewerbsatmosphäre mit den unvermeidlichen Folgen des Versagens für einen Teil der Schüler entmutigt die leistungsschwächeren Schüler, beeinträchtigt deren Lernfähigkeit und wirkt sich auf die Entwicklung der kognitiven Fähigkeiten insgesamt aus. Unter der Perspektive der Sozialerziehung fordert Klafki (1985, S. 176),

Ziele eines sozialen Leistungsbegriffs

„das vorwiegend individualistisch-wettbewerbsorientierte Leistungsverständnis in unseren Schulen durch einen Leistungsbegriff zu ersetzen, der an der Lösung gemeinsamer Aufgaben und am Prinzip der Solidarität einer lernenden Gruppe orientiert ist: Lernen und Leisten müssen viel stärker als bisher in Gruppen vollzogen werden; die individuelle Leistung sollte primär an ihrem Beitrag zur Lösung gemeinsamer Aufgaben gemessen werden und zugleich an ihrem Beitrag zum Lernfortschritt aller Mitglieder einer Gruppe: anderen helfen zu können; einen Schritt bei einer Problemlösung so erklären zu können, daß alle in der Gruppe ihn mitvollziehen und gemeinsam an der Weiterarbeit teilnehmen können; Kritik üben zu können, ohne zu dominieren, vielmehr als produktiven Beitrag zur gemeinsamen Bewältigung eines Problems."

Der pädagogische Leistungsbegriff beinhaltet also auch, daß Lernen und Leisten verstanden werden als Prozeß gegenseitiger Hilfe im Überwinden von Lernproblemen und im Bewältigen von Aufgaben. Leistungsanforderungen sind dementsprechend nur insoweit berechtigt, als sie nicht nur Wissen vermitteln, sondern auch persönliche Verhaltensänderung in Richtung Kooperation und Solidarität bewirken.

Dies ist zugleich ein Plädoyer für alle Formen der inneren Differenzierung, denn die Erfahrung zeigt: Kinder, die in offeneren, mehr individualisierenden Formen des Unterrichts gefördert werden, erwerben nicht nur mehr Selbständigkeit und Lernfreude, sondern auch weit mehr soziales Verhalten (vgl. Fischer 1982). Intensiver als im lehrerzentrierten Unterricht lernen sie, sich auf andere einzulassen, rücksichtsvoll zu sein, auch die eigene Leistungsfähigkeit in den Dienst der Klassengemeinschaft zu stellen. Die Untersuchungen von Lichtenstein-Rother (1986, S. 196) über Freie Arbeit bestätigen, daß gerade diese Arbeitsform soziale Lernprozesse eröffnet; als Beispiele nennt sie:

Freie Arbeit erfordert soziale Leistungen

- „Sich mit den anderen über Material usw. abstimmen, ggf. zurücktreten oder gemeinsam arbeiten;
- sich Partner suchen, sie für eine gemeinsame Arbeit gewinnen und selbst bereit sein, als Partner mit anderen zu arbeiten;
- Anteil nehmen an Arbeiten, Schwierigkeiten und Erfolgen anderer bzw. Anteil nehmen lassen an eigenen Arbeiten, Schwierigkeiten, Ergebnissen, Erfahrungen;
- Anerkennung und Kritik akzeptieren und suchen;
- die in der Situation gebotene Rücksicht üben, aber auch eigene Interessen wahren, wenn andere die Rücksichtnahme vergessen;
- Hilfe anbieten und Hilfe annehmen;
- Mitwirkung am Zustandekommen von Regeln und Befolgen getroffener Regelungen."

Der Lehrer: Modell für solidarisches Verhalten

In diesem Zusammenhang ist uns der Hinweis auf eine alte pädagogische Einsicht wichtig: Das solidarische Lernen schließt das solidarische Verhalten des Lehrers als Helfer, Berater und Partner notwendig mit ein. Dazu halten wir es für unabdingbar, daß der Lehrer jedes einzelne Kind als Person — in seiner Gesamtentwicklung — kennt, und nicht nur als „Schüler" — in seiner Lernentwicklung; erst dann kann der Lehrer von jedem Kind auch die ihm gemäßen Leistungen einfordern. Beim pädagogischen Leistungsbegriff kann man also nicht von der Frage absehen, in welcher Atmosphäre Leistungen vom Kind gefordert werden.

1.4 Welche Maßstäbe wir an Leistung anlegen können

Unter der Perspektive des pädagogischen Leistungsbegriffs erörtern wir jetzt, welchen Maßstab Sie an die Leistungen von Kinder in der Grundschule anlegen sollen. Die pädagogische Diagnostik kennt drei Maßstäbe. Leistungen werden gemessen an:

- dem persönlichen Lernfortschritt:
  individueller Beurteilungsmaßstab
- den gesetzten Lernzielen:
  anforderungsbezogener Beurteilungsmaßstab
- den Ergebnissen der Mitschüler:
  vergleichsorientierter Beurteilungsmaßstab

■ *Der individuelle Maßstab: das Kind im Mittelpunkt*

Beurteilt wird der persönliche Lernfortschritt des Kindes. Was hat es dazugelernt? Kann es heute mehr als gestern? Welche Anstrengungen waren nötig? Welche Schwierigkeiten hatte das Kind? Wie kann es weiterlernen und welche Hilfen braucht es dazu?

Dieser individuelle Beurteilungsmaßstab richtet das Augenmerk also auf das Kind selbst und auf seine persönliche Lernperspektive. Diskrepanzen zwischen dem tatsächlichen und dem als möglich angesehenen Leistungsstand signalisieren dem Lehrer, daß er seinen Unterricht kritisch prüfen muß.

Der individuelle Beurteilungsmaßstab gilt für die gesamte Grundschulzeit . . .

Das Kind findet Bestätigung für seine Anstrengung, Ermutigung und Anregungen zum weiteren Lernen; wobei von ihm immer nur das erwartet wird, was es auch leisten kann. In diesem Sinne forderte bereits Herbart (zit. nach Benner 1978, S. 379):

„Der Erzieher vergleicht seinen Zögling nicht mit anderen, er vergleicht ihn mit sich selbst. Er vergleicht das, was der junge Mensch wird, mit dem, was derselbe vermutlich werden könnte. Er ist mit keinem zufrieden, der hinter sich selbst zurückbleibt, und mit keinem unzufrieden, welcher soviel wird, als man vermutlich von ihm erwarten durfte."

■ *Der anforderungsbezogene Maßstab: der Lehrplan als Orientierung*

Er wird auch kriteriumsbezogener, zielorientierter, sachbezogener, objektbezogener Beurteilungsmaßstab genannt. Hierbei ist Maßstab die jeweils gesetzte Anforderung, das Lernziel: Hat das Kind die gesteckten Ziele erreicht? Welche Ziele hat es erreicht? Wie weit ist es bei den noch nicht erreichten gekommen?

. . . mit der Zensurengebung treten zunehmend die grundlegenden Anforderungen der Lehrpläne als Beurteilungsmaßstab hinzu

Diese anforderungsbezogene Sichtweise richtet den Blick auf den Entwicklungsstand des Kindes in Bezug auf die Zielsetzung. Damit gewinnt der Lehrer in dem Bereich grundlegender Anforderungen, wie etwa im Lesen oder der Mathematik, die notwendige Kontrolle über den Lernstand des Kindes. In allen Bereichen, in denen bis zum Ende der Grundschulzeit jedes Kind einen bestimmten Grundbestand erreichen muß, um erfolgreich weiterlernen zu können, müssen solche Überlegungen angestellt werden.

Der Lehrer kann einschätzen, wieweit die Anforderungen überhaupt realistisch gestellt waren. Gleichzeitig gibt der anforderungsbezogene Maßstab Auskunft, welche Lernrückstände welcher Kinder in individualisierten Verfahren aufgeholt werden müssen, damit alle Kinder der Klasse erfolgreich weiter mitarbeiten können und jedes Kind sich auch in die gemeinsame Arbeit mit einbringen kann.

Das Kind erhält eine Rückmeldung darüber, inwieweit es die gestellten Anforderungen bereits erfüllen konnte.

Eine Gefahr liegt zweifellos darin, daß die Auskunft über den Lernstand unabhängig von den individuellen Lernanstrengungen, -fortschritten und -möglichkeiten interpretiert werden kann. Hat das Kind die Norm erfüllt? Bei leistungsschwachen Kindern führt diese Sichtweise auf Dauer zu Entmutigung und Resignation.

■ *Der vergleichsorientierte Maßstab: die Favorisierung des Wettbewerbs*

Hier geht es um die Einordnung in das Leistungsspektrum der Lerngruppe. In der Auswirkung ist diese „sozialbezogene" Norm eine sehr unsoziale: deshalb verwenden wir den Begriff des vergleichsorientierten Maßstabs.

Als Maßstab wird hierbei die Leistungsbandbreite innerhalb der Lerngruppe gesetzt, mit den beiden Eckpunkten: beste Leistung — schlechteste Leistung. Das Leistungsergebnis der 25 Kinder in einer Klasse wird dabei in eine Rangfolge gebracht. Unabhängig von den konkreten Lernzielen, von den Lernanstrengungen des einzelnen Kindes werden die Kinder dabei in eine Leistungshierarchie eingeordnet, bei der es immer obere und untere Rangplätze oder, schärfer gesagt, immer Gewinner und Versager gibt.

In der Schule hat der vergleichsorientierte Beurteilungsmaßstab keine pädagogische Berechtigung

Früher spiegelten sich übrigens die Rangplatzangaben in der Sitzordnung. Vorn saß dann der „Beste" oder „Schlechteste", je nach dem, wie es der Lehrer hielt. Nach Klassenarbeiten und Zeugnissen wurde umgesetzt.

Aber wir sollten nicht so abschätzig von früheren Praktiken reden, solange wir selber im Glashaus sitzen. Wir kennen aus einigen Bundesländern den Zensurenspiegel, der nichts anderes darstellt als eine grobe Rangplatzzuordnung. Und wir verwenden noch die Zensuren, die auch nichts anderes als Bündelungen von Rangplätzen sind.

Mit dem vergleichsorientierten Maßstab produziert jede Leistungsüberprüfung Konkurrenzdenken und rivalisierendes Lernen. Damit offenbart sich die unpädagogische Funktion dieser Bewertungsnorm; und es läßt sich mit Fug und Recht sagen, daß der vergleichsorientierte Maßstab quer zu den erklärten Zielen der Grundschule liegt.

Fazit

Pädagogische Priorität hat die Orientierung am persönlichen Lernfortschritt

Für die pädagogische Einschätzung der Beurteilungsmaßstäbe ergibt sich:

Dem Recht des Kindes auf erfolgreiches Lernen entspricht zu allererst der individuelle Beurteilungsmaßstab. Der anforderungsbezogene Maßstab sollte Ihr Handeln insoweit leiten, als Sie zugleich auch die anzustrebenden Lehrziele im Auge behalten. Bei den aufeinander aufbauenden Lehrgangszielen bemüht er sich darum, daß jedes Kind alle wichtigen Teilziele auch tatsächlich erreicht.

Doch auf das Kind werden Sie diese generellen Anforderungen noch nicht als Maßstab beziehen. Erst wenn im Laufe der ersten Schuljahre ein Bestand an Wissen, Fähigkeiten und Fertigkeiten abgesichert werden kann, wenn die Erfolgszuversicht stabilisiert und die Leistungsbereitschaft der Kinder gestärkt ist, tritt auch für die Kinder zum individuellen Beurteilungsmaßstab der anforderungsbezogene hinzu.

Zensuren: Produktorientierung Konkurrenzorientierung Ausleseorientierung

1.5 Was Zensuren leisten

Der pädagogische Leistungsbegriff gerät ins Wanken, sobald die Zensuren ins Spiel kommen. Zensuren bringen die Kinder einer Klasse in einen permanenten Vergleich und damit in Wettbewerb zueinander. Zensuren honorieren in der Regel nur Ergebnisse (Anzahl der Fehler im Diktat, erreichte Punktzahl in der Mathematikarbeit), nicht aber die gemachten Anstrengungen. Und schließlich geben sie den Ausschlag bei Selektionsentscheidungen aller Art: insgesamt also die Kennzeichen eines nichtpädagogischen Leistungsbegriffs.

■ *Zehn „Funktionen" von Zensuren*

Bei der Suche nach einer Antwort auf die Frage, was denn nun Zensuren pädagogisch leisten, stoßen wir auf die immer wieder zitierte Zusammenstellung von Zielinski (1974, S. 880), die zeigt, welch vieldeutiges und vielzweckiges Instrumentarium dem Lehrer mit Zensuren an die Hand gegeben ist. Den Zensuren werden — stichwortartig wiedergegeben — die folgenden Funktionen zugesprochen:

Zensuren sollen vielen unterschiedlichen Ansprüchen gerecht werden

— Rückmeldefunktion für den Lehrer: Wie erfolgreich war mein Unterricht? (Das sieht er allerdings besser daran, wie seine Schüler mitarbeiten und was sie können.)
— Rückmeldefunktion für den Schüler: Wie stehe ich im Vergleich zu meinen Mitschülern? (Das lernen Kinder im täglichen Umgang miteinander gleichsam automatisch — durch Fremd- und Selbsteinschätzung.)
— Berichtsfunktion: Die Eltern werden über die Leistung ihres Kindes informiert. (Durch die Zensur erfahren sie jedoch nicht, was das Kind gelernt hat, wie es lernt, worin es gefördert werden könnte oder müßte.)
— Anreizfunktion: Zensuren sollen zum Lernen motivieren. (Die Kinder fühlen sich bereits belohnt, wenn sie etwas können; dann wollen sie auch weiterlernen. Sie freuen sich über ihren Erfolg.)

— Disziplinierungsfunktion: Durch schlechte Zensuren werden Schüler bestraft. (Kinder fühlen sich bestraft genug, wenn sie sich unsicher fühlen, etwas nicht können. Also: Wie kann ich ihnen aus ihrer Situation heraushelfen? Nicht: Wie kann ich sie dafür bestrafen?)
— Sozialisierungsfunktion: Schüler lernen in der Schule Leistungsnormen kennen. Unterschiedliche Leistungen werden unterschiedlich belohnt. (Dies gilt nicht einmal im Berufsleben. Warum sollen Kinder, die sich gleich viel angestrengt haben, nicht gleiches Lob erhalten, unabhängig vom Ergebnis?)
— Klassifizierungsfunktion: Durch unterschiedliche Zensuren können Schüler eingeteilt werden. (Wenn der Lehrer im Rahmen innerer Differenzierung vorübergehende Lerngruppen bilden will, dann kann er das am besten aufgrund einer Analyse der Lernergebnisse.)
— Selektionsfunktion: Nach Zensuren werden Schüler ausgelesen und verschiedenen Schulformen zugewiesen. (Wenn nun schon selektiert werden muß, dann sind die allgemeinen Fähigkeiten und die voraussichtliche Lernentwicklung der Kinder jedenfalls ein besseres Vorhersagekriterium als Zensuren.)
— Zuteilungsfunktion: Zensuren sind Berechtigungen für den sozialen Aufstieg. (Hiervon sind 6- bis 10jährige Kinder nicht betroffen.)
— Chancenausgleichsfunktion: Benachteiligte Schüler erhalten bessere Zensuren. (Das ist nach den geltenden Rechtssätzen nicht zulässig.)

Unsere Kommentierung der Funktionsliste zeigt an: Alle Funktionen (mögen sie nun mehr oder weniger pädagogisch orientiert sein) können auch ohne Zensuren erfüllt werden. Was Zensuren leisten, läßt sich allerdings nur mit einem Mängelkatalog beantworten. Hier nennen wir sechs schwerwiegende Mängel:

■ *Sechs mal schlechte Zensuren für Zensuren*

Ein Mängelkatalog: Zensuren . . .

1 Mit der Zensur erhält jede Schülerleistung einen bestimmten Rangplatz. Dieser Rangplatz gibt Auskünfte: Wer war am besten, wer am schlechtesten? Ist Jens besser als Sonja? Wie viele sind schlechter als Christian?
Damit wird die Schülerleistung letztlich mitbestimmt durch die Leistung der anderen Schüler einer Klasse. Zugespitzt formuliert: Wie gut oder schlecht ein Kind in der Schule ist, welche Zensuren es bekommt, hängt vor allem auch davon ab, wie die Klasse zufällig zusammengesetzt ist.

. . . geben Auskunft über Rangplätze

2 Die Rangplätze können durch die Zensur allerdings nur auf einer sehr groben, nämlich sechsstufigen, Skala angegeben werden. Die Folge ist: Schüler erhalten mit recht unterschiedlichen Leistungen dieselbe Zensur.

. . . sind nicht exakt

Haben beispielsweise mehrere Kinder eine „Drei“ bekommen, dann wird diese Zensur für das eine Kind „fast eine Zwei“ gewesen sein; ein anderes hätte eigentlich nur eine „gute Vier“ verdient. Der Abstand zwischen den Schülern mit derselben Zensur erstreckt sich also über drei Skalenwerte: gut — befriedigend — ausreichend. Gleichwohl ist der Glaube an die Exaktheit und Treffsicherheit der Ziffernzensur weithin unerschütterlich.
Aus diesem Glauben heraus werden übrigens die Durchschnittswerte von Zensuren errechnet. Natürlich macht das — allein aus statistischen Gründen — keinen Sinn, denn es gibt, wie wir am Beispiel gezeigt haben, bei einer Rangskala (also auch bei der Zensurenskala) keine gleichen Abstände zwischen den Skalenwerten.
Die erhebliche Bandbreite der einzelnen Ziffernzensuren bringt es auch mit sich, daß der individuelle Lernfortschritt eines Kindes sich oft nicht einmal in einer besseren Zensur niederschlägt: Petra kann sich in diesem Schuljahr noch so sehr angestrengt haben; es bleibt bei einer „Vier“, die zuvor vielleicht eine schwache und jetzt immer noch eine Vier, wenn auch eine gute, ist.

[3] Schulleistung ist ein komplexes Faktorenbündel; man kann sie also unmöglich mit einer nackten Zahl in den Griff bekommen. Viele Faktoren beeinflussen den Schulerfolg eines Kindes. Eine direkte Ursache-Wirkung-Beziehung läßt sich nicht nachweisen (LANGFELDT und FINGERHUT 1984). Sicher ist nur dies: Die Schülerleistung hängt um so mehr von der Leistung des Lehrers ab, von dessen pädagogisch-methodischer Kompetenz, je größer die Lernprobleme der Kinder sind. Bekanntlich können sehr intelligente Kinder auch „trotz des Lehrers" Lernfortschritte machen.

. . . werden eher zufällig erteilt

Aber auch die folgenden Befunde (INGENKAMP 1971; KLEBER 1976; SCHWARZER/SCHWARZER 1977) sprechen dafür, den pädagogischen Wert der Zensuren in Zweifel zu ziehen:

— Die gleiche Leistung wird von Schule zu Schule, von Klasse zu Klasse und von Lehrer zu Lehrer verschieden bewertet.
— Die gleiche Leistung wird selbst vom selben Lehrer zu verschiedenen Zeiten verschieden bewertet.
— In einer leistungsstarken Klasse wird strenger bewertet als in einer leistungsschwachen.
— Mädchen werden günstiger bewertet als Jungen, beliebte und brave Kinder günstiger als unbeliebte und ungehorsame.
— Kinder der sozialen Unterschicht werden schlechter als Kinder der gehobenen Mittelschicht bewertet.
— In verschiedenen Fächern wird verschieden streng bewertet.

. . . werden unterschiedlich streng erteilt

[4] In verschiedenen Fächern wird deshalb verschieden streng bewertet, weil der Bewertungsmaßstab um so strenger ist, je mehr man es mit angeblich meßbaren Leistungen zu tun hat (Diktat, Mathematik).

Überhaupt werden Leistungsbereiche, die sich dem Meßbaren entziehen — wie z. B. kreative Fähigkeiten, soziale Sensibilität, Interessen und Haltungen — aus der Beurteilung ausgeklammert. Das schulische Leistungsverständnis verengt sich damit einseitig auf kognitive Fähigkeiten und Fertigkeiten.

. . . geben keine inhaltlichen Auskünfte

[5] Der Informationswert der Zensuren ist nicht nur wegen der zuvor beschriebenen Ungenauigkeit und Subjektivität des Zensurengebens äußerst gering; auch inhaltlich gibt die Zensur keine brauchbaren Informationen. Sie sagt nichts darüber, wie sie zustandegekommen ist, ob sich das Kind angestrengt hat, was es kann oder noch nicht kann und wie es sich verbessern könnte. Deshalb die zutreffende Frage von FLITNER (1966, S. 534):

„Was aber gibt dafür eine globale Ziffer her, etwa die Durschnittsnote Drei, die gleichermaßen einen hochbegabten Nichtstuer, einen fleißigen Durchschnittskopf, einen guten Denker, der aber flüchtig arbeitet, einen selbständigen Routinier und noch vieles anderes kennzeichnen kann."

. . . teilen Kinder in Gewinner und Verlierer

[6] Durch Zensuren lernen die einen, erfolgreich zu sein. Die anderen lernen, Versager zu werden. Die einen werden durch ihren Erfolg zusätzlich ermutigt, die anderen bleiben ohne Aussicht auf Erfolg, werden durch den Mißerfolg entmutigt und gedemütigt.

Die Angst, durch ihre permanenten Mißerfolge in Form von schlechten Zensuren die Zuneigung der Eltern und Lehrer zu verlieren, auch von den Mitschülern nicht mehr angenommen zu sein, führt den „schlechten Schüler" (HÖHN 1967) in eine hoffnungslose Situation. Der „schlechte", weil ständig überforderte Schüler verliert das Gefühl: „Das kann ich schaffen. Das traue ich mir zu." Ein Kind, das andere nicht mehr mögen, kann sich auch selbst nicht mehr gern haben und verliert auf diese Weise jegliche Zuversicht und Lernfreude.

Fazit

Der Glaube an die Objektivität der Zensuren bleibt eine Fiktion

Die Zensuren sind nicht das, was sie zu sein vorgeben. Sie sind weder objektiv noch erfassen sie das, was sie messen sollen. Sie sind weder informativ noch miteinander vergleichbar. Besonders bedenklich aber ist es, daß in den Kindern der Glauben gestärkt wird, das Hauptziel aller Bemühungen beim Lernen sei es, gute Zensuren zu bekommen. Das Unpädagogische an der Zensurengebung faßt SINGER (1981, S. 240) so zusammen:

„Zensuren entfremden den Schüler von der zu erlernenden Sache. Es besteht eine Gefahr, daß er nur noch für Noten und nicht mehr um der Sache willen lernt. So führen Noten zu falschen Beweggründen des Lernens. Der Schüler braucht auf seine Leistung eine „Antwort"; die Zensuren sind jedoch eine abnorme und primitive Reaktion auf sein Leistungsverhalten."

1.6 Leistung beurteilen ohne Zensuren

Aus dem Bildungs- und Erziehungsauftrag der Grundschule hatten wir auf S. 10 Prüffragen entwickelt und dabei die folgenden Merkmale eines pädagogischen Leistungsbegriffs abgeleitet:

— Orientierung am individuellen Lern- und Entwicklungsprozeß des Kindes
— Orientierung an der sozialen Dimension des Lernens
— Orientierung an den Grundsätzen des Ermutigens und Förderns.

Diesem Leistungsbegriff kann nur die Beurteilung ohne Zensuren gerecht werden; denn allein dieses Beurteilungssystem ermöglicht es, daß alle Kinder

— an ihren individuellen Lernmöglichkeiten gemessen werden
— für ihre persönlichen Lernfortschritte Bestätigung erfahren
— ohne Angst vor Mißerfolg und dessen sozialen Folgen lernen können
— um der Sache willen etwas leisten wollen und sich dafür anstrengen
— gemeinsam lernen und sich gegenseitig helfen
— Leistungszuversicht und Selbstvertrauen gewinnen können, wodurch sie letztlich leistungsfähig werden.

Alle Erfahrung zeigt: Auch ohne Zensuren lernen Kinder angestrengt und wollen etwas leisten

Wer sich an Grundschulen im Ausland umgesehen hat, der weiß, daß der Verzicht auf Zensuren nichts mit einem Verzicht auf Leistung gemein hat. Das Argument, ohne Zensuren erlahme die Leistungsbereitschaft der Kinder, entspringt der Angst von Erwachsenen, Kinder wollten ohne Druck und ohne Ansporn durch Zensuren nicht lernen.

Das Gegenteil ist der Fall: Die Zensuren sind es nämlich, die in den Kindern die uneigennützige Wißbegierde und die Liebe zum Lernen zerstören. Die Zensuren trennen die Kinder vom Lerngegenstand. Um der Sache willen zu lernen, ist der Entwicklung der kindlichen Persönlichkeit aber in jedem Fall förderlicher als das Streben nach guten Zensuren.

Daß Kinder auch ohne Zensuren sich anstrengen und gerne lernen, haben sie bereits bewiesen, bevor sie in die Schule kamen. Mit aller Macht wollen sie wenigstens ihren Namen schreiben lernen. Sie haben das Zählen gelernt und können kurze Gedichte und Lieder auswendig.

■ *Positive Schul-Erfahrungen*

Ein Interview: Erfahrungen einer Schule

Daß Kinder auch in den vier Grundschuljahren ohne Zensuren all das lernen, was ihren jeweiligen Lernmöglichkeiten entspricht, zeigen nicht nur die Beispiele im Ausland und die Erfahrungen, die jeder mit Kindern im Vorschulalter macht.

Die Städtische Peter Petersen-Grundschule Am Rosenmaar in Köln erteilt seit Jahren Zensuren erst im Zeugnis für das zweite Halbjahr der Klasse 4. Hier sind unsere Fragen und die Antworten des Schulleiters ERWIN KLINKE:

☐ Läßt die Lernfreude und der Leistungswille nicht nach, wenn die Kinder keine Zensuren bekommen?

Kinder brauchen keine Zensuren. Sie brauchen Erfolg und Ermutigung

„Wenn Lernfreude und Leistungswille von Zensuren abhängen, dann sind wir miese Lehrer. Kinder wollen lernen, wollen leisten, wollen Fortschritte machen, wollen entdecken. Mit dieser Einstellung beginnen sie ihre Schulzeit und nicht mit der Erwartung, daß sie — nach für sie unendlich langer Zeit — einmal Zensuren bekommen. Wir müssen nur zulassen, daß Lernfreude und Leistungswille erhalten bleiben. Dafür brauchen Kinder Erfolg und die Sicherheit, daß sie erfolgreich bleiben können mit ihren unterschiedlichen Leistungsfähigkeiten. Das zu organisieren, ist unsere Lehreraufgabe. Und die Kinder brauchen die Bestätigung, daß sie etwas geleistet haben, durch das Ergebnis selbst, durch andere Kinder, durch uns Lehrer und die Eltern, und zwar im Zusammenhang mit der erbrachten Leistung und nicht erst ein halbes Jahr später."

☐ Wie bekommen denn die Kinder Rechenschaft darüber, was sie können und was nicht?

„Ich habe ja eben erklärt, Kinder brauchen die Anerkennung für jede Leistung, und zwar sofort. Sie müssen täglich das Gefühl haben, daß sie heute etwas mehr können als gestern. Und wir Erwachsenen müssen sie in ihrem Selbstbewußtsein so stärken, daß sie sich das auch selber sagen können. Wenn in der Frage stecken sollte, daß Kinder einen Anspruch auf eine objektive Beschreibung ihres Leistungsstandes haben, dann bezweifele ich erst einmal, daß das geht, und wenn, dann sicher nicht durch Zensuren. Und wenn es ginge, dann hielte ich es für die Entwicklung der Kinder und für die Motivation und die Arbeitsmoral für schädlich. Wichtiger als die Standortbestimmung muß die Freude über den Fortschritt sein dürfen, und dann wartet da eine große Welt von Noch-nicht-gekonntem, Noch-nicht-entdecktem, Noch-nicht- erfahrenem, auf deren Eroberung wir gespannt sein dürfen. Diese Spannung hält hoffentlich weit über die Schulzeit hinaus an!

Auch ohne Zensuren wissen Kinder, was sie können — und auch die Eltern

Bei uns an der Peter-Petersen-Grundschule Am Rosenmaar in Köln- Höhenhaus haben wir ja auch im 3. und 4. Schuljahr eine verbale Verhaltens- und Leistungsbeschreibung. Zum Teil kreuzen wir vorgegebene Aussagen nur an. Wir nennen das Informationsbogen. Er fungiert als Zeugnisersatz. Ich selbst würde am liebsten auf den ganzen formalen und amtlich aussehenden Quatsch, wie Zeugnisse und Informationsbögen zu bestimmten Zeiten, verzichten. Die Notwendigkeit dafür besteht nur an ganz bestimmten Wendepunkten im Leben. Die ständige Rückmeldung an die Kinder muß ohnehin stattfinden, und Eltern sollte man über Sprechtage und dann wenn es notwendig ist, informieren."

☐ Fragen die Kinder nicht nach Zensuren? Sie wollen sich doch miteinander vergleichen.

Ohne Zensuren: mehr soziale Sensibilität

„Sie fragen deshalb manchmal nach Zensuren, weil sie von anderen Kindern wissen, daß man Geld dafür kriegen kann. Und da sind wir ja schon wieder bei der falschen Motivation. Miteinander vergleichen ja; aber doch nicht unbedingt nach gut und schlecht, und der Bessere gilt mehr. Kinder stellen schon fest, daß sie unterschiedliche Dinge unterschiedlich können. Bei uns sollen sie erfahren, daß es einem gut tut, wenn man anderen helfen kann, und daß man besser vorankommt, wenn man sich helfen läßt. Unterschiedliche Fähigkeiten und Fertigkeiten garantieren erst ein respektables Gruppenergebnis. Das Gemeinschaftswerk wird im Kreis beklatscht. Man muß einfach erlebt haben, wie die Gesichter der sonst nicht so leistungsstarken Schülerinnen und Schüler strahlen, und wie das die künftige

Arbeitshaltung insgesamt beflügelt. Unsere Kinder jedenfalls haben ein ganz gutes Gespür dafür, was echte Leistung ist. Wenn nämlich ein bisher schwacher Leser einen merklich besseren Vortrag liefert, dann wird das viel freudiger und anerkennender vermerkt, als wenn ein anderer gleichbleibend gut liest."

☐ Wie ist die Einstellung der Eltern zu Ihrer Leistungsbewertung ohne Noten?

Die Eltern akzeptieren die Informationen, weil sie präziser sind als Zensuren

„Wir sind eine Angebotsschule. Die Eltern, die ihre Kinder zu uns bringen, haben sich wohl etwas dabei gedacht oder aus Not heraus gehandelt. Insofern haben wir es sicher etwas leichter, wenn es um Veränderungen oder Abweichungen im pädagogischen Handeln geht. Unsere Eltern sind mit den Informationsbögen zufrieden. Die Aussagen sind präziser und beleuchten die Entwicklung im letzten halben Jahr umfangreich und nachvollziehbar. Wir nehmen uns für jedes Kind und deren Eltern eine halbe Stunde Zeit, um über den Informationsbogen zu sprechen. Da können wir erklären, beraten und notfalls sogar korrigieren. Ich habe einmal einem Kind bei Sachunterricht nicht die Reihe ‚Hat zusätzliches Material besorgt' angekreuzt und bekomme vorgehalten: ‚Hast denn ganz mein Meerschweinchen vergessen?'"

☐ Haben die Eltern hinterher ein realistisches Bild von der Leistungsfähigkeit und dem Leistungsstand ihrer Kinder?

Die Eltern erkennen Ihr Kind in der Beurteilung genau wieder

„Zum Teil bin ich auf die Frage schon eingegangen, so daß wohl deutlich geworden ist, daß Eltern sich ein genaueres Bild vom Verhalten und der Entwicklung ihrer Kinder machen können. Gerade Eltern, die von anderen Schulen zu uns gewechselt haben, sagen: ‚Darunter kann ich mir etwas vorstellen.' oder ‚Ich erkenne mein Kind genau wieder.' Vielleicht darf ich zurückfragen: ‚Was sagt denn ein Gut oder ein Mangelhaft aus, außer daß das eine beruhigt und das andere beunruhigt und Ärger bringt?' Bei uns erfahren die Eltern z. B.: Hat lange, ungeübte Texte fließend und ausdrucksvoll vorgelesen, Hat Texte nacherzählt. Hat Texte im Rollenspiel nachgespielt. Konnte Texte deuten. oder: Hat kurze, geübte Texte stockend vorgelesen. Dazwischen liegen viele Möglichkeiten.
Ich kann mich an die Zeit erinnern, als ich noch Zensuren schreiben mußte. Da hatte das Befriedigend jedes Jahr eine andere Qualität. Man mußte ja immer ein paar gute, ein paar schlechte und ein paar mittlere Schüler produzieren, egal ob man eine leistungsstarke oder eine leistungsschwache Klasse hatte."

Die Leistungsbeurteilung ohne Zensuren stärkt das Bemühen der Grundschule, den unterschiedlichen Lernmöglichkeiten der Kinder durch individuellen Lernfortschritt gerecht zu werden. Wie sollen Lehrer sonst genormte Maßstäbe auf einen Nenner bringen? Es ist deshalb nur konsequent, daß gerade solche Grundschulen (wie die Peter-Petersen-Grundschule in Köln) die Abschaffung der Zensuren fordern, die sich für eine differenzierte Unterrichtsgestaltung entschieden haben.
So schreiben der Rektor der Städtischen Montessori-Grundschule Paulusplatz in Düsseldorf, Siegfried Fleck, und seine Kolleginnen und Kollegen:

Wünsche einer Montessori-Grundschule . . .

„Wir würden gern auf Noten verzichten. Sie mindern die Qualität der kindlichen Arbeit eher, als daß sie helfen. Das Erlebnis, etwas verstanden, etwas Neues gelernt zu haben, ist Belohnung, nicht aber die „gute" Note. Vielleicht wird es doch noch Wirklichkeit: Leistungsbeurteilung ohne Noten, auch in den Klassen 3 und 4" (Christiani 1985, S. 14).

Und aufgrund der Erfahrungen in der Laborschule Bielefeld, die bis zur Klasse 10 keine Zensuren erteilt, kommt v. Hentig (1982, S. 247) zu der folgenden Einschätzung, was die Zensuren betrifft:

. . . und Erfahrungen eines Erziehungswissenschaftlers und Schulleiters

„Zusammenarbeit, Hilfsbereitschaft, Geduld mit sich selbst und anderen, Zutrauen zur eigenen Leistung und Lernwille werden erschwert; die notwendige und sicher auch erteilte Ermutigung kommt durch die objektive Entmutigung durch eine schlechte Note nicht an; Unvergleichbares wird miteinander verglichen; die Freude an der Sache wird durch das Streben nach guten Noten ersetzt. Dies bekommt weder der Persönlichkeit noch der Gemeinschaft noch dem sachlichen Lernen."

Aus erziehungswissenschaftlicher Sicht begründet Flitner (1985, S. 6) den Verzicht auf Zensuren:

„Die Grundschule braucht keine Zensuren" Andreas Flitner (1981, S. 457)

„Die Hauptaufgabe der Schule ist doch wohl das Entwickeln der Lernfähigkeit der Kinder. Das Erlernen von Qualitätsmaßstäben gehört gewiß dazu — aber hat es Vorrang vor allen anderen Inhalten und Dimensionen? Ist nicht der Aufbau von Lernmotivation des Selbstvertrauens und der Fähigkeit, sich auf das Schulangebot einzulassen und dort etwas zu leisten, unendlich viel wichtiger, ja überhaupt die Voraussetzung dafür, daß ein Kind und sein Lernen „Gütemaßstäben" unterworfen und daß es mit anderen Kindern und ihrer Leistungsfähigkeit verglichen werden kann?"

■ *Drei Gefahren-Punkte*

Bei Zeugnissen ohne Zensuren darauf achten,

Leistungsbeurteilung ohne Zensuren eröffnet alle pädagogischen Möglichkeiten, wie die Praxis in den ersten oder beiden ersten Grundschuljahren in allen Bundesländern zeigt. Damit sind aber noch nicht alle möglichen Fehlentwicklungen ausgeschaltet. Dazu unser Hinweis auf drei Gefahrenpunkte:

. . . daß sich die Zensuren nicht durch die Hintertür einschleichen

[1] Lehrer können selbst dort „heimlich" Zensuren erteilen, wo dies amtlich bereits nicht mehr möglich ist. Diese Gefahr wird in der These zusammengefaßt (Benner/Ramseger 1985, S. 152): „Zeugnisse ohne Zensuren sind Zeugnisse mit heimlichen Zensuren." Daß hier wie in der Industrie verdeckte Zensuren in einem ansonsten recht allgemeinen, unverbindlichen Text stecken, wird gelegentlich auch von Eltern beklagt. Wer Zeugnisse sehr formal schreibt, hat bald das Repertoire an Aussagen ausgeschöpft und muß dann zu Standardformulierungen greifen, die wiederum zu Chiffren für Zensuren werden.

. . . daß die Beurteilung des Arbeits- und Sozialverhaltens nicht am privaten Unterrichtskonzept orientiert ist

[2] Den zweiten Hinweis verdanken wir der Analyse von 1.840 Zeugnissen ohne Zensuren durch Scherer/Schmied/Tarnai (1985, S. 192): Danach sind die Zeugnisse „vor allem ein Abbild der Präferenzen und Zielsetzungen der jeweiligen Lehrerin und reflektieren erst an zweiter Stelle die individuellen Stärken und Schwächen der einzelnen Schüler."

Gerade durch die verbale Beurteilung — vor allem des Verhaltensbereiches — steht der Lehrer also viel stärker in der Gefahr, zu solchen Leistungen Aussagen zu machen, die sich seinem Unterrichtskonzept anpassen; das erfordert vom Kind in vielen Fällen Anpassungsleistungen; beim Frontalunterricht steht folglich die „Beteiligung am Unterricht", das „Sich-Äußern", das „Frage-Beantworten", kurz: die für die Unterrichtszwecke des Lehrers notwendige Disziplin im Vordergrund.

. . . daß Eltern sich nicht getäuscht fühlen

[3] Die Lernentwicklung einzelner Kinder wird zu sehr beschönigt. Die Eltern werden über die tatsächlichen Fortschritte im Unklaren gelassen; sie fühlen sich hintergangen.

Dabei war es gerade beabsichtigt, durch die Reform der Leistungsbewertung auch Eltern und Lehrer intensiver ins Gespräch zu bringen. Diese Intention wird jedoch dann verfehlt, wenn Eltern sich nicht hinreichend informiert fühlen und bei ihnen der Eindruck entsteht, nur durch den Vergleich mit Zeugnissen der Mitschüler ließe sich ein „realistisches" Bild von der Leistungsfähigkeit des eigenen Kindes gewinnen.

Wir geben uns also nicht der Illusion hin, der Verzicht auf die Zensuren könnte eine Veränderung des pädagogischen Konzepts automatisch herbeiführen. Auch bei einer Beurteilung ohne Zensuren bleibt eine dem pädagogischen Leistungsbegriff widersprechende Beurteilungspraxis möglich: Lernen im Gleichschritt, genormte Anforderungen, vergleichsorientiertes und produktorientiertes Leistungsdenken; es setzt sich hier und dort auch über Punktebewertung oder über Piktogramme (z. B. Stempel mit lachenden und weinenden Männchen) durch.

1.7 Leistung beurteilen mit Zensuren

In den Klassen 3 und 4, in einigen Bundesländern bereits ab Klasse 2, müssen Sie Zensuren erteilen.
Für die Anwendung der Zensuren gibt es eine bundeseinheitliche Vorschrift. Danach sind Zensuren im Sinne des anwendungsbezogenen Maßstabes zu erteilen. Zensuren geben also an, in welchem Ausmaß die Leistung des Kindes den Anforderungen entspricht

Die Note	wird erteilt, wenn die Leistungen den Anforderungen entsprechen:
sehr gut:	in besonderem Maße
gut:	voll
befriedigend:	im allgemeinen
ausreichend:	(zwar mit Mängeln) im ganzen noch
mangelhaft:	nicht mehr (aber nachholbar)
ungenügend:	nicht (in absehbarer Zeit nicht behebbar)

Die amtliche Notendefinition gilt in allen Bundesländern

Damit ist rechtsverbindlich in allen Bundesländern untersagt, was ohnehin pädagogisch nicht zu verantworten wäre: die Zensuren vergleichsorientiert zu erteilen, d. h. die Kinder einer Klasse in eine Leistungsrangfolge zu bringen und die Rangplätze dann der Zensurenskala zuzuordnen.
Hier stellen wir zwei weitere Formen von Zensurenfindung vor, die wir für pädagogisch fragwürdig halten, die allerdings weit verbreitet sind:

■ *Zensurenskala bei Klassenarbeiten: mechanisch angewendet*

[1] Lehrer erfinden für sich selbst die Regelung, daß jede Klassenarbeit mit demselben Maßstab gemessen wird. Vor der Arbeit wird festgelegt („a priori — Entscheidung"), für wie viele Fehler oder Punkte welche Zensur erteilt wird.

Solche formalistischen Regelungen werden sehr willkürlich getroffen. Eltern halten sie zunächst für gerecht, weil die rein rechnerische Zuordnung von Fehlern und Punkten zu Zensuren Objektivität suggeriert. Problematisch wird es in der Regel erst dann, wenn ein anderer Lehrer eine andere Zuordnung vornimmt: z. B. die Zensur „befriedigend" statt bei vier bis sieben Fehlern jetzt bei drei bis sechs Fehlern. Dabei bleibt die Fehlerqualität völlig außer acht; aber Fehler ist nicht gleich Fehler.

Übermäßige Selbstbindung schränkt die pädagogische Eigenverantwortung ein

[2] Während hier die Zensur sofort unter eine Arbeit gesetzt werden kann (weil sie ja festliegt), wird im folgenden Konzept die Zensur erst dann festgelegt, wenn alle Arbeiten durchgesehen sind.
Andere Lehrer stülpen der Klasse die Gauß'sche Glockenkurve über. Der Normalverteilung in der Bevölkerung entsprechend soll es auch in der Klasse eine kleine Spitzengruppe geben, ein großes Mittelfeld und einen Teil Leistungsschwache. Die Klassenarbeitsergebnisse sollen sich auf dieser sechsstufigen Kurve verteilen:

Die Gauß'sche Normalverteilung in der Schule: ein Symbol für pädagogischen Pessimismus

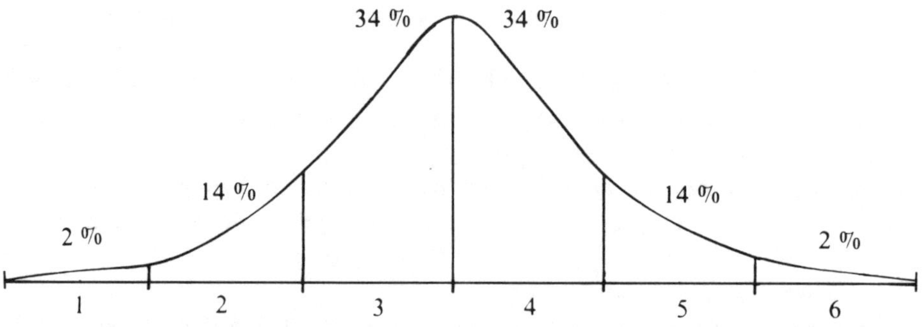

Auch in leistungsstarken Klassen neigen Lehrer dazu, die gesamte Zensurenskala auszuschöpfen (vgl. BIRKEL 1984). So könnte ein „schlechter" Schüler einer „guten" Klasse auch ein „guter" in einer „schlechteren" Klasse sein. Deshalb ist für Sie ja auch eine Information über die generelle Leistungsstärke Ihrer Klasse so wichtig (zum Einsatz von Schulleistungstests (s. S. 173 ff.). Die Gauß'sche Normalverteilung ist der statistische Ausdruck von pädagogischem Pessimismus: Es muß immer Versager geben. Dabei widerspricht es dem pädagogischen Konzept einer ermutigenden Erziehung, die Lernergebnisse so zu werten, daß zwangsläufig einige Schüler versagen müssen. Zumindest die grundlegenden Anforderungen müssen für alle Schüler erreichbar sein, wenn auch für manche mehr Lernzeit, mehr Lehrerhilfen und anderem Übungsmaterial.

Ein Ausweg aus dem Zensurendilemma: differenzierte Klassenarbeiten

Wir raten von diesen beiden mechanischen Verfahren ab und plädieren für einen dritten Weg: *differenzierte Klassenarbeiten*. Dieses Konzept geht davon aus, daß die leistungsschwachen Kinder nicht durch den Vergleich mit leistungsstarken zu Versagern werden sollen. Vielmehr sollen sie im Bereich der unverzichtbaren Grundlagen sicher werden. Die Konsequenz ist, daß sich auch die Anforderungen in den Klassenarbeiten für diese Kinder auf ein Maß beschränken, das es ihnen ermöglicht, wenigstens „ausreichende" Leistungen zu erbringen, also keine Versager sein zu müssen. Wird so verfahren, dann dürfte in aller Regel kein Kind in einem Fach auf Dauer mit „mangelhaft" oder gar „ungenügend" beurteilt werden.

Wir haben bereits darauf hingewiesen, daß Zensuren, auch anforderungsbezogene Zensuren, weder Auskunft über den individuellen Lernfortschritt noch über persönliche Lernanstrengungen geben. Sie geben auch keine Information darüber, welche Leistungen die Schüler erbringen sollen, welche erbracht und welche noch nicht erbracht wurden. Dieses Dilemma kann dadurch abgeschwächt werden, daß jede Zensur durch einen fördernden, ermutigenden, beratenden Kommentar ergänzt wird und der Lehrer mit jedem Kind einzeln über seine Leistung spricht.

■ *„Mit Behelfen helfen" — pädagogische Mindestanforderungen an Klassenarbeiten*

„Mit Behelfen helfen" — das ist also unser Motto angesichts des Zensurendilemmas. Statt auf den Tag der zensurenfreien Grundschule zu warten, sollten wir alles daransetzen, daß Kinder unter dem herrschenden Zensurensystem nicht leiden müssen. Dazu einige pädagogische Mindestanforderungen:

Klassenarbeiten dürfen nicht den Charakter einer ritualisierten Prüfung haben.

- differenzierte Klassenarbeiten stellen, um zu verhindern, daß leistungsschwache Kinder an durchschnittlichen oder gar überdurchschnittlichen Anforderungen gemessen werden
- nur überprüfen, was durchgenommen und gründlich geübt ist, denn Klassenarbeiten sollen Kinder nicht hereinlegen; mit Kindern abstimmen, ob sie sich in dem Gebiet jetzt ganz sicher fühlen

— mit Klassenarbeiten keine Angst und keinen Druck erzeugen: durch lange Vorankündigung, durch Disziplinierung („Wer jetzt nicht aufpaßt, wird in der nächsten Arbeit . . ."), durch ritualisierte Prüfungssituationen (Unterschrift der Eltern, Klassenspiegel [in einigen Bundesländern verboten])

Angst blockiert das Lernen

— punktuellen Ergebnissen kein Übergewicht verleihen; Kindern damit deutlich machen, daß das tägliche Arbeiten und sich Anstrengen in der Klasse entscheidender ist

— prompte Rückmeldungen über Klassenarbeiten geben; also Rückgabe am nächsten Tag, nicht über das Wochenende liegenlassen

— aufgrund der Klassenarbeit mit jedem einzelnen Kind besprechen, was es geleistet hat, was es noch nicht kann: beraten, wie am besten weitergelernt wird

— vom Dogma abkommen, daß Klassenarbeiten von allen Kindern zur selben Zeit geschrieben werden müssen

— „Fehler-Modelle" transparent machen. Gibt die absolute Fehlerzahl den Ausschlag für die Zensur, oder gibt es einen Fehlerquotienten (z. B. Fehlerzahl im Verhältnis zur Gesamtzahl der Wörter)? Sind alle Fehler gleich gewichtig? Werden Punkte für Teilleistungen (z. B. bei Mathematikarbeiten und in Aufsätzen) erteilt? — Bekanntlich wird die Beurteilung allerdings dadurch auch nicht automatisch präziser und vergleichbarer.

— Klassenarbeiten nicht mit „Notenspiegel" versehen. Der Notenspiegel gibt keine Information über die individuelle Leistung eines Schülers. Das Oberverwaltungsgericht Köln hat in einem Urteil entschieden, daß die Eltern keinen Anspruch auf einen Notenspiegel haben: „Ein Hinweis auf die Stellung des Kindes in der Klasse ist für die Wahrnehmung des Erziehungsrechtes und die Entwicklung der Persönlichkeit unwesentlich, da für den Übergang zu weiterführenden Schulen allein entscheidend ist, welche Leistung der Schüler voraussichtlich erbringen wird."

Kein Notenspiegel

1.8 Die Zeugnisbestimmungen in den Bundesländern: ein Überblick

Am 2. Juli 1970 verabschiedete die Kultusministerkonferenz durch einstimmigen Beschluß die „Empfehlungen zur Arbeit in der Grundschule". In diesen Empfehlungen bekundeten alle Kultusminister ihre Absicht, auf die Zensuren in den Klassen 1 und 2 zu verzichten:

„In der 1. und 2. Klasse ist eine allgemeine Aussage über die Leistungen eines Kindes im Hinblick auf das Ziel dieser Schulstufe bedeutsamer als die vorgeblich genaue Benotung der Leistungen in den einzelnen Teilgebieten des Unterrichts. In diesen beiden Klassen ist daher jeweils am Ende eines Schuljahres eine allgemeine Beurteilung des Kindes in freier Form im Zeugnis zu erteilen. Neben der Begutachtung des Sozial- und Arbeitsverhaltens sind Hinweise auf Interessen, besondere Fähigkeiten und Schwächen zu geben. Dabei muß zusammenfassend festgestellt werden, ob und inwieweit die Leistungen mit der Einschätzung des geistigen Leistungsvermögens übereinstimmen. Die allgemeine Beurteilung muß sehr ins einzelne gehen, wenn das Kind eine Klasse überspringen, eine Klasse wiederholen oder in eine Sonderschule überwiesen werden soll."

Trotz bildungspolitischer Beschwörungen: kein Verzicht auf Zensuren über die Klasse 2 hinaus

Kurz zuvor hatte sich die Bildungskommission des Deutschen Bildungsrates mit dem „Lernen in den ersten Schuljahren" befaßt und den Stellenwert von Leistungsmessung relativiert:

„Das Leistungsprinzip, wie es im gesellschaftlichen Wettbewerb gilt, kann nicht auf den Bildungsprozeß der Jugendlichen oder gar des Kindes übertragen werden. Der Wettbewerb muß vielmehr in Formen eingeführt werden, die dem Alter

Der Förderalismus treibt seine Blüten: Landeshoheit in der Zeugnisgestaltung

	Klasse 1 1. Halbjahr	 2. Halbjahr	Klasse 2 1. Halbjahr	 2. Halbjahr
Baden-Württemberg	—	Schulbericht: Verhaltensbereich Arbeitsbereich Lernbereich (ohne Zensuren)	Schulbericht wie 1 ; 2	Schulbericht: wie 1 ; 2 mit Zensuren in Deutsch und Mathematik
Bayern	Zwischenzeugnis: Bericht mit Beobachtungen insbesondere zum sozialen Verhalten, zum Lernverhalten und zum Leistungsstand	Jahreszeugnis: wie 1 ; 1	Zwischenzeugnis: wie 1 ; 1	Jahreszeugnis wie 1 ; 1 mit Zensuren in Deutsch, Mathematik soweit Heimat- und Sachkunde
Berlin	—	Zeugnis mit einer Gesamtbeurteilung ohne Zensuren	—	Zeugnis: mit Zensuren; und Charakterisierung des Verhaltens
Bremen	mündliche Information	Schriftliche Information über die Lernentwicklung des Schülers	mündliche Information	Zeugnis: Bericht über die Lernentwicklung des Schülers; Zensuren für Deutsch und Mathematik
Hamburg	—	Zeugnis: Bericht über das Arbeits- und Sozialverhalten und über die Leistungen	—	Zeugnis: wie 1 ; 2
Hessen	—	Zeugnis: Allgemeine Beurteilung (Lernentwicklung, Arbeits- und Lernverhalten, besondere Fähigkeiten und Schwächen, soziales Verhalten, Bildungswille, Mitarbeit	—	Zeugnis: wie 1 ; 2

	Klasse 1 1. Halbjahr	 2. Halbjahr	Klasse 2 1. Halbjahr	 2. Halbjahr
Niedersachsen	—	Zeugnis: allgemeine Beurteilung über Arbeitsverhalten, Interesse, Fähigkeiten sowie über die Lernstände in den Lehrgängen	Zeugnis: wie 1 ; 2	Zeugnis: wie 1 ; 2
Nordrhein-Westfalen	—	Zeugnis: Aussagen über die Lernentwicklung im Arbeits- und Sozialverhalten sowie in den Fächern	—	Zeugnis: wie 1 ; 2
Rheinland-Pfalz	—	Zeugnis: Gesamtbeurteilung der Leistungen, des Verhaltens und der Mitarbeit	Zeugnis: wie 1 ; 2	Zeugnis mit Zensuren, auch für Mitarbeit und Verhalten
Saarland	—	Zeugnis: Bericht über die Entwicklung des Arbeits- und Sozialverhaltens sowie der Leistungen	Zeugnis: wie 1 ; 2	Zeugnis: mit Zensuren (außer für Aufsatz), auch für Verhalten und Mitarbeit
Schleswig-Holstein	Zeugnis: zusammenfassender Bericht über den Leistungsstand	Zeugnis: wie 1 ; 1	Zeugnis: mit Zensuren	Zeugnis: mit Zensuren

entsprechen und frei sind von der Drohung lebenslanger Nachteile oder sozialer Deklassierung . . . Die Geltung des pädagogischen Leistungsprinzips in der Schule — das Prinzip der Herausforderung, die keine Angst erzeugt — muß im Zusammenhang mit einem differenzierten Lernangebot gesehen werden . . .
So wichtig alle speziellen Lernleistungen auch sein mögen, die wesentlichen Lernziele müssen in den Lernprozessen gesehen werden, die den Grund für eine Bereitschaft zu lebenslangem Lernen legen."

Noch deutlicher wird die Bildungskommission in ihrem Bericht '75:
„Unter dem Gesichtspunkt der Förderung des Schülers und des Abbaus von Chancenungleichheiten wären deshalb die Lernprozesse im Sinne eines pädagogischen Leistungsprinzips anzulegen, das die Lernzielerreichung und die persönliche Leistungssteigerung stärker betont als den Leistungsvergleich . . .“

Die Übersicht auf den Seiten 32 und 33 zeigt, daß nicht alle Bundesländer dem Beschluß der Kultusministerkonferenz gefolgt sind. Einigkeit herrscht nur bei den Regelungen für die Klassen 3 und 4: Hier sind zweimal im Schuljahr Zensurenzeugnisse vorgesehen. (In einigen Bundesländern wird dabei auch das Verhalten und die Mitarbeit im Unterricht zensiert.)

Hamburg ist vorn: Verzicht auf Zensuren auch in den Klassen 3 und 4 möglich

Lediglich Hamburg macht eine Ausnahme, die Beachtung verdient. Für die Klassen 3 und 4 gibt es die folgende Bestimmung: Die Leistungen werden „nach Mehrheitsentscheidung der Erziehungsberechtigten und bei Stimmengleichheit nach Entscheidung der Klassenkonferenz durch Berichte oder Noten“ bewertet. Die überstimmte Mehrheit der Eltern ist an die Mehrheitsentscheidung gebunden, es gibt kein Nebeneinander von Berichts- und Zensurenzeugnissen. Mit der Mehrheitsentscheidung der Eltern ist also auch die Klassenkonferenz gebunden; diese kann nur bei Stimmengleichheit entscheiden.
Das pädagogische Beurteilungskonzept in den Klassen 1 und 2 gilt es jetzt durch eine überzeugende Praxis zu stärken. Es sollte nicht vergessen werden, daß viele Eltern für ihre Kinder eigentlich lieber Zensurenzeugnisse hätten.

Umfrageergebnis zum Thema: Verzicht auf Zensuren in den Klassen 1 bis 3

Zu einer Ausdehnung der Beurteilung ohne Zensuren auch für die Klasse 3 erbrachte die letzte Meinungsumfrage dieses Ergebnis (ROLFF u. a. 1986, S. 40): Auf die These „Zumindest in den ersten drei Jahren der Grundschule kann auf Zensuren verzichtet werden.“ reagierten

zustimmend:	53 %
unentschieden:	16 %
ablehnend:	32 %

Ob also das pädagogische Beurteilungskonzept langfristig auf die Klassen 3 und 4 ausgeweitet werden kann, hängt von bildungspolitischen Entwicklungen ab, auf die auch Grundschulpädagogen Einfluß nehmen sollten. Bis dahin muß die Grundschule mit pädagogischen Kompromissen die Quadratur des Kreises zu durchbrechen suchen: Zensuren geben, ohne dabei die pädagogischen Ziele aufzugeben.

2.
Lehren und Beurteilen — Überblick über die diagnostischen Arbeitsschritte

Wann beginnen Sie, sich über den Leistungsstand „Ihrer" Schülerinnen und Schüler Gedanken zu machen — z. B. im Rechtschreiben oder in Mathematik? Vermutlich werden Sie antworten, daß solche Überlegungen nicht irgendwann einsetzen und dann abgeschlossen sind, sondern daß Sie eigentlich immer wieder über die Leistungen der Kinder nachdenken (müssen). Wenn Sie z. B. eine Unterrichtseinheit planen, dann überlegen Sie, was die Kinder schon können und was sie nun dazulernen sollen. Während der Unterrichtsarbeit beobachten Sie die Kinder; Sie betrachten ihre Arbeitsergebnisse daraufhin, ob sie erfolgreich lernen, was noch einmal wiederholt werden muß, welche Kinder zusätzliche Lernhilfen brauchen . . . Wenn Sie dann einen Test oder eine Klassenarbeit schreiben, sind Sie vermutlich einigermaßen sicher, daß alle Kinder nach ihren Möglichkeiten auch erfolgreich gelernt haben. Diese Einschätzung mag sich dann bestätigen oder als zu optimistisch erweisen — das Ergebnis wird wiederum Konsequenzen für den weiteren Unterricht haben.

Mithin kennzeichnet das Nachdenken über die Leistungen der Kinder durchgängig die unterrichtliche Arbeit — mal vom Aspekt der Lernfortschritte, mal vom Aspekt differenzierter Lernhilfen her.

Was für den fachbezogenen Unterricht gilt, ist im Bereich der Förderung des Arbeits- und Sozialverhaltens im Prinzip nicht viel anders: Mehr oder weniger bewußt, lassen Sie sich von Vorstellungen leiten, was in dieser Klasse/bei diesen Kindern wünschenswertes und erreichbares Arbeits- und Sozialverhalten ist, das heißt: Sie orientieren sich an Verhaltenszielen. Sie stellen im täglichen Unterricht durch Ihre Beobachtungen fest, was die Kinder davon schon praktizieren und was sie entwickeln müssen. Vielleicht notieren Sie sich auch hin und wieder einige Beobachtungen und stellen durch diese Erinnerungsstützen mit zusätzlicher Sicherheit Entwicklungen bei den Kindern fest. Folglich sind Lehren und das Beurteilen von Leistungen aufeinander bezogene Tätigkeiten. Dies gilt für das Lernen „in Fächern" ebenso wie für die Entwicklung des Arbeits- und Sozialverhaltens.

Lehren und Beurteilen ergänzen sich ständig

Ein Aspekt muß noch ergänzt werden: Lernen und Leisten geschieht nicht voraussetzungslos.

Jedes Kind hat seine eigene Entwicklungs- und Lernbiographie, die ebenso Bedingungen setzt wie die Faktoren, die das Leben und Lehren in der Schule bestimmen. Was und wie ein Kind lernen und leisten kann, ist abhängig von diesen Bedingungen.

Sie denken z. B. über das Bedingungsfeld nach, wenn Sie mehr Verständnis für die Möglichkeiten und die Grenzen der Leistungsfähigkeit der einzelnen Kinder gewinnen wollen, wenn Sie die Leistungsmöglichkeiten gezielt herausfordern, wenn Sie die schulischen Lernbedingungen möglichst günstig gestalten wollen.

Schließlich: Beim Zeugnisschreiben nehmen Sie alle diese Überlegungen und Erfahrungen noch einmal in den Blick und versuchen nun eine pädagogische Gesamtbewertung.

Wenn wir uns dies alles bewußt machen, dann wird deutlich, daß es in diesem

Buch nicht lediglich um das Zeugnisschreiben als einen isolierten Verwaltungsakt gehen kann. Vielmehr müssen wir alle Lehrertätigkeiten in den Blick nehmen, bei denen die Diagnose der Leistungsfähigkeiten und der Leistungsbedingungen eine wichtige Rolle spielen,

— als Voraussetzung für kindorientiertes Lehren
— als Grundlage für qualifiziertes Beurteilen in der Elternberatung und beim Zeugnisschreiben.

Die folgende Übersicht verdeutlicht die diagnostischen Arbeitsschritte. Sie werden dann in den nachfolgenden Kapiteln situations- und fachbezogen konkretisiert.

Überblick: die diagnostischen Arbeitsschritte

die diagnostischen Arbeitsschritte

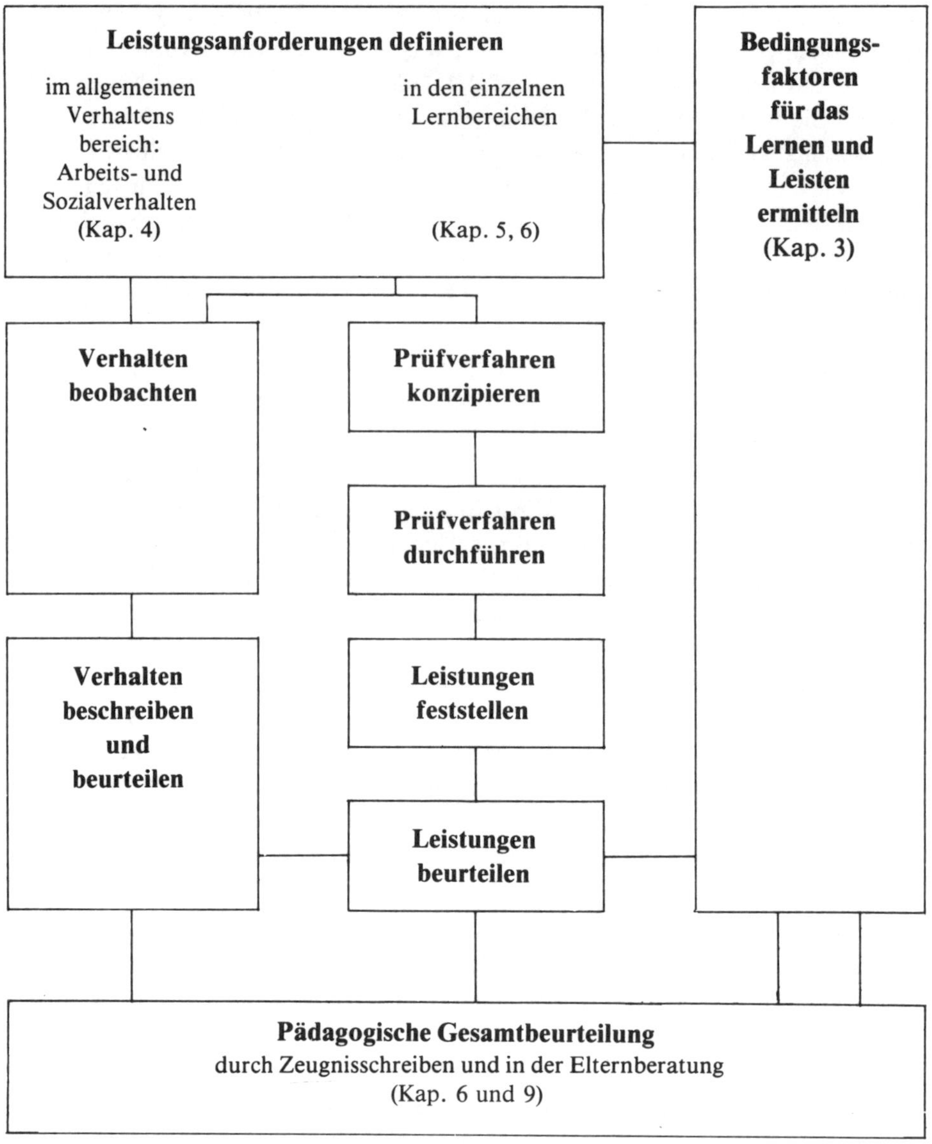

3.
Bedingungsfaktoren für Lernen und Leisten ermitteln

Wann denken Sie über die Ursachen für das Leisten eines Kindes nach?

Spätestens bei Lern- oder Verhaltensschwierigkeiten eines Kindes werden sie nach möglichen Ursachen suchen. Zwei Absichten mögen Sie dabei leiten:

[1] Sie wollen die Schwierigkeiten des Kindes von den Ursachen her zu erklären suchen, um damit auch Ihr Verständnis für das Kind zu vertiefen.

[2] Sie wollen die Ursachen ermitteln, um die Lernbedingungen des Kindes positiv zu beeinflussen — eingedenk der Regel, daß Ursachen beseitigen besser ist, als an Symptomen kurieren.

Doch ist der pädagogische Sorgenfall häufig nur der auffälligste Anlaß, sich über die Bedingungen für das Lernen und Leisten eines Kindes Gedanken zu machen. Tatsächlich wird Sie das Nachdenken über die Hintergründe des Lernens Ihrer Schülerinnen und Schüler bei Ihrer täglichen Arbeit begleiten:

— wenn Sie über das unterschiedliche Verhalten der Kinder auch bei gleichem Lernangebot nachdenken,
— wenn Sie die Neigungen, Interessen, besonderen Fähigkeiten der Kinder im Unterricht berücksichtigen wollen,
— wenn Sie über die gegenwärtigen Lebensumstände der Kinder nachdenken, z. B. über den Fernsehkonsum, die „Neuen Medien“, die Umweltbelastungen, die Spielmöglichkeiten im Schulbezirk,
— wenn Sie mit den Eltern über die Erziehung des Kindes sprechen,
— wenn Sie bei Ihren pädagogischen Maßnahmen und in Ihrer Beurteilung den individuellen Möglichkeiten der Kinder gerecht werden wollen.

Urteile über Kinder sind immer Urteile auf Widerruf

Solches Forschen und Nachdenken über die Hintergründe des Lernens und Leistens haben keinen Abschluß. Selbst bei ausführlichster Erkundung in Klasse 1 haben Sie damit nicht die Lernbedingungen bis zum Ende der Grundschulzeit ermittelt. Die Gründe hierfür liegen zum einen in der Subjektivität solcher Ermittlungen und Urteile, zum anderen in der Veränderlichkeit der Faktoren und ihres Zusammenwirkens. Im einzelnen:

■ *Die Subjektivität der Ermittlungen und Urteile*
Ihre Beobachtungen, Erkundungen, Befragungen und Ihre Schlüsse und Urteile sind auch davon abhängig, wie Sie und was Sie wahrnehmen und wie Sie auf Grund Ihres Menschenbildes, Ihrer Menschenkenntnis, Ihrer pädagogischen Erfahrung und Kompetenz diese Wahrnehmungen verarbeiten. Wenn Sie z. B. zu optimistischer Sichtweise neigen, werden Sie anders wahrnehmen und verarbeiten, als wenn Sie eher zu Pessimismus neigen; hieran wird deutlich, daß auch aktuelle Faktoren wie z. B. Stimmungslagen einflußreich sind.
Zudem holen Sie die Erkundungen nicht „mit einem Schlage“ ein, sondern — wie es dem schulischen Alltag entspricht — „bei Gelegenheiten“, also bei Gesprächen, in Situationen, anläßlich von Auffälligkeiten . . . Mithin kann Ihr Bild auch nie annähernd umfassend sein. Umso größer ist dafür die Gefahr der Überbewertung einzelner Beobachtungen, der falschen Verallgemeinerung und damit der Vorurteilsbildung.

Der Beurteiler beeinflußt das Urteil mit

Sie müssen deshalb in weiser Selbstbeschränkung und mit immer selbstkritischem Vorbehalt die Subjektivität und Fehlerhaftigkeit Ihrer Ermittlungen und Urteile in Rechnung stellen, sie bei weiterem Erkunden und Nachdenken kontrollieren und gegebenenfalls korrigieren. Auf das Thema Fehler beim Beobachten und Beurteilen kommen wir auf S. 63 noch ausführlicher zu sprechen.

■ *Die Veränderbarkeit der Faktoren*

Statt des statischen gilt der dynamische Persönlichkeitsbegriff

Wir hängen heute nicht mehr einem statischen Persönlichkeitsbegriff an, der davon ausgeht, daß die Persönlichkeit durch zeitüberdauernde unveränderliche Merkmale bestimmt ist, z. B. durch den berühmt-berüchtigten Intelligenzquotienten. Vielmehr gehen wir davon aus, daß sich die Persönlichkeit, etwa durch situative und soziale Faktoren, durch spezielle Lernangebote verändern kann (diese optimistische Sichtweise macht geradezu pädagogisches Denken aus).
Andreas Krapp gibt hierzu — auf Grund der aktuellen Forschungs- und Erkenntnislage — folgende Hinweise (1984, S. 49 ff):
Zu unterscheiden sind frühere Entwicklungsbedingungen, die zur Entwicklung relativ stabiler Lernvoraussetzungen beigetragen haben, wie z. B. der elterliche Erziehungsstil, und aktuelle Bedingungsfaktoren, die in der Gegenwart auf das Lernen und Leisten einwirken. Aktuelle Faktoren können aber auch auf die stabileren Voraussetzungen verändernd einwirken, so daß sich die Struktur des Bedingungsfeldes ändern kann. Überhaupt beeinflussen sich die Faktoren ständig: „Leben, Lernen und Leistungsverhalten sind nach neuerem Verständnis eingebettet in dynamische, sich wechselseitig beeinflussende Ereignisketten." (Krapp 1984, S. 62)

3.1 Bedingungsfaktoren, die das Lernen und Leisten beeinflussen

Welches sind nun die Bedingungsfaktoren, die wesentlich das Lernen und Leisten der Kinder beeinflussen?
Noch in den fünfziger Jahren fiel es leichter, hierauf eine schlüssige Antwort zu geben (vgl. Roth 1957, Ruppert 1954).
Heute müssen die Antworten vorsichtiger ausfallen angesichts des entwicklungsbezogenen Persönlichkeitsbegriffs und der Einsicht in die Dynamik des Bedingungsfeldes.
Doch haben die empirisch-wissenschaftlichen Forschungen eine Fülle von Faktoren ausgemacht, die in dem Bedingungsfeld mitwirken. Wie bedeutsam sie im einzelnen sind und wie sie jeweils zusammenwirken, dies kann wohl z. T. modellhaft vermutet, aber nicht als gesetzmäßige Zusammenhänge festgestellt oder gar belegt werden. Die Gründe hierfür haben wir zuvor dargelegt.
Wir stellen nun — aus unterschiedlichen Quellen gewonnen — mögliche Faktoren zusammen.

Die Kenntnis der Lernbedingungen erweitert und schärft die Wahrnehmung

Diese Auflistung mag Sie anregen, das Repertoire Ihrer Wahrnehmung und Reflexion über Lernbedingungen der Kinder zu prüfen und gegebenenfalls zu erweitern. Sie kann zudem als Suchraster für „Bedingungsfeldanalysen" dienen.
Für unsere Zusammenstellung bedienen wir uns eines Modells, das Krapp verschiedentlich vorgestellt hat (z. B. 1976): Es bündelt die Bedingungsfaktoren nach den Bereichen, in denen sie beobachtet werden:

— die außerschulische Umwelt des Kindes
— die schulische Umwelt des Kindes
— die Persönlichkeit des Kindes

Diese Felder werden von einer weiteren Faktorengruppe wesentlich beeinflußt: von den vorherrschenden gesellschaftlichen Bedingungen. Sie wirken sich z. B. auf die außerschulische Umwelt aus durch die ökonomischen Gegebenheiten,

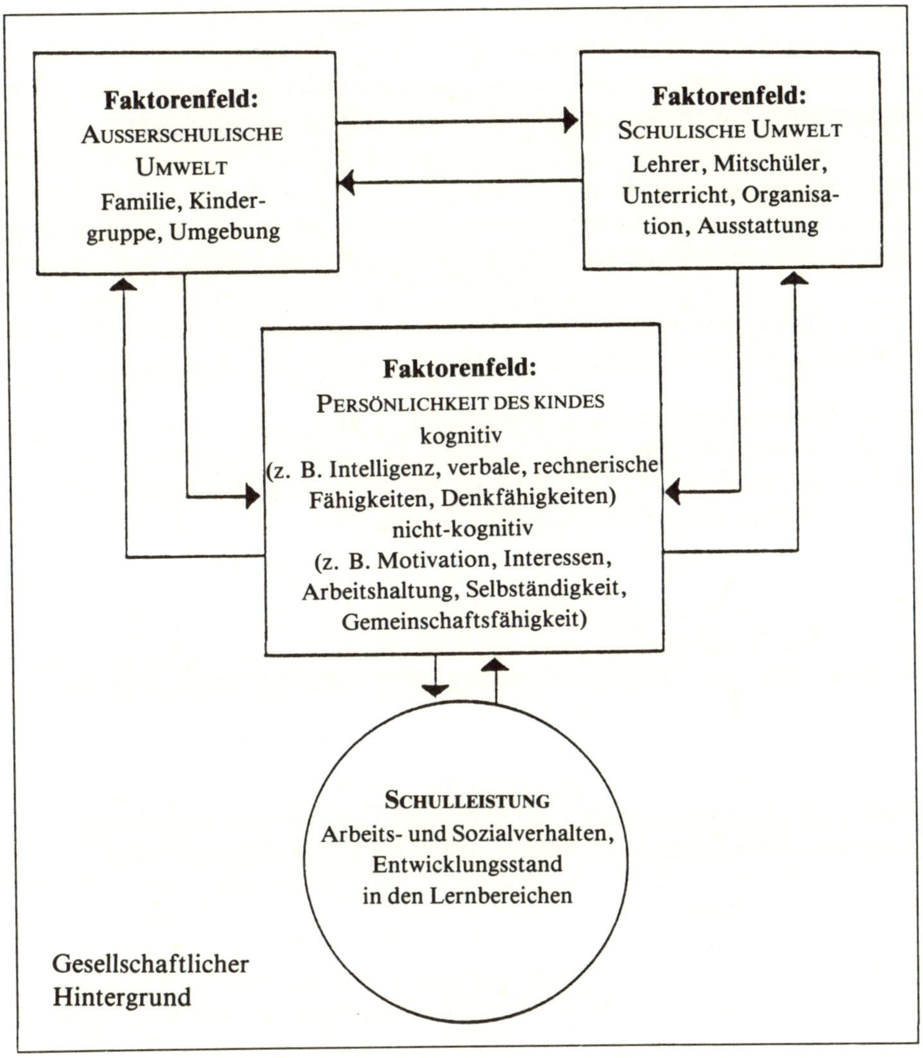

Überblick: Bedingungen für schulisches Lernen

durch den (erworbenen) Erziehungsstil der Eltern, durch den Sozialstatus der Eltern, durch Werbung. Fernsehkonsum, Spielplatzangebot und vieles andere. Sie wirken sich in der Schule aus durch die materielle Ausstattung, Schüler-Lehrer-Relationen, Richtlinien und Lehrpläne, Schulbücher, besondere Wertschätzungen bestimmter Lernbereiche und vieles andere. Sie wirken sich schließlich über die Umwelt auf die Sozialisation des Kindes und dadurch auf seine Persönlichkeitsentwicklung aus.

Ebenso schlagen Veränderungen in den bestehenden gesellschaftlichen Rahmenbedingungen zwangsläufig auf die drei Faktorenfelder durch und verändern die einzelnen Faktoren (wenn auch mit z. T. erheblichen Verzögerungen).

Die Faktoren beeinflussen sich wechselseitig (Interdependenz)

Natürlich wirken die drei Felder Persönlichkeit des Kindes — außerschulische Umwelt — schulische Umwelt nicht unabhängig voneinander auf die Schulleistung des einzelnen Kindes ein. Unmittelbar ist die Schulleistung mit einem Bereich verbunden: mit den Faktoren der Persönlichkeit. Die Verhaltensäußerungen des Kindes werden beobachtet und beurteilt. Im Rückkopplungseffekt wirkt sich das Erlebnis von Leistungserfolg und -mißerfolg zunächst unmittelbar auf die Persönlichkeit aus. Erst indirekt beeinflussen die Faktoren der außerschulischen und schulischen Umwelt die Schulleistung: nämlich über ihre Einwirkung auf die Persönlichkeit des Kindes.

Die Faktoren der beiden Umweltbereiche wirken vielfältig aufeinander ein: Das Bildungsinteresse der Eltern, ihr Erziehungsstil, die Spielmöglichkeiten und Anregungen, die die Umgebung bieten, beeinflussen die Möglichkeiten schulischen Lehrens und Lernens. Andererseits nehmen schulische Gegebenheiten wie Schulpflicht, Stundenplan, Hausaufgaben, Auswahl von Zielen und Inhalten, Elternarbeit einen z. T. erheblichen Einfluß auf die familiären Gegebenheiten.

Faktorenfeld: außerschulische Umwelt

Familie, Kindergruppe, Umgebung

In aller Regel machen Kinder in der Familie ihre ersten Erfahrungen. Vielfältige Untersuchungen über die Bedeutung dieser „primären Sozialisation" belegen, daß hier in der Tat lebensbedeutsame Weichen für die weitere Entwicklung des Kindes gestellt werden und entscheidende Lernprozesse stattfinden. Wichtige Faktoren sind:

■ Das Bildungs- und Erziehungsinteresse der Eltern
— die Erziehungsziele der Eltern
— Grad an Bewußtheit des erzieherischen Handelns (Rollenbewußtsein als Erzieher, Wahrnehmung der Rollenanforderungen)
— angestrebte Schulkarriere des Kindes

■ Besondere familienbiographische Faktoren
— Größe der Familie
— Zusammensetzung der Familie (Mutter—Vater—Kind; Mutter—Kind usw.)
— Stellung in der Geschwisterreihe
— Art der Versorgung des Kindes bei Berufstätigkeit beider Elternteile
— Besonderheiten wie: Heimerziehung, auffällig gespanntes/gestörtes Verhältnis der Ehepartner, Unterbringung im Hort, Behinderung eines Familienmitgliedes, Sterbefall in der Familie

■ Struktur der Umgebung
— Spiel- und Bewegungsmöglichkeiten für das Kind in der Wohnung, auf der Straße, auf dem Hof, im Garten, auf Spielplätzen, an anderen Orten
— Erfahrungsorte für das Kind (Wohnsituation, Medien, bes. aktuelles Fernsehangebot, Bebauung, Bevölkerung, Verkehr, Einkaufstätten, Produktionsstätten, besondere Einrichtungen, landschaftliche Gegebenheiten)

■ Das intellektuell-emotionale Anregungsmilieu
— Ausmaß an Bewegungsfreiheit im Haus und in der näheren Umgebung, mit Möglichkeiten zum ungestörten, wenig eingeschränkten Spielen
— Ausmaß an Anregung durch verschiedenartige Spielzeuge, Malgeräte, Musikinstrumente, Bücher, Hefte, Zeitschriften, Schallplatten, Kassetten, Fernsehen, Tierhaltung, Basteln, Ausflüge, Reisen
— Komplexitätsgrad der Umweltreize in häuslicher Umwelt, näherer Umgebung, Möglichkeiten zur freien Erkundung und zur Nutzung von klein an
— Art der elterlichen Leistungserwartungen und Selbständigkeitsforderungen an das Kind (Berücksichtigung des kindlichen Fähigkeitsstandes?), Ausmaß der Anteilnahme an Leistungsfortschritten (Ermutigung, Bekräftigung, gemeinsames Nachdenken, Förderung planerischen Verhaltens?)

■ Das sozial-emotionale Anregungsmilieu
— Vielfalt der sozialen Kontakte in der Familie (Familiengröße, regelmäßige Kontaktgelegenheiten, z. B. beim gemeinsamen Essen), in außerfamilialen Situationen (Spielgruppen, Kindergarten), dabei Erfahrungen mit Interaktionspartnern unterschiedlicher sozialer Position, Erfahrungen mit unterschiedlichen Beobachtungsmodellen; eigene Erfahrung mit unterschiedlichen sozialen Positionen

— Unterstützung vielfältiger sozialer Kontakte des Kindes zur Überwindung der Familienisolation (Einladung anderer Kinder in die Wohnung, Erlaubnis zum Schlafen bei Freunden . . .?)
— Konstanz von Bezugspersonen, dabei: Ausmaß an Wärme, Geborgenheit
— Vorhandensein von Beobachtungsmodellen für kooperatives, flexibles, sensibles, Entscheidungen diskutierendes soziales Verhalten
— Ausmaß an Selbstbestimmung (bei der Auswahl des Essens, der Kleidung, der Spielgefährten, bei der Zeiteinteilung: Diskussion der Wünsche, Bedürfnisse, Diskussion von Regelungen?)
— Art des Konfliktverhaltens (autoritäre Verfügung — Verbalisierung von Wünschen und Gefühlen der Beteiligten — Diskussion von Regelungen — Begründung von Einschränkungen — Wechselbad zwischen strikter Reglementierung und Großzügigkeit? Strafpraktiken: Konsequenz — Inkonsequenz? Körperliche Strafen — Liebesentzug —„natürliche" Konsequenzen?)
— Ausmaß und Intensität von Gesprächen über soziale Phänomene: über soziale Verhaltensweisen, ihre Motive, über soziale Regelungen/Sanktionen, über Ereignisse wie: Streit, Zusammenarbeit, Vorurteile, Scheidung, Tod, Familiengründung . . .

Faktorenfeld: schulische Umwelt

In der Grundschule machen die Schüler ihre ersten Erfahrungen mit systematischem, langfristig angeleitetem Lernen in einem größeren Sozialverband. Auch von der Art dieser Erfahrungen hängt wesentlich ab, welche Einstellung sie zu schulischen Lern- und Leistungsanforderungen gewinnen, welche Fähigkeiten und Interessen sie entwickeln, ob sie auch Mißerfolge positiv verarbeiten lernen, ob sich Selbstachtung und Erfolgszuversicht stabilisieren usw.

Lehrer, Mitschüler, Unterricht, Organisation, Ausstattung der Schule

■ Schulorganisation und -ausstattung
— Verwaltungsvorgaben (Jahrgangsklasse, Zusammensetzung der Klasse, Zuordnung von Klassen- und Fachlehrern, evtl. Lehrerwechsel, Studenplan, Möglichkeiten zur Planveränderung nach Bedarf des Unterrichts, der Schüler)
— bisherige Schullaufbahn der Klasse (Jahrgangsstufe, bisherige Lehrer, Lehrer- und Unterrichtsversorgung, Lehrerwechsel)
— Materiale Ausstattung (Klassenraum — Größe und Ausgestaltung, Fachräume, Arbeitsmaterialien, Unterrichtswerke, Schulhof)

■ Lehrer/in
— eigene Sozialisation, eigene Schulerfahrungen
— Berufsethos (Gründe für Berufswahl, berufliche Tätigkeit, bewußte und unbewußte Zielsetzungen, Verhältnis zu Kindern, Berufsziele)
— didaktische Kompetenz (sachliche Kenntnisse, didaktisch- methodisches Repertoire, Fähigkeiten zur geplanten Improvisation, Intensität der Weiterbildung, Verarbeitung von Erfahrungen)
— pädagogische Kompetenz und Sensibilität
— Verhältnis zu den Eltern (Intensivität und Qualität der Elternarbeit)

■ Das intellektuell-emotionale Anregungsmilieu
— Ausmaß an Bewegungsfreiheit und Anregungen (Zusammensetzung der Schülergruppe, Art des Lehrerverhaltens, Möglichkeiten der Nutzung von Arbeits- und Anschauungsmaterialien, Grad der inneren Differenzierung, unterrichtsthematische Vielfalt, Nutzung verschiedener Sozialformen, Klassenbräuche)
— Art der Leistungsanforderungen (Berücksichtigung individueller Fähigkeiten, Interessen, Bedürfnisse, „Passung" von Anforderung und Fähigkeitsstand beim einzelnen Schüler, Anteilnahme am individuellen Lernfortschritt, individuelle Ermutigung und Hilfestellung bei Lernschwierigkeiten)

— Vielfalt der Methoden geistiger Arbeit (Entdeckungsmethode, problemlösendes Arbeiten, Kulturtechniken, Arbeit mit Hilfsmitteln, Theoriebildung)

■ Das sozial-emotionale Anregungsmilieu
— Konstanz der Bezugspersonen (gemäßigtes Klassenlehrerprinzip), dabei: Ausmaß an Wärme, Geborgenheit
— Art und Vielfalt der sozialen Interaktionen im Klassenraum, auf dem Schulhof, Zusammensetzung der in der Klasse unterrichtenden Lehrer und Ausmaß ihrer Gemeinsamkeiten
— Art und Ausmaß der Hilfestellungen bei sozialen Interaktionen durch die Lehrer (Einführung von Sozialformen, Übung, Hilfestellung bei der Überwindung von Schwierigkeiten, Herstellung eines „Wir-Gefühls“)
— Lehrer als Beobachtungsmodell für kooperatives, flexibles, sensibles, Entscheidungen diskutierendes soziales Verhalten
— Ausmaß an Selbstbestimmung (bei der Auswahl von Unterrichtsthemen, Verfahrensweisen, bei der Sitzplatzwahl, bei der Ausgestaltung der Klasse, bei unterrichtlichen Vorhaben)
— Art des Konfliktverhaltens, bes. der Lehrer (autoritäre Verfügung — Verbalisierung von Wünschen und Gefühlen — Diskussion von Regelungen — Begründung für Einschränkungen — Wechselbad zwischen strikter Reglementierung und Großzügigkeit? Strafpraktiken: Konsequenz — Inkonsequenz? Strafen durch Mehrarbeit — soziale Isolierung — Wiedergutmachung . . .
— Ausmaß und Intensität von Gesprächen über soziale Phänomene

Faktorenfeld: Persönlichkeit des Kindes

Kognitive und nichtkognitive Faktoren im Kinde

Wir unterscheiden zwischen kognitiven und nicht-kognitiven Faktoren. Kognitive Faktoren sind z. B.: Intelligenz, Kreativität, Gedächtnisleistung, nichtkognitive: Motivation, Arbeitshaltung, Gemeinschaftsfähigkeit.
Einige Forschungsergebnisse geben wichtige Hinweise auf die Zusammenhänge: Der oft hochgeschätze Faktor Intelligenz hat wohl nur bedingt auch eine hohe Bedeutung für die Schulleistung. An ihm wird im übrigen deutlich, wie abhängig Faktoren voneinander sind: „Faktoren wie allgemeine Intelligenz verlieren in aufeinanderfolgenden Unterrichtsschritten an Bedeutung, während lehrgangspezifische Vorkenntnisse immer größeres Gewicht erhalten. Außerdem konnte gezeigt werden, daß die Beziehung zwischen Intelligenz und Schulleistung auch von der Qualität des Unterrichts abhängt: In „schlecht geführten“ Klassen hat die (allgemeine) Intelligenz ein vergleichsweise stärkeres Gewicht als in gut geführten Klassen“ (Krapp 1984, S. 55). Vielfältige Untersuchungen wurden zum Faktor: Motivation durchgeführt. Dabei zeigte sich, daß neben dem zeitüberdauernden Leistungsmotiv die situative Motivierung bedeutsam ist. Sie entsteht insbesondere dadurch, daß eine Aufgabe als zwar schwierig, aber leistbar eingeschätzt wird. Was als „schwierig, aber leistbar“ angesehen wird, ist allerdings individuell sehr unterschiedlich — hier spielt z. B. eine Rolle, was das Kind sich zutraut, welche Vorkenntnisse es besitzt.
Neben dieser aufgabenbezogenen Motivation spielen im übrigen Faktoren aus dem Feld: schulische Umwelt eine wichtige Rolle, wie z. B. die Begeisterungsfähigkeit der Lehrerin, des Lehrers, die Lernatmosphäre in der Klasse, die Art der Aufgabenpräsentation.

■ kognitive Fähigkeiten
— Intelligenz
— kognitive Schulleistungen (besonders verbale und rechnerische Fähigkeiten, Formen des Denkens, Gesamtleistungsniveau)

— besondere Leistungsschwerpunkte
— Einfallsreichtum, Produktivität
— Gedächtnisleistung

■ Interessen, Neigungen, Vorlieben
— Neigungen zum Umgang mit bestimmten Menschen (besondere Beziehungen zu bestimmten Familienangehörigen? Freundschaftsgruppen?)
— Interessen für bestimmte Tätigkeitsbereiche (Rollenspiele, Malen, Singen, Konstruieren, Bauen, Fahrradfahren, Fußballspielen, Schwimmen, Fernsehen, Sammeln. Nach den ersten Schulerfahrungen auch bezogen auf schulische Inhalte und Lernbereiche)
— Vorliebe für den Umgang mit bestimmten Medien/Materialien (Konstruktionsmaterial, Ritter, Bücher, Haustiere, auch: Art des Umgangs: fürsorglich, langandauernde Beschäftigung, spontan, sprunghaft, großzügig-flott, sorgfältig-langsam)
— besondere Antipathien

■ Selbständigkeit
— Maß an Selbständigkeit in bezug auf Techniken des alltäglichen Lebens (Kenntnis von wichtigen Daten wie eigene Adresse, Telefonnummer, Geburtsdatum: An- und Ausziehen, Gang zur Toilette, Essen und Trinken holen und zurechtstellen, Sich-waschen, Telefonieren, Beschaffung von Informationen)
— Verläßlichkeit bei der Erledigung von Pflichten
— Maß an sozialer Selbständigkeit (Einkaufen, Benutzen von Verkehrsmitteln, Besuch bei Bekannten, Verwandten, Auswahl der Spielgefährten, Verabredung mit Freunden . . .)
— Maß an intellektueller Selbständigkeit (Neugierverhalten, Nutzung von Angeboten zur Mitbestimmung und zur eigenen Entscheidung, eigene Organisation von freien Zeiten — zeitlich und inhaltlich, Art der Hausaufgabenerledigung)

■ soziale Fähigkeiten
(Kontaktherstellung, Kooperation, Kritikfähigkeit, soziale Initiative, Hilfsbereitschaft, Verläßlichkeit, Ansehen in der Gruppe)

■ bisherige Schulbiographie
— Leistungserfahrungen, besondere Lernschwierigkeiten/Lernerfolge
— Bezugsverhältnis zu den bisherigen Lehrern
— Bezugsverhältnis zu den Mitschülern

■ besondere Auffälligkeiten
— Behinderungen, die das Lernen beeinträchtigen
— Anfälligkeit für bestimmte Krankheiten
— Verhaltensprobleme

3.2 Verfahren, um Lernbedingungen zu ermitteln

Sie können eine solche „pädagogische Anamnese" nicht in einem Zugriff einholen, aus guten Gründen sollten Sie dies auch nicht tun; in Anbetracht der Fülle von Bedingungsfaktoren können Sie selbst über die Grundschuljahre hinweg nicht alle Einflußgrößen ermitteln, viele Bereiche werden Ihnen nur schwer zugänglich oder ganz verschlossen bleiben (z. B. familiäre Bedingungen, aber auch Faktoren der eigenen, der Lehrerpersönlichkeit).

„Wie lernen wir unsere Schüler als Menschen kennen?" (Heinrich Roth)

Dennoch: Im Wissen um den höchst komplexen Wirkzusammenhang all dieser Faktoren sollten Sie versuchen, im Laufe der Zeit einige wichtige Bedingungen des Lernens und Leistens zu ermitteln. Was wichtig ist, läßt sich allgemein kaum festlegen. Sie müssen mit dem Blick auf das einzelne Kind selbst entscheiden, welche Informationen Sie einholen und festhalten. Dabei gilt die Regel: Je mehr Lern- und Leistungsprobleme ein Kind hat, desto intensiver müssen Sie über die Bedingungen nachdenken.

Standardisierte Tests
Für die Erfassung einer Reihe von kognitiven Fähigkeiten beim Schüler eignen sich standardisierte Tests: Fähigkeits- und Schulleistungstest, wie sie von den Testverlagen angeboten werden.
Fähigkeitstests ermitteln bestimmte kognitive Teilfähigkeiten, die in der Handanleitung zum Test angegeben sind, z. B. visuelle Wahrnehmung, Konzentration, sprachgebundenes Denken, anschauungsgebundenes Denken, Wortschatz.
Schulleistungstests erfassen speziell schulisches Wissen, speziell schulische Fertigkeiten und Fähigkeiten in einem eng umschriebenen Bereich, z. B. Lese-, Rechtschreib- oder Rechenfähigkeiten.
Diese standardisierten Tests ermitteln also nicht global, wie intelligent ein Kind ist, sondern liefern nur Ergebnisse für bestimmte scharf umrissene Aufgabenfelder. Sie messen aber auch für diese Aufgabenfelder nicht, wie fähig der Schüler „an sich" ist, sondern nur, wie gut er im Vergleich zu Gleichaltrigen im jeweiligen Test abgeschnitten hat. Dies liegt an dem Konzept der klassischen Testtheorie: Dementsprechend werden die Testaufgaben so lange erprobt und revidiert, bis sie „trennscharf" sind, d. h., bis sie zwischen sog. „guten" und sog. „schlechten" Schülern deutlich unterscheiden. Aufgaben z. B. die von sog. „guten" und sog. „schlechten" Schülern gelöst werden, müssen als unbrauchbar ausgeschieden werden. Die Arbeitsergebnisse der Schüler werden durch verschiedene Berechnungen sodann in eine Rangfolge gebracht. Dabei muß sich schließlich die Mehrzahl der Schüler im mittleren, abnehmend weniger im oberen und unteren Bereich wiederfinden.

Standardisierte Tests messen Kinder an anderen Kindern und nicht daran, was im Unterricht behandelt wurde

Mit anderen Worten: Standardisierte Fähigkeits- und Schulleistungstests sind vergleichsorientierte Meßverfahren. Normgruppe sind dabei Schüler aus verschiedenen Klassen des gleichen Jahrgangs oder benachbarter Jahrgänge. Sie ermöglichen den Vergleich der Schüler der eigenen Klasse mit dem Leistungsstand anderer Schüler desselben Jahrgangs. Dieses konkurrenzorientierte Konzept muß bei den Testergebnissen mitbedacht werden.
Eine weitere Anmerkung zur Aussagekraft ist noch nötig: Der derzeitige Leistungsstand (auch der Intelligenzstand) ist immer mit abhängig von bisherigen Lernumständen, Lernmöglichkeiten, Lernerfahrungen. Man darf also auch bei standardisierten Tests nicht vom aktuell ermittelten Fähigkeits- und Leistungsniveau eines Schülers auf ein überdauerndes unveränderliches Fähigkeits- und Leistungsniveau schließen.
Tests spielen auch im Rahmen der Beratung und Entscheidung zum Übergang auf weiterführende Schulen eine Rolle. Weitere Hinweise finden Sie auf S. 173 ff.

Verhaltensbeobachtungen

Viele wichtige Faktoren können nur durch Beobachtung ermittelt werden

Bestimmte Faktoren können Sie nur dadurch erfassen, daß Sie das Verhalten der Kinder bewußt beobachten, z. B. die intellektuelle Selbständigkeit, die Art des Umgangs mit Materialien, die Art der Interaktionen in der Gruppe, besonders ausgeprägte Neigungen des Kindes, aber auch Ihre selbstkritische Eigenbeobachtung in bezug auf Ihre Redeanteile Ihr Aufmerksamkeitsfeld usw.).
An dieser Stelle soll nicht weiter der Beobachterrolle, den Beobachtungsformen und Beobachtungsfehlern nachgegangen werden, weil dies an anderer Stelle ausführlich geschieht (siehe S. 55 ff.)

Das Gespräch mit den Eltern

Gespräche mit den Eltern haben mehrere Funktionen: Sie sollen die notwendige Vertrauensbasis herstellen, den gegenseitigen Informations- und Meinungsaustausch ermöglichen, die Eltern für das der heutigen Grundschularbeit zugrundeliegende Leistungsverständnis aufschließen, zur Mitwirkung möglichst vieler Eltern beitragen, schließlich auch: Informationen ermöglichen über die bisherige Lerngeschichte, den häuslichen Hintergrund und das außerschulische Verhalten der Schüler.

Eltern können wichtige Aufschlüsse geben

Diese letzte Funktion, die hier besonders interessiert, muß im Zusammenhang der anderen Funktionen gesehen werden: Nur wenn eine Vertrauensbasis zwischen Eltern und Ihnen hergestellt ist, nur wenn Eltern und Sie in einen sachlichen Informations- und Meinungsaustausch eingetreten sind, nur wenn Eltern wissen, warum Sie ein Interesse an der außerschulischen Umwelt des Kindes haben und sie dies akzeptieren, sind ehrliche Auskünfte der Eltern zu erwarten.

Sie sollten bei Gesprächen mit Eltern folgende Prinzipien beachten:

[1] Die Gespräche finden in einer angenehmen Atmosphäre statt (gemütlich eingerichtetes Elternsprechzimmer, möglichst wenig Zeitdruck: Sprechstunde, Getränke).

[2] Sie ermuntern die Eltern, selber Gesprächspunkte anzuregen, Meinungen zu äußern, Vorschläge zu machen; Sie hören aufmerksam und geduldig zu.

[3] Sie bleiben in Verhalten und Wortwahl sachlich und in bezug auf die jeweiligen Eltern verständlich.

[4] Wenn Sie über den Schüler urteilen und wenn Sie die Eltern befragen, dann vermitteln sie zugleich, daß Sie nicht ver-urteilen, sondern daß Sie das betreffende Kind besser verstehen und ihm helfen wollen.

[5] Sie wahren prinzipiell volle Diskretion.

Die in diesem Zusammenhang interessierenden Befragungen der Eltern finden in der Schulpraxis in unterschiedlichen Interaktionsformen statt:

— im zufällig sich ergebenden Gespräch (das Gespräch beim Abholen der Kinder, beim zufälligen Treff). Diese Gespräche dienen dem Kontakthalten, dem raschen Austausch der Meinungen und Informationen, dem Signalisieren der prinzipiellen Gesprächsbereitschaft. Besonders belangvolle Probleme sollten hier nicht besprochen werden, dazu müssen Lehrer und Eltern sich Zeit lassen. Sie sollten einen Gesprächstermin (Sprechstunde) vereinbaren, notfalls ein Telefongespräch am Abend.

— im beabsichtigten, offenen, nur durch einige Leitfragen vorstrukturierten Gespräch (zumeist ein vorher verabredetes Gespräch im Sprechzimmer, am Telefon, in der Wohnung der Eltern [Hausbesuch], in einer Gaststätte). Bei diesen Gesprächen können gezielt Informationen eingeholt werden, z. B. nach
besonderen Einschnitten und Bedingungen im bisherigen Lebenslauf des Kindes (längere Krankheiten, Versorgung bei Berufstätigkeit beider Elternteile, besondere Schicksalsschläge,
hauptsächlichen Beschäftigungen, dem Freizeitverhalten, den Freunden, häuslichen Pflichten,
der Selbständigkeit (alltäglichen Verrichtungen, Verabredungen, Hausaufgaben, selbständigen Wahl von Beschäftigungen),
Erziehungsschwierigkeiten,
gemeinsamen Unternehmungen,
Reaktionen auf die Schule.

Auf Leitfragen, die Sie für wichtig halten, sollten Sie sich vorbereiten.

Erkundungen

Die Lebenswirklichkeit der Kinder muß erkundet werden

Zur Feststellung der Spiel- und Bewegungsmöglichkeiten der Kinder sollten Sie neben der Befragung von Kindern und Eltern auch selber Erkundungsgänge im Schulbezirk durchführen. Diese bewußt durchgeführten Erkundungen sollten Sie auch in der schulischen Umwelt durchführen, denn gerade in der „vertrauten" Umgebung wird man ohne gezielte Umschau leicht wahrnehmungsblind.
Gespräche mit den Kindern, mit den Kolleginnen und Kollegen, gegenseitiges Hospitieren, Eigenreflexion, Information über Fernsehsendungen, die die Kinder bevorzugt sehen, — dies sind weitere Verfahren, die hier aber nicht weiter ausgeführt werden.

3.3 Notizen, um Lernbedingungen festzuhalten

Beobachtungsbogen und Pädagogisches Tagebuch

Sie wären überfordert, wollten Sie alle Erhebungen und Beobachtungen lediglich im Gedächtnis speichern. Deshalb ist z. B. das Notenbuch/der Lehrerkalender ein unentbehrliches Hilfsmittel in allen Schulformen und -stufen. Zur zensurenfreien Leistungsbewertung bürgerten sich in den letzten Jahren entsprechend Beobachtungsbögen oder pädagogische Tagebücher ein. Auch anamnestische Erhebungen bedürfen ihrer Notierung, um nicht ganz oder teilweise vergessen, bzw. durch Zwischenurteile/Meinungsbildungen verzerrt zu werden (es ist eine Alltagserfahrung, daß die Erinnerung Erlebnisse „einfärbt").
Schubert empfahl bereits 1904, ein „Individualitätsbuch" für jedes Kind anzulegen. Roth schlug im Zusammenhang der Frage: „Wie lernen wir unsere Schüler als Menschen kennen?" die Kombination tagebuchartiger Niederschriften, Verhaltensbeschreibungen, gezielter Erhebungen und Tests vor. Dies scheint auch heute noch angemessen zu sein. Dabei spielt in der täglichen Erziehungs- und Unterrichtsarbeit der Zeitfaktor eine wichtige Rolle. Einige Gesichtspunkte sollen das Realisierbare skizzieren:

— Da diese Notizen ohnehin nur für Sie selber als eigenes Arbeitsmaterial bestimmt sind, können Sie stichwortartig knapp formulieren.
— Sie machen nicht bei allen Schülern gleich umfangreiche Erhebungen und Notizen, sondern richten sich nach der Problemhaltigkeit. Bei vielen Schülern können Sie sich deshalb kurz fassen, andere erfordern ein Mehr an Ermittlungen und umfangreichere, häufigere Notizen.
— Wenn Sie als Klassenlehrer über Schuljahre hinweg eine Grundschulklasse betreuen, dies mit Interesse auch für die einzelnen Schülerindividuen tun, werden Sie die Schüler ziemlich genau kennenlernen und brauchen keine umfassenden Erhebungsprotokolle, sondern nur schriftliche Gedächtnishilfen, die eine Fülle von weiteren Erinnerungen hervorrufen.
— Es ist ratsam, das Buch, den Hefter oder die Karteikarte alphabetisch anzulegen und die Notizen über jeweils ein Kind hintereinanderzusetzen, statt tagebuchartig von Tag zu Tag, Ihre Notizen über alle Kinder hintereinanderzuschreiben.

Sicherlich bedeuten solche Notizen bei aller Reduzierung auf das tatsächlich Leistbare zusätzliche Arbeit. Doch wer sich der Mühe unterzogen hat, der weiß, wieviel stärker dadurch die Aufmerksamkeit auf einzelne Kinder gerichtet wird — auf die auffälligen und auf die unauffälligen, der weiß, wie das Verständnis wächst, das pädagogische Bewußtsein geschärft wird und gezielte Hilfen für das einzelne Kind leichter fallen.

3.4 Zur Interpretation der Informationen

Die „pädagogische Anamnese" verfolgt ein pädagogisches Interesse, nämlich mehr Verständnis für das Kind zu gewinnen und es dadurch bestmöglich zu fördern.

Jede Interpretation in diesem Verwendungszusammenhang muß immer eine Interpretation auf Widerruf sein, nur dann kann sie der Gefahr entgehen, zu voreiligen Schlüssen zu veranlassen, Vorurteile aufzubauen oder charakterliche Festschreibungen vorzunehmen. Insbesondere muß der Lehrer auf die folgenden Grundsätze achten:

ERSTENS:
Bei der Interpretation von Informationen muß man sich bewußt sein, „daß nie einzelne Sozialisationsfaktoren isoliert gesehen werden dürfen und von ihnen aus dann bestimmte Verhaltensweisen direkt abzuleiten sind. Es stellte sich vielmehr bei empirischen Untersuchungen heraus, daß ein und derselbe Sozialisationsfaktor — sei es eine bestimmte Ernährungssituation oder auch ein autoritäres Erziehungsverhalten — zu gerade gegensätzlichen Prägungen der Persönlichkeit führen kann, je nachdem, in welche biographische Gesamtsituation er eingebettet erscheint.“ (LEHR, zitiert in: WEINERT u. a. 1976 c, Seite 100)

Faktoren müssen im Zusammenwirken interpretiert werden

Ein Beispiel: Daß eine Mutter berufstätig ist, ergibt noch keine Grundlage für den Rückschluß auf bestimmte zwangsläufige Auswirkungen auf das Kind. Entscheidende zusätzliche Gesichtspunkte sind: Zufriedenheit der Mutter mit ihrer jeweiligen Rolle, die Qualifikation ihres Berufes, die Einstellung des Mannes zur Berufstätigkeit seiner Frau, die Mitwirkung des Vaters bei Haushalts- und Erziehungsproblemen, die Art der Kinderbetreuung usw.

ZWEITENS:

Faktoren interpretieren heißt, Hypothesen aufstellen

Bei der Interpretation von Informationen muß bedacht werden, daß es sich angesichts der Komplexität menschlicher Persönlichkeit immer nur um Hypothesen handelt, daß die erdachten Zusammenhänge vermutete und angenommene sind. Die Hypothesen müssen also immer durch konkrete Beobachtungen revidierbar sein.

DRITTENS:

Faktoren verändern sich ständig

Bei der Interpretation von Informationen muß berücksichtigt werden, von welchem Zeitpunkt die jeweiligen Angaben datieren. Die Veränderung äußerer Umstände und die Lerngeschichte eines Kindes verbieten es, Informationen älteren Datums ungeprüft zu übernehmen. Bei aktuell problematischen Fällen, oder bei aktuellen Entscheidungen (z. B. Überweisung zur Sonderschule) müssen jeweils aktuelle Informationen eingeholt werden.

VIERTENS:

Lehrer sind selber ein Faktor

Sie sind selber aktiver Teilnehmer des untersuchten Feldes: Sie sind ein wichtiger Faktor in der schulischen Umwelt und beeinflussen durch Ihre Leistungsanforderungen, Ihre erzieherische und unterrichtliche Kompetenz in erheblicher Weise die Schulleistung des einzelnen Kindes. Kritische Eigenreflexion, Selbstkontrolle gerade auch der „heimlichen“ Wirkungen Ihres Verhaltens können Sie als Betroffener bei allem notwendigen Bemühen sicher nur begrenzt vollziehen.
Gerade deshalb ist die ständige Bereitschaft und die Fähigkeit, nach den eigenen Anteilen zu suchen, notwendig. Im übrigen ist dies auch deshalb naheliegend, weil Sie am ehesten bei sich und Ihrem Unterricht Faktoren zugunsten des Kindes verändern können.

4.
Definieren — Beobachten — Beschreiben — Beurteilen: Arbeits- und Sozialverhalten

Die Beurteilung des Schülerverhaltens fand früher ihren Niederschlag in den sogenannten Kopfnoten. Es sollte im Zeugnis eben nicht nur Aussagen zum Leistungsstand in den Unterrichtsfächern geben. Die dahinter stehende Absicht, Schulleistung nicht auf fachliches Lernen einzuengen, ist an sich begrüßenswert.

Die Grundschule braucht keine Kopfnoten

Doch die Beurteilung des Schülerverhaltens anhand von Kopfnoten über Betragen oder Führung, über Häuslicher Fleiß, Ordnung, Beteiligung am Unterricht ist fragwürdig. Dienten die Kopfnoten nicht allzuoft dazu, Unterrichtsdisziplin sicherzustellen? So blieb die gute Führungsnote jenen vorbehalten, die sich schulisch begründeten Verhaltensregeln reibungslos anpassen konnten: lange stillsitzen; warten, bis man drankommt; Spontaneität, Neugier und Bewegungsdrang zähmen. Gut war die Beteiligung am Unterricht, sofern man sich auf alle Lehrerfragen prompt und brav meldete — selbst wenn man inzwischen wußte, daß nur ein Schüler die Antwort geben konnte.

Fragwürdig sind Kopfnoten jedoch nicht nur deshalb, weil sie zur Disziplinierung für ein beliebiges Unterrichtskonzept mißbraucht werden können. Zu dieser inhaltlichen Fragewürdigkeit kommt hinzu, daß die Zensurengebung grundsätzlich fragwürdig ist, (Ingenkamp 1971).

Inzwischen sind in einigen Bundesländern die Kopfnoten aus guten Gründen entfallen. Heute beurteilt die Grundschule das Schülerverhalten in freien Formulierungen der Rubrik „Arbeits- und Sozialverhalten“ oder „Lernverhalten“; damit legt sie zugleich auch Rechenschaft ab über ihre Erziehungsarbeit.

Weil die Grundschule einen Erziehungsauftrag hat . . .

Den Erziehungsauftrag der Schule heben alle Landesverfassungen und ebenso die Grundschulrichtlinien der Bundesländer hervor. Das Bundesverwaltungsgericht bestätigte in seinem Beschluß vom 21.12.1977 diesen Erziehungsauftrag in bemerkenswerter Deutlichkeit:

„Der allgemeine Auftrag der Schule zur Bildung und Erziehung der Kinder ist dem Elternrecht nicht nach-, sondern gleichgeordnet. Weder dem Elternrecht noch dem Erziehungsauftrag des Staates kommt ein absoluter Vorrang zu. Entgegen einer mitunter im Schrifttum vertretenen Auffassung ist der Lehr- und Erziehungsauftrag der Schule auch nicht darauf beschränkt, nur Wissensstoff zu vermitteln. Dieser Auftrag des Staates, den Art. 7 Abs. 1 GG voraussetzt, hat vielmehr auch zum Inhalt, das einzelne Kind zu einem selbstverantwortlichen Kind der Gesellschaft heranzubilden. Die Aufgaben der Schule liegen daher auch auf erzieherischem Gebiet.

Die gemeinsame Erziehungsaufgabe von Eltern und Schule, welche die Bildung der eigenen Persönlichkeit des Kindes zum Ziel hat, läßt sich nicht in einzelne Komponenten zerlegen. Sie ist vielmehr in einem sinnvoll aufeinander bezogenen Zusammenwirken zu erfüllen.“

. . . nimmt sie im Zeugnis auch zu den „Leistungen“ im Arbeits- und Sozialverhalten der Kinder Stellung

In früheren Auflagen unseres Buches mußten wir noch ausführlich begründen, warum Lehrer in den Zeugnissen auch zum Sozialverhalten Stellung nehmen sollen — und dürfen. Dies ist heute so nicht mehr nötig. Heute wird vor der vereinseitigenden Überbetonung des Kognitiven gewarnt. Es wird Klage darüber geführt, daß die Schule die soziale Wirklichkeit der Klasse meist ausblende und sich

nur für die Vermittlung des Stoffes zuständig fühle. Im übrigen fordere die Arbeitswelt in der Zukunft mehr kommunikative Tugenden: Fähigkeiten zur Teamarbeit, Verantwortungsbewußtsein, Entscheidungsfähigkeit und Kreativität.
Zum anderen wird darauf hingewiesen, daß Personalisation und Sozialisation sich wechselseitig bedingen. Kinder gewinnen ihr Selbstverständnis und ihr Selbstvertrauen erst durch das Zusammensein und in der Zusammenarbeit mit anderen.

4.1 Die Arbeitsschritte des Lehrers im Überblick

Dem Beurteilen gehen wichtige Arbeitsschritte voran:

Sie beobachten in aller Regel Ihre Schüler während des Unterrichts ganz unwillkürlich. Bei der Beobachtung des Schülerverhaltens gehen Sie also nicht — wie es bei einer wissenschaftlichen Untersuchung üblich ist — methodisch kontrolliert vor. Gleichwohl registrieren Sie die Verhaltensweisen Ihrer Schüler — wie sonst sollen Sie im Unterricht handlungsfähig bleiben können, Ihre Schüler fördern und beraten oder sie beurteilen können.
Aufgrund Ihrer Beobachtungen machen Sie sich ein Bild von jedem Kind, wenn Sie auch das Beobachtete im Verlauf des Schuljahres nicht planvoll festhalten. Bis es zur Beurteilung im Zeugnis kommt, haben Sie — mehr oder weniger bewußt — verschiedene Arbeitsschritte vollzogen. Für eine verantwortliche Beurteilungspraxis ist es unerläßlich, sich dieser Arbeitsschritte im einzelnen bewußt zu sein. Kurz: Jede Lehrerin und jeder Lehrer sollte die wichtigsten Beobachtungsverfahren und vor allem auch deren mögliche Fehlerquellen kennen.
Wir geben deshalb zunächst einen kurzen Überblick über die vier Arbeitsschritte:

■ *Der erste Arbeitsschritt: definieren*

. . . definieren, was beurteilt werden soll

Wenn Sie beurteilen, ob ein Kind fleißig ist oder faul, ob es im Unterricht produktiv mitarbeitet oder uninteressiert ist, dann verwenden Sie einen Maßstab, an dem Sie das Verhalten des Schülers messen. Ihre allgemeinen Vorstellungen von Erziehung sind dabei die leitenden Gesichtspunkte, unter denen Sie beobachten und beurteilen. Der eine Lehrer hält Bravheit, ruhiges Melden, Nichtdazwischenrufen für wichtig. Sie schätzen vielleicht eher Spontaneität sowie Lebhaftigkeit und nehmen die damit verbundene Unruhe in Kauf. Beide Lehrer werden zum Verhaltensbereich recht unterschiedliche Vorstellungen haben.
In diesem Arbeitsschnitt geht es darum, den Erziehungsauftrag der Schule zu definieren. Daraus entwickeln wir die Kategorien, mit denen Sie das Schülerverhalten beobachten und beurteilen können. Diese Kategorien sind gleichsam unser „Suchraster".

■ *Der zweite Arbeitsschritt: beobachten*

. . . beobachten, in welchen Situationen Kinder sich wie verhalten

Wie kein anderer Lehrer haben Sie als Grundschullehrerin oder -lehrer Gelegenheit, Ihre Schüler zu beobachten. Das gemäßigte Klassenlehrerprinzip ermöglicht Ihnen vormittags nahezu eine „Dauerbeobachtung" in der Schule. Dabei können sie jedes Kind im gesamten schulischen Umfeld beobachten: bei der Lösung einer Aufgabe wie beim Spiel in der Pause, in seinem Verhalten im Klassenraum wie in der Turnhalle, im Kontakt mit Ihnen wie im Umgang mit seinen Klassenkameraden.
Von einer permanenten, gleichsam totalerfassenden Beobachtung kann dennoch keine Rede sein. Im übrigen schließt eine auf Vertrauen gegründete Unterrichtsatmosphäre ohnehin aus, daß sich ein Kind dauernd beobachtet fühlt oder gar unter Beobachtungsdruck gerät.
Auf die Frage, welche Beobachtungsverfahren einerseits für Sie praktikabel, andererseits im Erziehungs- und Unterrichtsprozeß gegenüber dem Kind verantwortbar sind, werden wir auf S. 56 ff konkrete Antworten geben.

■ *Der dritte Arbeitsschritt: beschreiben*

. . . beschreiben, was beobachtet wurde

Was Sie während eines Schuljahres beobachten, vergessen Sie allzu schnell wieder, wenn Sie es nicht aufschreiben. Eine kontrollierte Auswertung dessen, was man beobachtet hat, ist ohne jede Niederschrift schlechterdings nicht möglich. Zwar gibt es eine Vielzahl von Verfahren zur Verhaltensbeschreibung, doch die meisten halten wir im Schulalltag nicht für praktikabel; ebenso wenig praktikabel sind aber auch die „Notenbücher". Wir schlagen Ihnen andere Formen vor: den *Beobachtungsbogen* und das *pädagogische Tagebuch.*

■ *Der vierte Arbeitsschritt: beurteilen*

. . . beurteilen, wenn beobachtet und beschrieben wurde

Wer Schülerverhalten möglichst kontinuierlich und unvoreingenommen registriert, der kann es zutreffender beurteilen. Wichtig ist hierbei, das Beobachten und Beschreiben gründlich vom Beurteilen zu trennen, also vorschnelles Beurteilen zu vermeiden. Schließlich sind mit der Beurteilung von Schülerverhalten weitreichende Konsequenzen verbunden:
Schüler werden verstärkt oder entmutigt, sie werden leistungsmotiviert oder leistungsängstlich; sie können zum „schwarzen Schaf" abgestempelt oder zum „Klassenstar" erkoren werden. Deshalb gilt: Nur mit einer breiten Grundlage von Beobachtungsnotizen und -erinnerungen wird die Beurteilung zuverlässig und können Fehlurteile vermieden werden.

4.2 Definieren: Kriterien zur Beurteilung des Schülerverhaltens

Die vier Arbeitsschritte

— definieren
— beobachten
— beschreiben
— beurteilen

bedingen sich wechselseitig und werden von Ihnen im Schulalltag gewiß kaum bewußt getrennt. Manche Lehrer stoßen im Laufe der Diskussion um Beurteilungsnormen auf die Frage nach den dahinter liegenden pädagogischen Grundannahmen. Andere kommen — ausgehend von leitenden Zielvorstellungen — zu vergleichbaren Beurteilungskriterien für Schülerverhalten. So oder so: Für entscheidend halten wir die Bereitschaft zu ständiger kritischer Selbstreflexion und auch zur Veränderung einmal gewonnener Beurteilungsnormen.
Von der Vielzahl der geäußerten Schülerverhaltensweisen nehmen Sie nur einen Bruchteil wahr. Und von diesem Beobachteten schreiben Sie nur wenig auf. Für das Zeugnis können Sie wiederum nur einen Teil des registrierten Beobachtungsgutes verwerten.

Wie gewinne ich Kategorien, die mein Beobachten und Beurteilen steuern?

Wonach wählt der Lehrer beim Beobachten und Niederschreiben aus? Und wonach wählen Sie die Aspekte des Schülerverhaltens aus, zu denen Sie im Zeugnis ein Urteil abgeben?
Damit ist die Frage nach den Beurteilungskategorien gestellt. Diese Kategorien müssen am Erziehungsauftrag der Schule ausgerichtet sein. Tatsächlich fließen aber noch andere Faktoren in eine Beurteilung mit ein; wir werden diese im Zusammenhang mit den Beobachtungs- und Beurteilungsfehlern beschreiben.
Zunächst also zum Erziehungsauftrag; hier können wir das auf S. 9 Gesagte noch einmal zusammenfassen.

■ *Zum Erziehungsauftrag*

Aus der durch Verfassungsgebot gestellten Aufgabe, Schüler zur Lebensführung in der demokratischen Gesellschaftsform zu befähigen, ergibt sich als Ziel und oberste Sinn-Norm für erzieherisches und unterrichtliches Handeln der mündige Mensch. Für die inhaltliche Dimension des schulischen Auftrags nannten wir als Ziel:

In der Grundschule sollen die Kinder tragfähige Grundlagen für weiterführendes Lernen erwerben.
Diese Grundlagen sollen sich jedoch keinesfalls im bloß Stofflichen erschöpfen, gleichsam als prüfungsrelevantes Wissen für den Übergang in die Sekundarstufe. Vielmehr muß sich Grundlegung in der Konsequenz der Verfassung, der Schulgesetze und der Richtlinien auch auf die Erziehungsdimension erstrecken:
Diese Grundlegung unter erzieherischem Aspekt bezieht sich auf (vgl. Lichtenstein-Rother/Röbe 1982, S. 82 ff.)

Die Kategorien liegen in der Spur des Erziehungsauftrags

— die Entwicklung des Vertrauens in die eigenen Fähigkeiten (Selbständigkeit, Eigeninitiative, Kreativität)
— die Differenzierung der Sozialerfahrungen (soziale Sensibilisierung, soziale Einsichten)
— die Erweiterung der Kommunikationsfähigkeit
— den Aufbau von Handlungsfähigkeit in der Alltagswirklichkeit
— die Entwicklung des Arbeitsverhaltens (bewußtes, selbstgesteuertes und selbstkontrolliertes Lernen, Anstrengungsbereitschaft, Ausdauer).

Beispiel für einen Erziehungskatalog: personale und soziale Dimension

Selbstverständlich läßt sich dieser recht allgemein formulierte Auftrag nicht bis ins einzelne in Richtlinien für konkretes unterrichtliches Handeln umfassend formulieren und eindeutig beschreiben. Doch ist gewiß, daß dieser Erziehungsauftrag nicht durch einen Unterricht eingelöst wird, der sich in bloßer Wissensvermittlung erschöpft. Die Lernsituationen müssen vielmehr so gestaltet werden, daß Kinder zunehmend in die Lage versetzt werden, frei und verantwortlich zu handeln. Deshalb brauchen Kinder Spielraum für eigene Entscheidungen und müssen in offenen Situationen lernen, Ansprüche und Bedürfnisse anderer wahrzunehmen und zu berücksichtigen. Das Schulleben insgesamt sollte so gestaltet sein, daß das im Unterricht Gelernte sich auch im täglichen Zusammenleben bewähren kann. Die geforderten Einstellungen und Haltungen werden eben nur dann durch die Schule vermittelt, wenn Schule dafür selbst ein Übungsfeld ist.

Notwendige Bedingungen für wünschenswertes Verhalten: entsprechende Unterrichtssituationen . . .

Der Erziehungsauftrag muß das unterrichtliche und erziehliche Handeln des Lehrers und damit letztlich auch sein Leistungsverständnis bestimmen. Wem es nämlich vornehmlich um Auslese und einseitige Fachkompetenz geht, der unterrichtet anders und der beobachtet und bewertet Schülerverhalten anders als ein auf Selbstbestimmung und individuelles Fördern verpflichteter Lehrer. Je nachdem favorisiert er

. . . Prüffragen

— entweder: nachprüfbares Wissen und „Durchnehmen“ des Stoffes
oder: den Erwerb von Fähigkeiten und Fertigkeiten, um sich Wissen selbst aneignen zu können (Lernen des Lernens)

— entweder: diszipliniertes Übernehmen von Informationen
oder: produktives Entdecken mit Mut zu Risiko und Neugierhaltung

— entweder: individualistisches, konkurrenzorientiertes Leistungsstreben
oder: gemeinsames Lernen, Miteinander Arbeiten und gegenseitiges Helfen

— entweder: Anpassung und Einordnung
oder: Unterricht kritisch mitvollziehen und bei sinnvollen Entscheidungsmöglichkeiten mitbestimmen.

— entweder: Absolvieren eines festgelegten Pensums
oder: ständige Orientierung der Lernanforderungen an den derzeitigen individuellen Leistungsmöglichkeiten.

Wir haben damit noch einmal in Erinnerung rufen wollen, daß sich der Erziehungsauftrag nur dann erfolgreich realisieren läßt, wenn die Lernsituationen auch in diesem Sinne gestaltet werden.

Vorbemerkungen zu den Kategorien

Die Kategorien sind zugleich eine Antwort- und Formulierungshilfe

Wir haben die wichtigsten Aspekte des Arbeits- und Sozialverhaltens in sechs Kategorien zusammengefaßt. Damit bieten wir zugleich eine Antworthilfe auf die leitenden Fragen an:

— Worauf achte ich beim Arbeits- und Sozialverhalten?
— Was muß ich in diesen Verhaltensdimensionen bei welchem Kind fördern?
— Was ist für die Beurteilung im Zeugnis wichtig?

Material für das Gewinnen der Kategorien . . . die in den Richtlinien formulierten Erziehungsziele

Zwar ist keine lineare und lückenlose Ableitung aus dem Erziehungsauftrag möglich; gleichwohl sind die sechs Kategorien repräsentativ genug, um insgesamt zu verdeutlichen, auf welche konkreten Ziele hin sich die Erziehungs- und Unterrichtsarbeit erstrecken muß. Wir halten die Kategorien andererseits auch für begrenzt genug, um sie in der täglichen Unterrichtspraxis im Blick behalten zu können. Die Erfahrung hat bestätigt, daß die Kategorien stimmig und praktikabel sind. Ihre Aufgabe bleibt es gleichwohl, eine mögliche Einengung Ihrer Beobachtungs- und Beurteilungspraxis selbstkritisch zu verfolgen.
Die aufgelisteten Ziele differenzieren und erläutern die jeweiligen Kategorien. Bei der Zusammenstellung dieser Ziele konnten wir auf viele, sehr unterschiedliche Arbeiten zurückgreifen. Drei repräsentative Beispiele seien hier genannt:

. . . eine aus Zielkatalogen der Fachliteratur gewonnene Zusammenschau: Sozialverhalten

[1] WITTENBRUCH (1976, S. 18f.) hat aus vorliegenden Zielkatalogen zusammengestellt, welche wünschenswerten sozialen Fähigkeiten und Bereitschaften in der Schule erworben werden können:

1. *Die Fähigkeit und Bereitschaft, sich das eigene Verhalten in seinen Folgen für den anderen und die eigenen Wirkung auf andere vorzustellen.*
2. *Die Fähigkeit und Bereitschaft, auf unmittelbare Bedürfnisbefriedigungen zu verzichten, sei es aus Rücksicht gegenüber anderen und ihren Bedürfnissen, oder sei es eines späteren Genusses wegen.*
3. *Die Fähigkeit und Bereitschaft, sich in das Denken, Fühlen und Empfinden anderer hineinzuversetzen, die Eigenständigkeit des anderen zu respektieren und bei gegensätzlicher Auffassung sachlich zu reagieren.*
4. *Die Fähigkeit und Bereitschaft, im Team zusammenzuarbeiten, wenn es notwendig ist, anzuregen oder zu steuern, oder, wenn es von der Sache her erforderlich ist, sich einzuordnen oder sich zurückzuhalten.*
5. *Die Fähigkeit und Bereitschaft, ein persönliches Ziel entschieden zu verfolgen und Begonnenes trotz möglicher Schwierigkeiten und Rückschläge mit den Mitteln der Fairness ohne Resignation fortzusetzen.*
6. *Die Fähigkeit und Bereitschaft, Konflikte zu ertragen, rational aufzuarbeiten und eine gewaltlose Regelung zu versuchen bzw. die repressiven Bedingungen zu verändern.*
7. *Die Fähigkeit und Bereitschaft, sich auf Regeln des Zusammenlebens und Zusammenarbeitens zu einigen und sie einzuhalten.*
8. *Die Fähigkeit und Bereitschaft, Verantwortung für andere, ihr Eigentum und für eine Gemeinschaft zu übernehmen und übertragene Rechte gewissenhaft auszuüben, mit Macht umgehen zu können.*
9. *Die Fähigkeit und Bereitschaft, sich auf neue Partner, Sachverhalte und Gegebenheiten einzustellen und, falls notwendig, das eigene Urteil und die eigene Meinung beim Bekanntwerden neuer Fakten zu überprüfen.*
10. *Die Fähigkeit und Bereitschaft, das eigene Verhalten zunehmend von Lohn un Strafe unabhängig zu steuern.*
11. *Die Fähigkeit und Bereitschaft, stabile affektive Bindungen zu Menschen (aber auch zu Tieren und Dingen) zu entwickeln und sie in Wort und Geste auszudrücken.*

12. *Die Fähigkeit und Bereitschaft, in konkreten sozialen Situationen (z. B. im Umgang mit Schwächeren) die angemessene Reaktion zu zeigen und im Umgang mit anderen die Grundlagen des gemeinsamen Lebens und ihre Formen zu beherrschen.*
13. *Die Fähigkeit und Bereitschaft, die Grundverfahren des politischen Handelns (z. B. Technik der Debatte, Beratung, Beschluß) zu beherrschen und ein entspanntes Verhältnis zu Institutionen zu gewinnen.*

[2] Die Städtische Gemeinschaftsgrundschule Berg Fidel in Münster hatte den Eltern und den weiterführenden Schulen des Umkreises einen Katalog von Zielen im Bereich des Arbeits- und Sozialverhaltens mitgeteilt, die zum einen die unterrichtlichen und erziehlichen Bemühungen der Schule beschreiben und die zum anderen Grundlage für die Aussagen im Zeugnis sind:

. . . ein Zielkatalog aus der Praxis einer Grundschule in Münster

— *Arbeitsanweisungen verstehen und ausführen*
— *möglichst selbständig und eigenverantwortlich arbeiten*
— *möglichst konzentriert arbeiten*
— *bestimmtes Material gezielt und richtig einsetzen*
— *mit einem oder mehreren Personen zusammenarbeiten*
— *selbständig gegenseitig kleine Hilfestellungen leisten*
— *sich selbst Informationen durch Nachschlagen, Erkunden u. a. besorgen*
— *begonnene Aufgaben zu Ende führen*
— *bereitsein, mit anderen zusammenzuarbeiten (Partner- und Gruppenarbeit)*
— *eigene Wünsche vortragen und eigene Meinungen begründen*
— *Wünsche und Meinungen anderer achten*
— *Kritik sachlich vorbringen und Kritik ertragen*
— *Meinungsunterschiede / Streit im Gespräch (ohne anderen wehzutun) austragen*
— *eingeführte, abgesprochene „Spiel- und Verhaltensregeln" einhalten*
— *Rede / Gesprächsregeln beachten: zuhören, ausreden lassen, klar sprechen*

[3] Die Laborschule (1982, S. 122 ff.) nennt folgende Ziele, zu denen sie die Kinder bis zum Ende der Klasse 2 führen will:

. . . ein Zielkatalog für die Klassen 1 und 2 aus der Praxis der Bielefelder Laborschule

Selbstbewußtsein
— *neugierig auf Unbekanntes sein können*
— *eigene Fähigkeiten einschätzen können*
— *sich auf neue Zumutungen einlassen wollen*
— *eigene Meinung und Wünsche äußern können*
— *sich gegen Kinder und Erwachsene behaupten können*
— *auf andere Kinder achten, sich für sie interessieren, auf sie eingehen können*
— *Freundschaften schließen können*

Verhalten beim Arbeiten, Spielen und Lernen
— *verantwortlich eine Aufgabe übernehmen können,*
— *Anfang und Ende einer Aufgabe übersehen können*
— *eine Aufgabe durchhalten und beenden können*
— *eine Aufgabe gliedern und Lösungen finden können*
— *auch über einen längeren Zeitraum hinweg eine Aufgabe übernehmen, bearbeiten und beenden können*
— *Rückfragen, Verständigungsfragen stellen können*
— *Informationen einholen können (Kinder / Erwachsene fragen, Bibliothek)*
— *Verbindlichkeit bestimmter Arbeiten akzeptieren*
— *Sinn und Erfolg von Arbeitsteilung (Projekt, Gruppe) einsehen können*
— *Mitspielen können*
— *Spielmaterial organisieren können*
— *im Spielen Rollen übernehmen und durchhalten können*

— *Spiele initieren können*
— *Lern- und Spielmaterial sachgemäß benutzen und aufräumen können*
— *sich für Freunde einsetzen können*
— *helfen, etwas erklären wollen*
— *auf Argumente eingehen, zuhören können, kompromißfähig sein*
— *entscheidungsfähig sein*
— *wissen, daß man gemeinsam etwas erreichen kann*

Umgang mit Absprachen, Regeln und Konflikten
— *sich an Absprachen halten können*
— *Regeln auf der Fläche kennen und einhalten*
— *Spielregeln einhalten wollen und können*
— *Konflikte auch ohne Erwachsene regeln wollen*
— *Konflikte zu regeln versuchen, ohne sich prügeln*
— *nicht petzen müssen*

■ *Die Kategorien*

Unser Vorschlag: Sechs Kategorien, durch Zielformulierungen konkretisiert, als Leitkriterien

KATEGORIE 1
Kooperationsfähigkeit
Ziele:
— jemanden zuhören
— auf den Mitschüler eingehen
— sich jemanden aktiv zuwenden
— gesprächsbereit sein
— ungezwungen, unvoreingenommen miteinander umgehen
— mit anderen sich freuen und traurig sein können
— helfen und Hilfe annehmen
— Freunde haben
— gemeinsam spielen
— zur Zusammenarbeit mit Partnern und in Gruppen bereit sein
— an gemeinsamen Planungen mitarbeiten
— sich um Mitschüler kümmern
— Beziehungen zueinander aufnehmen
— Spielregeln einhalten

KATEGORIE 2
Selbständigkeit
Ziele:
— planvoll vorgehen
— umsichtig arbeiten
— Anregungen aufnehmen und umsetzen
— selbstsicher arbeiten
— nicht ständig auf Hilfe anderer angewiesen sein
— sicher reagieren
— selbstbewußt auftreten
— Arbeiten ohne ständiges Drängen zu Ende bringen
— Planungsschritte selbst entwerfen
— sich selbst Wissen und Fertigkeiten aneignen
— Aufgaben übernehmen
— sich selbst Ziele setzen
— den Arbeitsprozeß und das Ergebnis verantworten lernen
— seine Ergebnisse selbst kontrollieren
— mit der Arbeitszeit verantwortlich umgehen
— entscheidungsfähig sein
— Informationen einholen

KATEGORIE 3
Leistungsbereitschaft
Ziele:
— nicht auf Druck von außen angewiesen sein
— ohne ständige Anstöße lernwillig sein
— im Unterricht regelmäßig mitarbeiten
— sich anregen lassen
— sich für einzelne Sachen besonders interessieren
— auch durch plötzliche Anforderungen belastbar sein
— sich anstrengen
— sich durch Drucksituationen nicht beeinflussen lassen
— sich nicht entmutigen lassen
— Aufgaben zügig erledigen
— sich mit Lernwiderständen beharrlich auseinandersetzen
— über längere Zeit konzentriert arbeiten können
— sich nicht leicht ablenken lassen
— Verbindlichkeit bestimmter Aufgaben akzeptieren

KATEGORIE 4
Umgang mit Konflikten und Kritik
Ziele:
- Argumente anerkennen, kompromißbereit sein, nachgeben können
- nach Diskussion Entscheidungen akzeptieren
- vorgegebene Sachverhalte kritisch hinterfragen
- Einschränkungen durch Lerngruppen und durch notwendige Schulorganisation ertragen lernen
- eigene Auffassungen und Ziele — auch gegen die Mehrheit — vertreten
- Zumutungen zurückweisen
- sich mit Begründungen beschweren
- etwas ablehnen können
- eigenes, nicht angepaßtes Verhalten begründen
- Interessengegensätze erkennen
- eigenes Verhalten kontrollieren
- ausgleichen können
- auf Argumente eingehen
- kompromißfähig sein
- Streit ohne körperliche Auseinandersetzungen beilegen
- sich verteidigen können
- angstfrei Wünsche äußern
- Rücksicht üben
- sich durchsetzen und sich zurücknehmen können
- eigene Interessen für Gruppenziele zurückstecken
- sich in andere hineinversetzen
- mitfühlend, zärtlich sein, trösten können
- seine Empfingungen anderen mitteilen
- verstehen, daß andere anders empfinden

KATEGORIE 5
Verläßlichkeit
Ziele:
- auf Anfragen richtige Auskunft geben
- sein Arbeitsmaterial nicht vergessen
- pünktlich sein
- gewissenhaft, leserlich, übersichtlich arbeiten
- verantwortungsbewußt gegenüber fremden und eigenen Sachen sein
- Informationen richtig weitergeben
- Aufträge ausführen können
- sich an Vereinbarungen halten
- hilfsbereit sein
- eigene Sachen verleihen
- bei Fehlern anderer nachsichtig sein
- durch rücksichtsvolles Verhalten die Freiräume der Mitschüler erweitern
- nicht nachtragend sein
- sich bei Erfüllung schulischer Anforderungen gegenseitig helfen
- gemeinsamen Besitz fair teilen
- übernommene Aufgaben durchhalten
- Verantwortung übernehmen
- auf etwas verzichten können
- Regeln aufstellen und vereinbarte Regeln einhalten

KATEGORIE 6
Produktivität
Ziele:
- Initiative und Eigenaktivität entwickeln
- häufig Fragen stellen, neugierig sein
- häufig Vorschläge machen
- viele Ideen hervorbringen, kreativ sein
- Meinungen kritisch prüfen
- unerwartete Anregungen geben
- über die Realität hinausdenken
- soziale Probleme sehen und sich um deren Lösung bemühen
- abweichende Meinungen formulieren
- sich über Berechtigungen informieren
- alternative Lösungswege finden und begründen
- Veränderungen planen
- sich zur Verteidigung Schwächerer, gegen Ungleichheit und Benachteiligung solidarisieren
- Interessen und Wünsche anderer wahrnehmen und sie gemeinsam vertreten
- im Rahmen von gegebenen Entscheidungsmöglichkeiten mitbestimmen
- Verbesserungsvorschläge machen
- sich durchsetzen können
- sich selbst verteidigen können
- sich auf neue Aufgaben einstellen können
- sich in Aufgabenstellungen zurechtfinden

4.3 Schülerverhalten beobachten

Eine den Schüler totalerfassende Beobachtung gibt es — Gott sei Dank — nicht. Die raschen und komplexen Ereignisfolgen im Unterricht sowie die Vielzahl und die Intensität der Lehrer- Schüler-Kontakte machen es unmöglich, sich dauernd auf die Beobachtung aller Schüler zu konzentrieren. In aller Regel beobachten Sie eher willkürlich und zufällig.

■ *Zur Wahrnehmung von Personen*

Alles Beobachten ist beeinflußt

Gibt es den „Menschenkenner", der eine gleichsam angeborene Fähigkeit hat, Verhalten anderer Menschen unmittelbar richtig einzuschätzen? Nein; eine solche Menschenkenntnis läßt sich durch kein Untersuchungsergebnis bestätigen. Der Prozeß der Wahrnehmung von Menschen ist schließlich kein isolierter physikalischer Vorgang — etwa dergestalt, daß ein Reiz (= Schülerverhalten) auf ein Empfangsorgan (= Lehrer) trifft.

Eine „objektive" Schülerbeobachtung gibt es nicht; denn alle Wahrnehmungsprozesse haben nicht nur eine kognitive, sondern auch eine soziale und eine emotionale Komponente. Dazu zählen z. B. Ihre Wertvorstellungen als Lehrer, Ihre Erinnerungen, Erfahrungen, der Grad an Informiertheit, Ihre persönlichen „Eigenschaften" wie Güte oder Strenge, Ihre Kenntnis über sich selbst. Hinzu kommt, daß Sie durch Ihre Erwartungen maßgeblich das Verhalten des Schülers beeinflussen.

Wahrnehmungen von Personen sind im wesentlichen subjektive Eindrücke; dies wird besonders deutlich, wenn Sie unmittelbar mit einem Urteil reagieren, z. B.

— als emotional-wertende Stellungnahme: „Deine Klaue kann und will ich nicht lesen".
— als Zuschreibung von Eigenschaften aufgrund einzelner beobachteter Verhaltensweisen: „Du bist überhaupt nicht hilfsbereit."
— als Erwartungen an zukünftiges Verhalten: „Aus dir kann ja nichts werden."

Unser Bild von anderen ist immer auch ein Stück von uns selbst

Als Lehrer sollten Sie auf jeden Fall mitbedenken, daß wir Menschen nicht objektiv beurteilen können: „Den anderen genau, richtig beurteilen zu können, sein eigentliches Wesen (ohne diagnostische Hilfsmittel) sozusagen mit unbewaffnetem Auge erkennen zu wollen, stellt wohl eine Hoffnung dar, die sich als trügerisch erweisen dürfte." (HELLER/NICKEL 1978, S. 32)

■ *Beobachtungsverfahren*

Die Vielzahl der möglichen Formen, Verhalten zu beobachten, läßt sich grob unterteilen in

Im Schulalltag kann der Lehrer nicht wissenschaftlich kontrolliert beobachten . . .

[1] Systematische Verhaltensbeobachtung

Hierbei wird der Beobachtungsprozeß geplant und kontrolliert. Bestimmte Verhaltensbereiche und bestimmte Personen werden für die Beobachtung bewußt ausgewählt. Im Hinblick auf Situation, Beobachtungsrichtung, Zeitpunkt und Dauer ist die Verhaltensbeobachtung gezielt (z. B. Verhalten in der Gruppenarbeit, in der Frühstückspause, beim Üben). Eine strengere methodische Kontrolle wird möglich.

[2] Unsystematische Verhaltensbeobachtung: Hierunter zählt man u. a.

— die intuitive Personenwahrnehmung, der sog. Erste Eindruck. Dadurch kann bereits die „Meinung" über die Schüler vorschnell geprägt werden.
— die Gelegenheitsbeobachtung. Das Verhalten wird (in beliebigen konkreten Situationen) erfaßt, und zwar möglichst vollständig, aber ohne methodische Kontrolle.

Hohen wissenschaftlichen Anforderungen an die Verhaltensbeobachtung können Sie im Schulalltag selbstverständlich nicht genügen. Sie sollten jedoch nicht unversucht lassen, die Ihnen anvertrauten Kinder möglichst kennen- und verstehenzulernen. Um dieses Ziel zu erreichen, werden Sie um annähernd systematisches Beobachten bemüht sein müssen.

. . . doch es gibt drei praktikable Beobachtungsformen

Von den in der psychologischen Diagnostik gebräuchlichen Beobachtungsformen können unserer Erfahrung nach die folgenden drei im schulischen Alltag Verwendung finden (THOMAE 1976; HELLER/NICKEL 1978; LANGHORST 1984; INGENKAMP 1985)

[1] Ereignis-Analyse
Hin und wieder sollten Sie sich Lehrer auf die Beobachtung besonderer Verhaltens-Ereignisse konzentrieren. Warum verhält sich dieses Kind während der Partnerarbeit so aggressiv? Warum ist jenes Kind so ängstlich in Prüfsituationen? Wie oft tritt dieses Verhalten auf? Für eine Analyse des Verhaltens ist es entscheidend, wie genau Sie die Situation (Anlaß, Verlauf, Ausgang) beobachten und beschreiben können. Es werden also entsprechende Ereignisse gesondert beobachtet (Arbeitsverhalten in der Freien Arbeit, Kooperationsbereitschaft in der Partnerarbeit, Verhalten vor und bei der Klassenarbeit), um auf diese Weise gezielte Informationen zu erhalten.

[2] Zeitlich verteilte Beobachtung
Bei dieser Form der Beobachtung (fraktioniert = zeitlich verteilt) legen Sie sich von vornherein fest hinsichtlich
— der Dauer der Beobachtung (z. B. für die Zeit der Pause)
— des zeitlichen Abstandes der Beobachtungsintervalle (z. B. jeden Tag einmal)
— der Anzahl der Beobachtungsintervalle (z. B. zwei Wochen lang).
Solche fraktionierten Beobachtungen können Sie immer dann ansetzen, wenn es darum geht, bestimmte Entwicklungsprozesse im Verhalten eines Kindes zu verfolgen.
Mit Hilfe dieser Beobachtungsstichproben können Sie langfristig, gezielt und intensiv einzelne Kinder beobachten.

[3] Beobachtung in standardisierten Situationen
Hier ist im Gegensatz zur fraktionierten Beobachtung der Beobachtungszweck vorher festgelegt. Sie konzentrieren sich auf Situationen, die sich wiederholen und deren Ablauf bekannt ist: z. B. Unterrichtsgespräch, Experimentierphase, Gruppenarbeit, Verhalten bei Erfolg oder Mißerfolg, Erarbeitung eines Rechenweges. Hier kommt es Ihnen darauf an, einzelne Kinder in diesen Situationen überhaupt oder besser kennenzulernen.

■ *Fehler beim Beobachten*
Worauf Sie besonders achten, wird vor allem durch Ihre pädagogischen Wertvorstellungen, aber auch durch Ihre ganz persönlichen Einstellungen maßgeblich beeinflußt. Ja, das Verhalten des beobachteten Kindes wird durch Ihre Verhaltenserwartungen und Werthaltungen mitbedingt. Was der eine Lehrer aufmerksam registriert (daß der Schüler z. B. während der Stunde ißt), mag für Sie vielleicht nicht bedeutsam sein. Der Subjektivität solcher Beobachtungen müssen Sie sich bewußt sein. Auffälliges Verhalten wird von Ihnen häufiger und intensiver beobachtet als angepaßtes Verhalten. Je mehr ein Schüler von der in der Klasse geltenden Norm abweicht, um so eher fällt er Ihnen auf. Das Unübliche prägt sich eher ein. Durch die drei genannten systematischen Beobachtungsverfahren kann der Lehrer diesen Fehlern entgegenarbeiten.

Selbstkritik verringert die Beobachtungsfehler

Die Qualität der Beobachtung hängt aber auch von anderen Faktoren ab: z. B. zu starke Konzentration auf den Unterrichtsstoff; Flexibilität; Vorerfahrungen; situative Bedingungen wie Müdigkeit und Erregung.
Sie sollten sich also stets selbstkritisch fragen, ob Sie nicht einseitig beobachten, bestimmtes Schülerverhalten bevorzugt beobachten oder vernachlässigen. Deshalb immer wieder im Laufe des Schuljahres die Frage: Wann will ich was wie beobachten?

4.4 Schülerverhalten beschreiben und beurteilen

Was Sie täglich — und oft nur beiläufig — beobachten, das behalten Sie eher unwillkürlich. So entsteht von jedem Kind ein Bild in Ihnen. Wichtig ist, daß Sie dieses Bild durch gezielte Beobachtungen laufend systematisch ergänzen und — falls erforderlich — revidieren.

Vom Beobachten über das Beschreiben zum Beurteilen: ein Prozeß zunehmender Verdichtung

Was Sie beobachten, sollten Sie auf irgendeine Weise speichern, damit Sie es zu gegebener Zeit — etwa für ein Beratungsgespräch mit den Eltern oder auch für das Zeugnis — auswerten können. Das Beschreiben, also das Aufschreiben Ihrer Beobachtungen, gilt als der schwierigste Teil des gesamten Urteilsprozesses. Vergegenwärtigen Sie sich bitte: Durch Ihre Beobachtungen erfassen Sie ohnehin nur einen Bruchteil des Schülerverhaltens. Beim Aufschreiben — oder wenn Sie es sich auch nur so einprägen wollen —, reduzieren Sie das Beobachten noch einmal beträchtlich auf das, was Ihnen wesentlich erscheint. Zudem muß das Beobachtete dann noch in Sprache verschlüsselt, und das bedeutet hier auch: verdichtet werden.

Es gibt sehr unterschiedliche Verfahren für Verhaltensbeschreibung und -beurteilung. Wir beschränken uns hier auf solche Verfahren, die für den Einsatz in der Schule tatsächlich praktikabel sind.

Verfahren für das Beschreiben und Beurteilen von Schülerverhalten: drei Beispiele

[1] Beobachtungsbögen

Sie bestehen gewöhnlich *aus offenen Fragen.* (Wie stellt sich der Schüler auf neue Aufgaben ein? Oder sie geben einfach verschiedene *Merkmalsausprägungen* vor, z. B.:

Konzentration

Der Schüler arbeitet konzentriert und längerfristig an einer Aufgabe.

Falls selten oder nicht:

— *Er ist leicht ablenkbar;*

— *er ermüdet schon nach kurzer Zeit;*

— *er ist leicht entmutigt und arbeitet an seiner Aufgabe nicht weiter.*

(Arbeitskreis Grundschule 1985, S. 38)

Der Vorteil solcher Beobachtungsbögen liegt darin, daß Sie durch die Fragen auf bestimmte Verhaltensaspekte aufmerksam gemacht werden, die Ihnen sonst vielleicht entgehen könnten. Sie müssen dabei jedoch kritisch prüfen, ob der Beobachtungsbogen selbst nicht einseitig verfaßt ist.

Achtung: Die Beobachtungsbögen sind zugleich auch Beurteilungsbögen, durch die Sie eingeengt werden können, wenn Sie sich auf die angegebenen Merkmale beschränken.

[2] Eigenschaftslisten

Sie sind insofern hilfreich, als sie dem Lehrer eine reichhaltige Sammlung von Merkmalsausprägungen bieten; besonders umfangreich ist der von der Fachgruppe Grund- und Hauptschule der Gewerkschaft Erziehung und Wissenschaft herausgegebene Auswahlkatalog (1985, S. 31). Solche Eigenschaftslisten halten die Beobachtungs- und Beurteilungsrichtung des Lehrers offen.

Die Eigenschaftsbegriffe sind problematisch, wenn Sie bei der Beobachtung auf sie fixiert waren und Sie diese dann als Formulierungshilfen für das Zeugnis übernehmen. Damit verfallen Sie in eine Charakterbeurteilung, die zudem diskriminierend wirkt und das Kind schärfer abstempelt als eine Kopfzensur (z. B. heißt es zum Entwicklungsstand des Denk- und Vorstellungsvermögens: „. . . unkompliziert, nüchtern, begrenzt, einfallsarm, einförmig, phantasiearm, eng, ungeordnet, einfältig, einfallslos, unbeweglich") — und das womöglich noch ohne jede gesicherte Beobachtungsgrundlage.

[3] Schätzskalen

Hier wird die Ausprägung eines Merkmals durch eine Zahl oder durch Ankreuzen auf einer Skala angegeben; z. B.:

Mitarbeit im Unterricht:
nie −3 −3 −1 0 +1 +2 +3 sehr häufig
oder:
Sozialverhalten:
angepaßt 0 0 0 0 0 selbstbewußt

Das Verfahren ist einfach. Durch Ankreuzen sollen Sie angeben, wie weit bei einem Kind das betreffende Merkmal ausgeprägt ist. Doch nur scheinbar wird hierbei exakt quantifiziert. Sie beurteilen durch „Schätzen". Ihre Schätzung bezieht sich auf die Häufigkeit des Verhaltens und damit auf den Ausprägungsgrad. Tragen Sie das Kreuz auf der Skala ein, dann „messen" Sie Schülerverhalten.

Problematisch ist die Anwendung der Schätzskalen deshalb, weil für Sie als Beobachter nicht festliegt, welche Verhaltensweisen der Kinder denn einen Hinweis auf welche Merkmale abgeben. Die Merkmale lassen sich nicht eindeutig beschreiben. Was ist denn Mitarbeit im Unterricht exakt? Wie äußert sich denn angepaßtes oder selbständiges Verhalten? Schließen Sie von einem konkreten Verhalten durch Ankreuzen auf der Schätzskala auf überdauernde Verhaltensmerkmale und damit auf Persönlichkeitseigenschaften, müssen Sie derart verallgemeinern, daß von Beurteilungsgenauigkeit keine Rede mehr sein kann. Deshalb wurden Schätzskalen entwickelt, die durch einen Situationsbezug konkretisiert sind; dadurch sind sie etwas unabhängiger von den Beobachtungs- und Beurteilungsfehlern der Lehrer.

So stellen Teigeler u. a. (1973) für den Zielbereich „Kreativität" die folgenden „Anker"-Beispiele zusammen, die in bestimmten schulischen Situationen am Schülerverhalten zu beobachten sind:

Der Schüler

— *Hat meist viele Einfälle, wenn ein Problem (zum Beispiel Gestaltung eines Klassenfestes) zu lösen ist* + *0* −
— *Macht selbständig Vorschläge für Veränderungen (z. B. wie man den Unterricht spannender gestalten kann)* + *0* −
— *Stellt bei neu durchgenommenen Stoffen leichte Verbindungen zu bereits Bekanntem her* + *0* −
— *Ist in der Lage, gelernte Prinzipien und Regeln auf neue Sachverhalte und Probleme zu übertragen* + *0* −
— *Hat oft ausgefallene Ideen und neigt zu originellen Äußerungen* + *0* −

Gegenseitiges Hospitieren ist ein wirksames Mittel gegen die Verfestigung der eigenen Beurteilungspraxis

Das Hauptproblem der Verhaltensbeobachtung und -beurteilung besteht darin, daß Sie Ihre klasseninternen Erfahrungen verallgemeinern und gleichsam der Gefangene Ihrer privaten Wertvorstellungen sind. Deshalb sollten Sie gegenseitige Unterrichtsbesuche im Kollegium anregen; zum einen, um sich selbst zu beurteilen; zum anderen, um die Urteilsfähigkeit in Bezug auf das Schülerverhalten zu steigern. Hier hat auch der Einsatz von Schätzskalen seine Berechtigung.

Wenn Lehrer ihre Beobachtungen und Beurteilungen vergleichen, wird ihre Urteilsbildung bewußter und differenzierter und es können die Beurteilungsmaßstäbe vergleichbarer gemacht werden. Schätzskalen kann man sich übrigens aus unseren Verhaltenskategorien selbst entwickeln.

4.5 Die Notizen des Lehrers

Als besonders praktikabel haben sich zwei Formen der Protokollierung von Schülerverhalten herausgestellt, die vornehmlich beschreiben, ohne dabei zu voreiligen Verallgemeinerungen zu kommen:

■ Das Pädagogische Tagebuch

Viele Lehrer haben seit Generationen mehr oder weniger regelmäßig aufgeschrieben, was sie an Schülerverhalten tagtäglich erlebten, und ihre Gedanken, Meinungen, Überlegungen und Vorsätze hinzugeschrieben.

Das Pädagogische Tagebuch ist ein bewährtes und praktikables Instrument für situationsbezogene Verhaltensbeschreibung

In diesen „Pädagogischen Tagebüchern" haben die Niederschriften der erlebten Verhaltensweisen, so konkret beschrieben wie möglich, eine entscheidende Funktion: Sie halten in Momentsituationen Verhaltensweisen fest, machen schulischen Alltag und Schülerverhalten erinnerbar und rufen im Gedächtnis viele andere vergleichbare Situationen hervor, die nicht aufgeschrieben wurden.

In der psychologisch-pädagogischen Diagnostik wird dieses Verfahren „situationsbezogene Verhaltensbeschreibung" oder „freie Niederschrift" genannt.

Hierbei werden Zeitpunkt, Ursache und Verlauf der Situation geschildert, ohne direkt schon zu beurteilen. So läßt sich das Verhalten der Kinder in den unterschiedlichsten Situationen des Schullebens erfassen.

Wir müssen allerdings auf die Gefahr aufmerksam machen, daß bei solchen Niederschriften meist nur das Auffällig-Negative notiert wird, daß pädagogische Tagebücher also zu „Sündenregistern" werden können. Heller/Nickel (1978, S. 36) fassen zusammen, was dennoch an Vorzügen situationsbezogener Verhaltensbeschreibung genannt wird:

Die Vorzüge des Pädagogischen Tagebuchs . . .

— *„Sie liefern zahlreiche Schilderungen ungezwungenen, natürlichen Verhaltens eines Schülers in unterschiedlichen Situationen und tragen damit zum Verständnis von Struktur und Entwicklung der Schülerpersönlichkeit bei.*
— *Vage Generalisierungen über das jeweilige Kind oder den Jugendlichen werden durch spezifische, genaue Deskriptionen ersetzt.*
— *Situationsbezogene Verhaltensbeschreibungen entlasten den einzelnen Lehrer von der Verantwortung, Rating-Urteile über ganze Persönlichkeitsdimensionen abzugeben; sie bieten die Möglichkeit der Summation detaillierter Informationen als Basis für Ratings. Darüber hinaus setzen sie den Lehrer besser als andere Beurteilungsverfahren in die Lage, Entwicklungsverläufe beim Schüler zu verfolgen."*

Gerade diese Vorzüge machen verhaltensnahe Beschreibungen für unseren Zusammenhang zu einem unentbehrlichen Instrument. Allerdings muß es richtig genutzt werden, um nicht bestimmte Gefahren einzuhandeln: z. B. die einseitige Auswahl von Situationen (Auffälligkeiten) oder unbemerkt sich einschleichende Beurteilungen. Die Qualität des Pädagogischen Tagebuches ist abhängig von der Beobachtungsfähigkeit des Lehrers; auch von dessen sprachlicher Kompetenz.

. . . und die Gefahren

Das Pädagogische Tagebuch kann auf Ihrem Lehrertisch im Klassenzimmer liegen. In den Phasen Freier Arbeit, in Übungsstunden und in anderer Situation der Allein- oder Partnerarbeit haben Sie hinreichend Gelegenheit zu kurzen Eintragungen. Immer wieder müssen Sie dann selbstkritisch prüfen, ob Ihre Beobachtungsrichtung nicht einseitig wird und ob Sie bestimmte Kinder gar nicht in den Blick nehmen. Was Sie niederschreiben, ist die Beobachtung einer einmaligen Situation, die keine Rückschlüsse auf überdauernde Verhaltenszüge zuläßt. Entsprechend wird dann auch das Beobachtete im Imperfekt aufgeschrieben.

Schon beim Sprachgebrauch wird deutlich, ob Sie Beschreibung und Beurteilung voneinander trennen.

In der psychologischen Literatur werden vier Beschreibungsformen genannt (Graumann 1960, S. 90 ff.). Aber nur durch die Verwendung der beiden ersten Formen kann eine direkte Beurteilung vermieden werden:

□ Verbaler Beschreibungsmodus

Beispiel: Holger half Rafaela ohne Aufforderung, als ihr der Farbtopf auf den Boden fiel.

Nur das Was, nicht das Wie des Verhaltens wird festgehalten. Natürlich läßt sich nicht vermeiden, daß das Protokollieren des bloßen Tuns schon zur Charakterisierung des Schülers beiträgt.

Zu frühes und zu pauschales Festlegen kann durch verhaltensnahe Beschreibung verhindert werden

□ Adverbialer Beschreibungsmodus
Beispiel: Jens meldete sich den ganzen Tag stürmisch und schimpfte jedesmal sehr, wenn er nicht drankam.
Zwar wird hier bereits in der Beobachtungsnotiz verglichen, d. h. gemessen, denn der Lehrer hat einen Bezugspunkt, von dem aus er Melden als „stürmisch" qualifiziert; dennoch ist diese Form für die schulische Beschreibungspraxis sinnvoll, weil das Adverb keinen Persönlichkeitsbezug kennzeichnet, sondern lediglich das beobachtete Verhalten differenziert.

□ Zu sehr durch Beurteilung belastet sind Formulierungen wie
— Torsten war heute fleißig (= adjektivischer Beschreibungsmodus)
und
— Christians Zuverlässigkeit ließ heute zu wünschen übrig (= substantivischer Beschreibungsmodus).

Wer so beschreibt, sieht bereits vom Verhalten in einer konkreten Situation ab und schreibt dem beobachteten Kind vorschnell Persönlichkeitseigenschaften zu. Diese Vorurteilsbildung kann nachträglich nicht kontrolliert werden, weil diese Beurteilung die beobachteten Verhaltensweisen kaum erinnerbar macht.

Einige Beispiele

Unterrichtsbeginn: Thomas weinte, weil sein Opa am Wochenende gestorben war. Peter legte seine Hand um ihn und tröstete ihn. Dann erklärte er mir, warum Thomas weint.

Rechtschreiben: Plötzlich schrieb Klaus' Füller nicht mehr. Rosi lieh ihm unaufgefordert ihren Ersatzfüller.

Alleinarbeit: Jan trat seinen Nachbarn unter der Bank und stellte sich unschuldig.

Mathe.-Übung: Katrin erklärte Hatice die Aufgabe so lange, bis sie sie verstand.

Sprache, Partnerarbeit: Michael arbeitete heute ohne zu stören und erledigte die Übung, indem er sich bei Frank erkundigte.

Gespräch: Petra schlug vor, sich mit den ausländischen Kindern nachmittags öfter zu treffen.

Morgenkreis: Jürgen wollte seinen Mitschüler lächerlich machen („Ach, unser heiliger Roland").

Mathe.: Sascha veranschaulichte selbständig den Inhalt einer Sachaufgabe in einem Rechenbild.

■ Der Beobachtungsbogen

Ein weiterer Vorschlag für eine praktikable Form der Verhaltensbeschreibung: unser Beobachtungsbogen . . .

Bei situationsbezogenen, verhaltensnahen Beschreibungen, wie sie das Pädagogische Tagebuch beispielsweise festhält, besteht die Gefahr, daß Sie nur zufällig und gelegentlich Beobachtetes festhalten und sich auf Auffälligkeiten beschränken. Dem können Sie dadurch entgegenwirken, daß Sie zum einem mehrere Beobachtungsaspekte (vgl. hierzu unsere Kategorien) berücksichtigen und daß sie zum anderen Gelegenheitsbeobachtungen mit geplanten und zielgerichteten Beobachtungen kombinieren.
Wir haben für eine solche Beobachtungs- und Beschreibungspraxis einen Beobachtungsbogen entwickelt, der

— in seinen Beobachtungskategorien nicht zu umfangreich ist
— differenziert genug ist, um relevantes Schülerverhalten notieren zu können
— praktikabel ist, weil meßtechnischer Aufwand und Zeitaufwand gering sind.

. . . sein formaler Aufbau

Der Beobachtungsbogen hat das Format DIN A 4. Man kann für jedes Kind einen Bogen zum Arbeits- und Sozialverhalten anlegen. Der Bogen ist so gestaltet, daß er Antwort auf folgende Fragen geben kann:
— Auf welche Kategorien bezog sich das beobachtete Verhalten?
— Wann wurde beobachtet?
  Rubrik „Datum"
— Wo wurde beobachtet? (Fach, unterrichtliche Situation wie z. B. Alleinarbeit)
  Rubrik „Situation"
— Was wurde beobachtet? (Beobachtungsinhalt)
  Rubrik „beobachtetes Verhalten"

Nach unserer Erfahrung hat der Beobachtungsbogen folgende Vorzüge:
— Die zu beobachtenden Kategorien sind Ihnen immer präsent. Dadurch können wesentliche Verhaltesäußerungen nicht völlig übersehen werden.

. . . und seine Vorzüge für die Praxis

— Die leichte Handhabbarkeit ermöglicht sofortige Eintragungen in der Pause, in den Phasen der Stillarbeit oder am Nachmittag zu Hause. Ständige Eintragungen vor den Augen der Schüler würde die Spontaneität ihres Verhaltens beeinträchtigen und sind auch gar nicht durchführbar.
— Er verlangt verhaltensnahe Beschreibungen: Es wird ohne voreilige Schlußfolgerung das aufgeschrieben, was tatsächlich beobachtet wurde. Dabei wird die Verwendung wertbezogener Begriffe wie „fleißig" und „schlampig" vermieden. Gleichzeitig erhalten Sie einen Überblick über den Entwicklungsprozeß des Schülers.
— Den zeitlichen Abstand, zu dem Beobachtungsnotizen angefertigt werden, bestimmen Sie selbst.
— Zwar ist es für die spätere Bedeutung wichtig, eine Vielzahl unterschiedlicher Verhaltensweisen zu beschreiben. Doch der Beobachtungsbogen hat nicht zu viele Beobachtungsaspekte; denn sonst würde die Bereitschaft zur gewissenhaften Bearbeitung durch Routinewirkung sinken.
— Durch den raschen Überblick läßt sich verhindern, daß nur negative Auffälligkeiten erfaßt werden (Mängelkatalog).
— Die Aufzeichnungen sind gleichzeitig Ansatzpunkte für gezielte Förderaufgaben.

Bei aller Vorsicht vor zu frühen Beurteilungen muß man bedenken, daß Sie nicht erst am Schuljahresende und auch nicht nur bei Zwischenterminen beurteilen können. Tatsächlich beurteilen Sie jeden Tag: z. B. durch die Auswahl, die Sie beim Beobachten und Aufschreiben vornehmen. Würden Sie sich im übrigen über ein Schuljahr hinweg jeglicher Beurteilung enthalten wollen, könnten Sie kaum erzieherisch tätig werden. Hierdurch unterscheidet sich der pädagogische Beobachter vom psychologischen Beobachter: Die Beobachtungstätigkeit des Lehrers dient einem pädagogischen Auftrag, nämlich der Förderung des einzelnen Kindes.

Jeder Beobachtungsbogen kann nur ein Vordruck auf Widerruf sein . . .

Um einem Mißverständnis vorzubeugen: Der Schülerbeobachtungsbogen garantiert keinen Schutz vor allen möglichen Beobachtungs- und Beurteilungsfehlern. Immerhin gehen in diesen Bogen so komplexe Tätigkeiten ein wie Beobachten, Speichern bis zur Niederschrift, Versprachlichen und Niederschreiben. Deshalb müssen Sie sich selbst ständig prüfen, ob Sie nicht beim Ausfüllen des Bogens eigene Wertvorstellungen, Verhaltenserwartungen, Gefühle oder Vorurteile einfließen lassen.

Wir haben bewußt darauf verzichtet, den von uns entwickelten Bogen drucken zu lassen; nicht, weil wir selbst an seiner Praktikabilität zweifeln — vielfältige Erfahrungen bestätigen unser Konzept. Uns kommt es vielmehr darauf an, daß Sie selbst in Ihrem Kollegium Konsens darüber herstellen, in welche Kategorien sich die komplexe Dimension des Arbeits- und Sozialverhaltens aufgliedern läßt und durch welchen Verhaltens- und Situationsbezug man diese Kategorien konkretisieren und veranschaulichen kann.

. . . er muß immer wieder kritisch befragt werden

Damit sich unsere Kategorien nicht verselbständigen (Kontaktfähigkeit wäre dann das, was in den Zielbeschreibungen zusammengefaßt ist), ist es erforderlich, sich ständig zu vergewissern, was man darunter versteht. Die Frage nach der Legitimation der Auswahl dieser und anderer Kategorien muß immer wieder gestellt werden.

Unser Beobachtungsbogen will also vor allem Modell sein für eigene Bemühungen und will Anregungen geben. Sie können sich nach den gleichen Gesichtspunkten auch ein Ringbuch, ein Pädagogisches Tagebuch oder eine Kartei einrichten.

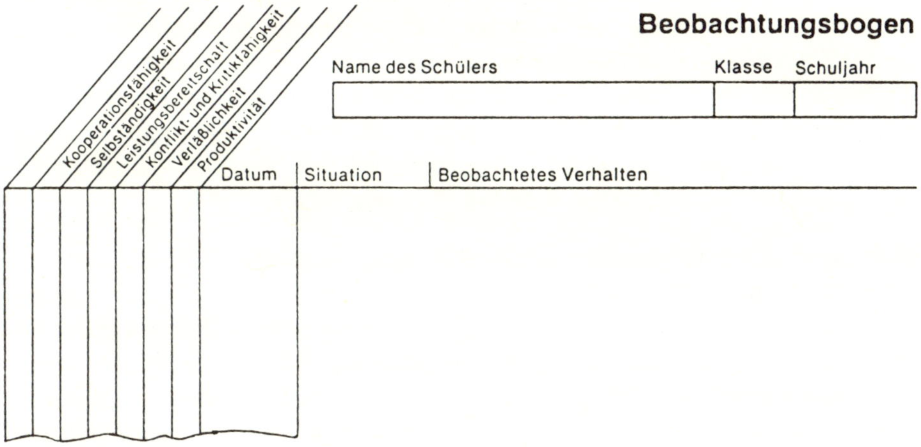

4.6 Fehler beim Beurteilen

Durch eine Vielzahl von Beurteilungsfehlern können die Wahrnehmungs- und Urteilsprozesse verzerrt werden. Die psychologische Literatur liefert kein schlüssiges theoretisches Konzept, in das man die verschiedenen Fehler einordnen könnte. Die bekanntesten Fehler, die Sie an sich selbst und Ihren Kollegen erfahren können, werden hier zusammengestellt (HASEMANN 1964, LANGHORST 1984):

Jeder Lehrer unterliegt Urteilsfehlern . . .

■ Milde-Effekt: Hierunter wird die Bereitschaft des Lehrers verstanden, generell günstig zu beurteilen. Entsprechend wird beim Strenge-Effekt generell ungünstig beurteilt. Hier spielen auch Sympathie und Antipathie eine Rolle.

■ Fehler der zentralen Tendenz: Die Urteile streuen nicht genug. Sie vermeiden absichtlich eine extreme Beurteilung in jede Richtung, geben also weder ausgesprochen positive noch ausgesprochen negative Noten. Die Urteile sind zu wenig differenziert; vielleicht um Konflikte mit den Eltern zu vermeiden.

. . . sie lassen sich am wirksamsten durch pädagogische Diskussion und durch Hospitation im Kollegium verringern

■ Halo-Effekt: Einzelne Eigenschaften werden nicht für sich und unabhängig voneinander bewertet, sondern mit anderen in Beziehung gesetzt: Wer lügt, der stiehlt. Wer sauber und pünktlich zur Schule kommt, der ist auch fleißig. Man läßt sich also in der Beobachtung und Beurteilung von ganz anderen Eigenschaften beeinflussen. Auch hierbei spielt natürlich der Sympathie-/Antipathie-Effekt eine Rolle. Verhält sich ein Kind angemessen in Bezug auf Ihre Forderungen, ist er also z. B. leistungsbereit, verhält er sich ruhig, dann werden Sie ihn zuneh-

mend sympathischer finden. Das Lehrerurteil wird dann insofern beeinflußt, als Sie diesem Kind auch andere positive Eigenschaften zuerkennen, ohne daß dafür ein Grund vorliegt.
Beim Halo-Effekt wird also die Beurteilung einzelner Eigenschaften auf andere Eigenschaften des Schülers ausgedehnt. Einzelne Eigenschaften werden nicht für sich, sondern von einem Gesamteindruck eingeschätzt.

■ Logischer Fehler: Einen logischen Fehler begeht, wer aus Vor-Wissen (Vorurteil) über die Zusammengehörigkeit bestimmter Eigenschaften (uninteressiert — unkonzentriert) heraus glaubt, daß diese Eigenschaften beim Kind auch zusammen vorkommen (Der uninteressierte Schüler ist auch unkonzentriert). Die Beurteilung wird also nicht durch tatsächliches Schülerverhalten bestimmt, sondern durch Vorannahmen über die Zusammengehörigkeit von Eigenschaften.

■ Implizite Persönlichkeitstheorie: Unter diesem Begriff werden heute Fragen nach den Auswirkungen von Einstellungen und Erwartungen auf die Beurteilungen und auf das Schülerverhalten zusammengefaßt. Die Untersuchungen von Höhn (1967) und Hofer (1969) weisen nach, daß bei Schülerbeurteilungen „implizite Persönlichkeitstheorien" wirksam sind. Sie nehmen einen Zusammenhang von Eigenschaften an und beurteilen das Kind, ohne Ihre Annahme auf Gültigkeit hin überprüft zu haben. Der schlechte Schüler entspricht nicht von vornherein einer objektiven Leistungsfeststellung; er gilt als faul, frech und unordentlich. Vom gehäuften Zusammen-Vorkommen wird unzulässig auf die innere Zusammengehörigkeit bestimmter Eigenschaften geschlossen.

■ Weitere Beurteilungstendenzen: Es darf nicht unerwähnt bleiben, daß auch rollenspezifische Aspekte das Urteilsverhalten beeinflussen. Um Schülern, Eltern und Vorgesetzten zu gefallen, werden Urteile verzerrt. Ihr Selbstverständnis als Lehrer, Ihre Stellung im Kollegium, Ihr pädagogisches Konzept und Gesellschaftsbild sind ebenfalls Faktoren, die Ihr Urteilsverhalten prägen. An den vom Lehrer bevorzugt beobachteten Verhaltensaspekten wie „Konzentration und Leistungsverhalten" wird der Einfluß der Leistungsgesellschaft auf die Urteilsmaßstäbe deutlich.

Die Gefahr besteht, daß man sich zu Kindern, die man als gut einschätzt, anders verhält als zu den weniger hoffnungsvollen Fällen. Bei Kindern, die man weniger positiv einschätzt, werden gute Leistungen auf Glück, schlechte Leistungen auf Unfähigkeit zurückgeführt (Kausalattribuierung). Und der Schüler wird diese Einstellung des Lehrers gewiß übernehmen.

4.7 Beobachten, Beschreiben und Beurteilen im Schulalltag

Es bleibt noch zu überlegen, wie diese Gesichtspunkte der sinnvollen Beobachtung und Beschreibung im Schulalltag verwirklicht werden können. Hierzu liegen inzwischen viele Erfahrungen vor.
Häufig wird behauptet, Schülerverhalten sei bis zum Zeitpunkt der neuen Grundschulzeugnisse nicht beurteilt worden. Sieht man davon ab, wie schnell die „Kopfnoten" in Vergessenheit geraten sind, so ist diese Behauptung nicht verwunderlich, gehen doch Selbstverständlichkeiten leicht so sehr in Fleisch und Blut über, daß man sich ihrer nicht mehr bewußt ist. Tatsächlich aber können Lehrer gar nicht anders, als das Verhalten ihrer Schüler zu beurteilen (in einigen Bundesländern noch mit Zensuren!) und zu beeinflussen, weil sonst Unterrichten nicht möglich wäre.
Z. B. sind Einordnung unter soziale Regeln (Sozialverhalten) und Fähigkeiten zu konzentrierter und zuverlässiger Arbeit (Arbeitsverhalten) seit eh und je pädago-

gische Ziele, die gerade in den ersten Schuljahren besonders im Vordergrund stehen. Jeder Lehrer registriert, wie weit seine Schüler in der Annäherung an diese Ziele stehen, sucht nach Lernhilfen, er lobt, tadelt und versucht, möglichst alle Schüler in dieser Hinsicht zu beeinflussen.

Arbeits- und Sozialverhalten sind wichtige Faktoren im Lernprozeß

Ohne Zweifel sind die entsprechenden Fähigkeiten auch wichtige Bedingungen für das Lernen in den einzelnen Lernbereichen und fließen deshalb in jede Zensur mit ein, ohne daß die Größe dieses Einflusses im Zensuren-Zeugnis ausgewiesen ist.

Die Beurteilung des Arbeits- und Sozialverhaltens ist also kein neuer Aspekt im pädagogischen Handeln des Lehrers. Wohl aber stellen für viele Lehrer die bewußte Förderung und Beurteilung der beiden Verhaltensdimensionen neue Anforderungen.

Ohne Notizen wäre wohl jeder gedächtnismäßig überfordert und stünde allzu leicht in Gefahr, sich auf bestimmte Vorannahmen, einmal gefällte Urteile und Vorurteile zu beschränken und von hierher in der Wahrnehmung eingefärbt auch wiederum zu beobachten. Andererseits ist die permanente Protokollierung eine arbeitsökonomische Überforderung. Damit die Beobachtungen aber nicht bloß zufällig und willkürlich sind (z. B. beschränkt auf auffällige Schüler, auf auffällige Verhaltensweisen), damit sie auch selbstkritisch reflektiert werden können, müssen sie geplant und kontrolliert durchgeführt werden. Sie müssen also beobachtetes Verhalten speichern,

— um situationsüberdauernde Verhaltensmerkmale überhaupt feststellen zu können
— um dementsprechend gezielt fördern zu können
— um hinreichend Material für Elternberatung und Zeugnisschreiben zur Verfügung zu haben.

Praktische Hinweise für den Schulalltag:

Wie lassen sich nun die dargestellten Grundanforderungen pädagogischer Diagnostik im Schulalltag realisieren? Hierzu einige praktische Hinweise, die wir aufgrund vielfältiger Erfahrungen in der eigenen Unterrichtspraxis und in Gesprächen mit vielen Lehrern zusammengestellt haben:

■ Bei der Übernahme einer unbekannten Klasse werden Sie sich zunächst mit Gelegenheitsbeobachtungen begnügen. In der neuen pädagogischen Situation müssen sich Lehrer und Schüler erst einmal arrangieren. Verständlicherweise kommt es dabei gelegentlich zu Anpassungsschwierigkeiten, die durch eine Geborgenheit und Vertrauen vermittelnde Unterrichtsatmosphäre bald gelöst sein werden.

von der Gelegenheitsbeobachtung . . .

■ Erst nach mehreren Wochen lesen Sie Ihre gelegentlichen Beschreibungen durch. Sie fragen sich jetzt: Was weiß ich über den Schüler? Warum verhält er sich wohl so und nicht anders?

Von solchen Überlegungen aus kann sich ergeben, daß Sie „blinde Flecken“ in Ihrem Wahrnehmungsfeld erkennen. Sie fragen sich dann: Worauf muß ich jetzt besonders achten, um den Schüler zu fördern?

Der Vorsatz, gezielt zu beobachten, führt dann im weiteren Verlauf der Unterrichtsarbeit zu einer Mischung aus Gelegenheitsbeobachtung und geplanten Beobachtungen.

■ Für die Niederschriften im Pädagogischen Tagebuch oder in den Beobachtungsbögen sollten Sie sich bestimmte Zeilen am Schulvormittag oder auch am Nachmittag einplanen — sinnvollerweise zum Beginn der Unterrichtsvorbereitungen für den nächsten Tag. Beobachtungen, die er im voraus plant, werden auch gut behalten.

. . . bis zur Zwischenbilanz

■ Hilfreich ist es, wenn Sie auch im Pädagogischen Tagebuch oder im Beobachtungsbogen Zusammenfassungen notieren, selbstkritische Fragen aufschreiben oder Vorsätze festhalten. Diese Notizen, die man z. B. durch eine Klammer herausheben kann, machen den pädagogischen Leitfaden aus; hieran lassen sich die eigenen Absichten überprüfen.

■ Hin und wieder müssen Sie eine Zwischenbilanz ziehen und überprüfen, ob sich generalisierbare Tendenzen im Schülerverhalten erkennen lassen. Als sinnvolle Termine für solche Zwischenbilanzen bieten sich z. B. die Herbst-, Weihnachts- und Osterferien an.
Es ist auch deshalb nützlich, in größeren Abständen, die je nach Schüler differieren können, das Schülerverhalten planmäßig zu beurteilen, weil Urteile immer nur mit Vorsicht und auf Widerruf zu treffen und zu handhaben sind und weil sie vor allem auch nicht aufgrund vereinzelter Beobachtungen gefällt werden dürfen. Solche „Zwischenbilanzen" können Gegenstand von Klassenkonferenzen sein. Es wird hierbei überlegt, ob und inwieweit das Verhalten des einzelnen Schülers den Zielen wünschenswerten Verhaltens entspricht. Die Beschreibungen leisten hierbei gute Dienste als Gedächtnisstütze. Resultat solcher Zwischenbilanzen sind häufig die Vorsätze:

— die betreffenden Schüler auf bestimmte Kriterien hin geplant zu beobachten, weil man auf Unsicherheit in der Einschätzung gestoßen ist
— bestimmte Lernumstände der Schüler zu ermitteln
— durch bestimmte Maßnahmen die Schüler zu fördern.

Pädagogisches Tagebuch und Beobachtungsbögen wollen nur Erinnerungsanker sein, keine Totalerfassung

Damit sind Langzeitbeobachtungen und gezielte pädagogische und unterrichtliche Maßnahmen beabsichtigt. Solche zusammenfassenden Beurteilungen können Sie auch in den Beobachtungsbogen aufnehmen, müssen aber immer als solche kenntlich gemacht werden.

■ Alle Niederschriften des Lehrers im Pädagogischen Tagebuch oder in Beobachtungsbögen sind nie auch nur annähernd komplett. Sie sind nur Gedankenstützen, die eine Vielzahl von Erinnerungen hervorrufen, gerade deshalb aber unentbehrlich für eine verantwortliche Beurteilungspraxis sind.

5.
Definieren—Prüfen—Feststellen—Beurteilen: Lernfortschritte in den Lernbereichen

An zwei pädagogischen Fehlformen wollen wir zunächst den in der Überschrift hergestellten Zusammenhang verdeutlichen:

Das Stunden-Halten
Es gibt sie in allen Schulformen, die Lehrerinnen und Lehrer, die ihre Unterrichtsstunden „abreißen", „den Stoff durchnehmen". Ihr Interesse liegt nicht bei den Kindern, sondern an der möglichst pflegeleichten Abhandlung des täglichen „Pensums". Dies mag seine Ursachen haben in mangelnder pädagogischer Sensibilität, in der Angst vor offenen Situationen, in Erfahrungen mit disziplinlosen Situationen, die nicht angemessen verarbeitet wurden, oder schlicht in der Mentalität des Schuljobbers. Wie auch immer — es wird so kein langfristiger Lernprozeß bei den Kindern aufgebaut; Lernerfahrungen werden nicht miteinander verbunden, sondern es wird Pensum an Pensum gereiht. Dabei interessiert wenig oder gar nicht, ob die Kinder bleibend etwas erfahren, gelernt, behalten haben (im Zweifelsfall ist die Schuldfrage ohnehin geklärt: Schuld ist dann z. B. die „Unkonzentriertheit" der Kinder). Durch diese Verachtung der kindlichen Lernmöglichkeiten bringen die „Stunden-Halter" sich und die Kinder um die Möglichkeit, ihrer Arbeit durch Erfolg einen Sinn zu geben. An dieser Fehlform können wir uns dies deutlich machen:

[1] Unterricht ist nur wirksam, wenn er im Zusammenhang bisheriger Lernerfahrungen steht: Die Kinder müssen Neues mit bereits Gelerntem verbinden, es integrieren (eine lernspychologische Binsenweisheit). Wollen Sie dies bei „Ihren" Kindern vorbereiten, dann müssen Sie auch Einblick in den bisherigen Lernstand der Kinder haben. Dies gilt umso dringlicher, je mehr das bisher Gelernte Voraussetzung dafür ist, auch das Neue zu lernen, wie dies z. B. im Mathematikunterricht, aber auch bei Grundfertigkeiten (Lesen, Schreiben) der Fall ist.

[2] Unterricht ist nur wirksam, wenn er von Zielen geleitet wird, die für den Tag, aber auch darüber hinaus gelten. Nur wenn Ihnen Ihre unterrichtlichen und erziehlichen Ziele klar sind, können Sie die Kinder ge-„zielt" fördern, am Ende feststellen, ob die Kinder erfolgreich gelernt haben und aus dem Urteil Schlüsse für den weiteren Unterricht ziehen.

An der ersten Fehlform, dem Stunden-Halten, erkennen wir, daß einzelne Lehrertätigkeiten immer auf den Zusammenhang des Unterrichts bezogen werden müssen und daß die Klarheit über Ziele und Lernfortschritte Bedingungen für erfolgreiches Unterrichten sind.
Von diesen Erkenntnissen her argumentierte Ende der 60er und Anfang der 70er Jahre die behaviouristische Lerntheorie und führte zu einer anderen pädagogischen Fehlform:
Die „Testeritis"
Die Ziele für das Ende einer Unterrichtseinheit müssen danach so formuliert werden, daß sie das erwünschte „Endverhalten" beschreiben. Dieses „Endverhalten" zeigen die Kinder bei der Lösung testähnlicher Aufgaben.

Beispiel: Die Schüler sollen 8 von 10 der folgenden Wortformen, die in beliebiger Reihenfolge diktiert werden, richtig schreiben: . . .
Das allgemeine Unterrichtsschema sieht hiernach wie folgt aus:

— die Festlegung der Feinziele
(dabei werden die Ziele so gesetzt, daß die Art der Überprüfung schon mitbedacht und als geplantes „Endverhalten" formuliert wird)
— der Lernprozeß
— die Überprüfung (in der Regel mittels eines Arbeitsblattes mit Antworten zum Ankreuzen, Lückentexten, Beschriftungen von Zeichnungen, sog. „Informellen Tests")

Dieses Unterrichtskonzept ist auf kurzatmige lehrergeleitete Lernprozesse hin angelegt, die dem raschen Dreischritt: Ziel — Unterricht — Überprüfung entsprechen. Freiere Schüleraktivitäten, Lernen durch Versuch und Irrtum behindern nur die so ausgesteuerte Lehrplanung. Zudem ist auch nur niederes kognitives Wissen so ohne weiteres abfragbar: „Wie heißt . . . Nenne . . . Zähle auf . . . Ordne zu . . ." Höhere, komplexere Leistungen können so nicht abgefragt werden, z. B. Problemlösungen, Einsichten, Theoriebildungen. Nicht-kognitive Leistungen entziehen sich grundsätzlich solchen Bleistift — Papier — Tests, z. B.: Motivationen, Wertschätzungen, Kooperationsfähigkeiten, soziale Sensibilität. Bei völliger Reduktion auf abfragbares Wissen hin würde der Unterricht auf ein Pauk-Niveau verkümmern; er würde die pädagogisch bedeutsamen Lernprozesse ausblenden. Unter dieser Gefahr hatte in der Vergangenheit besonders der Sachunterricht zu leiden. Dennoch gibt es Lernprozesse, besonders solche, die lehrgangsmäßig aufgebaut sind, bei denen konkrete Zielsetzungen und regelmäßige Überprüfungen sinnvoll sind. Zur Fehlform wird das Konzept, wenn es durchgängig den Unterricht beherrscht. Wir können uns damit deutlich machen:

Die wichtigeren Ziele können zumeist nicht „abgetestet" werden

1. So wichtig die Klarheit der Ziele ist, so müssen wir unterscheiden zwischen Zielen, die ohne weiteres überprüfbar sind (Teilfertigkeiten beim Lesen, Richtigschreibung von Grundwortschatzwörtern, Hilfswissen im Sachunterricht usw.), und solchen Zielen, die kaum oder gar nicht durch Tests eingefangen werden können, also: komplexere kognitive Leistungen, emotionale und soziale Fähigkeiten. Gerade die letzteren Zielgruppen sind ohne Zweifel oft die wichtigeren.

Viele Ziele werden erst im Laufe des Unterrichts wichtig

2. Für den kindorientierten Unterricht, dem an entdeckendem Lernen, an der Entwicklung von Selbständigkeit und von sozialer Fähigkeit gelegen ist, können Sie nicht alle Ziele vorab festlegen. Manche Ziele werden erst im Laufe des Unterrichts wichtig, weil die Kinder sie als ihre Arbeitsziele erkennen oder weil eine unvorhergesehene Aufgabe oder soziale Situation neue Wege zu ihrer Bewältigung erfordert.

3. Wenn Sie Ziele durch Tests oder ähnliche schriftliche Arbeiten überprüfen können, dann sollten Sie dies in zwei Fällen auch tun:
   — wenn Sie für den nachfolgenden Unterricht auf bestimmtes Wissen zurückgreifen müssen und Sie bei jedem Kind Aufschluß darüber brauchen, ob es diese Voraussetzung auch besitzt.
   — wenn die Kinder zu ihrer Verstärkung erfahren sollen, ob oder daß sie erfolgreich gelernt haben.

Alle Leistungen eines Kindes müssen gesehen werden

Doch werden sie immer mitbedenken müssen, welche wichtigen Ziele Sie auf diese Weise nicht überprüfen (können), und wie sie hierzu die Lernfortschritte der Kinder ermitteln. Für Ihre Gesamtbeurteilung der Leistungen des Kindes ist das Ensemble der Urteile, zudem in der rechten Gewichtung, zu Rate zu ziehen.

Wie dies im einzelnen realisiert werden kann, werden wir in den folgenden Abschnitten zeigen.

5.1 Die Arbeitsschritte des Lehrers im Überblick

■ *Der erste Schritt: Leistungsanforderungen definieren*

Beurteilen heißt: einen Maßstab anlegen. Beurteilen ohne einen Maßstab ist nicht möglich. Das heißt nun nicht, daß der Maßstab dem Beurteiler immer bewußt ist. Im alltäglichen Leben fällen wir ständig Urteile, ohne daß uns immer zugleich der jeweilige Maßstab bekannt ist oder wir darüber nachdenken.

Für den Unterricht darf dies nicht gelten: Lehrerurteile müssen sich immer auf Ziele oder Zielperspektiven beziehen. Die leitenden Lehrerfragen sind:

— Hat das Kind gelernt, was als Ziel angestrebt wurde?
  Oder:
— Hat das Kind einen Schritt auf das Ziel hin getan?

Dies können Ziele sein, die von der Sache her für alle Kinder gegeben sind, z. B. die Beherrschung einer neuen Rechenoperation, die Rechtschreibung neuer Grundwortschatzwörter.

Dies können aber auch Ziele sein, die nur für das einzelne Kind gelten, weil ihr Erreichen einen wichtigen individuellen Lernfortschritt darstellt, z. B. die formrichtigere Schreibung eines Buchstabens, das Zuhörenkönnen bei einem Gespräch.

Ziele sind Maßstab für die Einschätzung des Lernfortschritts, sie geben dem Unterricht, den erzieherischen Prozessen die Richtung und werden bei der Entscheidung über Fördermaßnahmen zu Rate gezogen.

Sie müssen sich also der Ziele, die Sie im Unterricht leiten, bewußt sein. Hierzu helfen Lehrpläne, die verwendeten Unterrichtswerke und Gespräche im Kollegium, insbesondere wenn z. B. in Fachkonferenzen die Ziele und Themen des Sachunterrichts am Schulort festgelegt werden. Hilfreich ist hierzu, wenn Sie folgende Aspekte beachten:

Ohne Zielvorstellungen kein strukturierter, um Lernerfolge bemühter Unterricht

Kategorisierung der Ziele

Sie überlegen, auf welchen Stufen die Ziele erreicht werden sollen:

Zielkategorien: von Kenntnissen . . .

— auf der Stufe der Kenntnisse, Fertigkeiten und Fähigkeiten, wobei vorgegebene Inhalte vom Kind übernommen werden?
  Beispiele: Informationen, Arbeitstechniken, rechtschriftliche Sicherung von Grundwortschatzwörtern
— auf der Stufe der eigenständigen Verarbeitung und Anordnung des Gelernten?
  Beispiele: Erarbeitung von Informationen aus einem Text, analoge Schreibung von Wörtern, Niederschrift von Beobachtungen und ihre tabellarische Anordnung
— auf der Stufe der eigenständigen Übertragung des Gelernten auf neue ähnliche Aufgaben?
  Beispiele: Nutzung von Regeln zur Lösung von Mathematikaufgaben, von Rechtschreibfragen, selbständige Erarbeitung von Kenntnissen mit bekannten Arbeitsweisen/Arbeitshilfen
— auf der Stufe der eigenständigen Problematisierung, Bearbeitung und Lösung von Problemen?
  Beispiele: Finden von Hypothesen, von Lösungswegen; eigenständige Interpretation, Begründung, Kritik, kreatives Gestalten

. . . zu kreativen Leistungen

Formulierung der Ziele

Nach ihrer Kategorisierung können Ziele formuliert werden. Dabei überlegen Sie:

Zielformulierung: konkret oder . . .

— Kann ich das wünschenswerte Ergebnis des Lernens inhaltlich im einzelnen vorab festlegen?
Dann ist die Formulierung *konkreter Ziele* möglich, an Hand derer Sie die Leistungen der Kinder *feststellen* können.
Beispiele: einen bestimmten Laut aus Wörtern heraushören, ein Gedicht auswendig kennen, Aufgaben in der Form a + □ = c im Zahlenraum bis 100 lösen.

. . . offen

— Kann ich das wünschenswerte Ergebnis des Lernens inhaltlich nicht vorab festlegen, weil der notwendige Grad an Selbständigkeit der Kinder dies nicht zuläßt?
Dann ist die Formulierung von inhaltlich *offeneren Zielen* nötig, an Hand derer Sie die Leistungen der Kinder *einschätzen* können. Beispiel: eine Gespenstergeschichte schreiben, ein Lieblingsbuch vorstellen und dabei die Leseneugier wecken, mathematische Bezüge in einer Umweltsituation entdecken.

Unterscheidung von grundlegenden und weiteren Zielen

Grundlegende und weitere Ziele

Lehrpläne geben oft eine Vielzahl von Zielen an. Neuere Pläne versuchen, hier zu reduzieren. In der Unterrichtspraxis müssen Sie sich notwendigerweise auf das beschränken, was die Kinder auch tatsächlich leisten können. Um dies zu ermitteln, werden Sie sich bei der Entscheidung über Ihre Lehrziele fragen:
Welche Ziele sind grundlegend wichtig, damit die Kinder am nachfolgenden Unterricht mit Erfolg teilnehmen können?
Dies können Ziele sein, die konkret die Kenntnis, die Fertigkeit, die Fähigkeit der Kinder benennen. Dies können aber auch Ziele sein, die zunächst offen lassen, mit welchen konreten Inhalten und Tätigkeiten die Kinder sie erreichen. Die konkrete Ausformung muß dann im Unterricht erfolgen, wenn erkennbar wird, auf welchem Anforderungsniveau die Kinder das Ziel erreichen können.
Beispiel Schriftlicher Sprachgebrauch: informative Texte schreiben — die möglichen Anforderungsniveaus reichen von der sprachlichen Aneinanderreihung von beobachteten oder erlebten Vorgängen, evtl. mit Hilfe sprachlicher Vorgaben, bis hin zum eigenständigen Verfassen einer Gebrauchsanweisung, einer Interviewauswertung, eines Lexikonartikels. Das allgemeine Ziel, nämlich die Sprachabsicht zu verwirklichen oder durch einen Text andere über etwas zu informieren, dieses allgemeine Ziel ist sicher ein grundlegendes für die Grundschule. Auf welchem Anforderungsniveau die Kinder es aber im Rahmen der Grundschulzeit erreichen können, das können nur Sie selber — „vor Ort" sozusagen — entscheiden und pädagogisch verantworten. Dabei wird in der Regel das Anforderungsniveau auch innerhalb einer Klasse unterschiedlich sein. Sie werden bei der Auswahl der Ziele für Ihre Klasse also fragen müssen:

— Welche konkreten Ziele müssen alle Kinder erreichen, damit sie erfolgreich weiterhin mitarbeiten können?
Dies sind Ziele vor allem in den Lernbereichen, die Lehrgangscharakter haben, bei denen also die konkreten Ziele aufeinander aufbauen, z. B.:
— im Leselehrgang (S. 83 ff)
— im Rechtschreibunterricht (S. 90 ff)
— im Mathematikunterricht (S. 102 ff)
Wir haben für unsere weiteren Ausführungen gerade diese Bereiche gewählt, weil von ihnen in besonderer Weise der Schulerfolg von Kindern abhängt.

— Welche offeneren Ziele müssen alle Kinder auf irgendeinem Anforderungsniveau erreichen, damit sie die für das weitere Leben notwendigen Grunderfahrungen gemacht haben. Dies betrifft Ziele in allen Lernbereichen. In diesem Buch beschränken wir uns auf die Bereiche
Schriftlicher Sprachgebrauch (S. 109 ff)
Sachunterricht (S. 118 ff)

Sie werden vielleicht häufiger schon in folgender Verlegenheit gewesen sein: Sie wissen, daß Kinder zum Lernen Zeit brauchen, daß Übung (Wiederholung, Anwendung des Gelernten) eine notwendige und zeitaufwendige Phase im Lernprozeß ist, und Sie sehen sich einer Fülle an Zielen, Themen, Anforderungen gegenüber, für die das notwendige Maß an Zeit fehlt.

Aus solcher Verlegenheit heraus hilft nur die klare Entscheidung für den sinnvollen Lernprozeß der Kinder, und das heißt: für die Zeit, die Kinder notwendig zum Lernen brauchen. Jede „Stoffhuberei" ist ohnehin Selbstbetrug, weil am Ende nur zählt, was Kinder auch tatsächlich beherrschen.

Am Ende zählt nur, was die Kinder tatsächlich können

Deshalb ist die Orientierung an grundlegenden Zielen so wichtig. Streichen Sie zunächst alle Ziele, die nicht unabdingbar für das weitere Lernen sind. Reduzieren Sie bei inhaltlich offenen Zielen das Anforderungsniveau so weit, daß die Kinder sie auch bewältigen können. Dann können Sie überlegen, was lernstärkere Kinder Ihrer Klasse darüber hinaus und mit höheren Ansprüchen zu lernen in der Lage sind. Die grundlegenden Ziele werden also durch weitere Ziele ergänzt. Solche Ziele können komplexere Leistungen sein, Arbeitsziele bei besonderen Fähigkeiten, Neigungen oder Interessen usw. Sie können für alle Kinder der Klasse gelten. Häufig sind es auch individuelle Ziele, die für einzelne Kinder oder für Kindergruppen nötig oder möglich sind. Beispiele:

Schon bei den Zielen muß differenziert werden

Schriftlicher Sprachgebrauch
Nach Lektüre der Kinderbücher „Der kleine Vampir" schreiben einige Kinder selber Vampirgeschichten — Ziel: Vampirgeschichte mit dem Personal und den typischen Situationen der Vorlagen schreiben. Oder: Geschichten mit dem Vampirjungen Rüdiger aus der Vorlage schreiben, die sich aber bei den Kindern der Klasse ereignen.

Sachunterricht: Mit Hilfe von Informationen (Sachbücher) eine Ausstellung „Die Welt der Dinosaurier" gestalten — mit Kulisse, gekneteten Dinosauriern, Schrift- und Zeittafeln, einem schriftlichen „Führer".

Musik
Einige Kinder spielen Musikinstrumente. Ihre Fähigkeiten können sie auch in der Schule einsetzen: zur Gestaltung von Festen und Feiern, zur Unterstützung des Musikunterricht. Sie üben dazu auch Zusammenspiel und das Vorspiel.

■ *Der zweite Schritt: den Lernstand/die Lernentwicklung prüfen*

Um erkennen zu können, wie sich das Lernen der Kinder entwickelt und welchen Lernstand sie erreicht haben, müssen wir uns zunächst eine naturgegebene Einschränkung bewußt machen:

Niemand kann in das Kind hineinsehen und die tatsächlich ablaufenden und abgelaufenen Lernprozesse ablesen. Sie müssen sich deshalb damit begnügen, von Verhaltensweisen des Kindes auf den Lernprozeß zu schließen. Dazu können sie auf entsprechende Verhaltensweisen warten, Sie können sie aber auch bewußt hervorrufen, was Sie z. B. immer bei Prüffragen, bei Tests, bei Klassenarbeiten tun. Dabei versuchen Sie zu ermitteln,

— ob individuelle Fortschritte in bezug auf die Ziele gemacht wurden,
— ob die grundlegenden Ziele oder auch
— ob weitere Ziele erreicht wurden.

Die Verhaltensweisen der Kinder müssen also Aussagen über das Erreichen der Ziele machen. Die Ziele sind dabei Kriterien, an denen Lernfortschritt und Lernerfolg gemessen werden. Bei der Konzeption von Prüfverfahren hat deshalb die zielbezogene, d. h. die kriteriumorientierte Aufgabenstellung eine Schlüsselfunktion. In der Praxis hat dies seine Tücken. Dazu ein Beispiel:

Ziele sind die Kriterien an denen Lernerfolg gemessen wird, doch wie kann man den Erfolg feststellen?

Ein Hauptziel des Leselehrgangs ist das selbständige Erlesen neuer Texte, konkreter formuliert etwa: Die Kinder können neuen Texten die wesentlichen Informationen zum Inhalt (Ort, Zeit, Personal, Handlung) entnehmen. Die Texte müssen einfach sein (bekannte Wörter, vorwiegend Hauptsatzreihung, ein Gliedsatz möglich), die Inhalte müssen aus dem Erfahrungskreis der Kinder stammen und ihrem Vorverständnis entsprechen.
Welche Aufgaben sind nun geeignet, um festzustellen, ob die Kinder dieses Lehrziel erreicht haben?

— Der Lehrer läßt die Schüler entsprechend ausgewählte Texte vorlesen. Zum Vorlesen sind aber auch andere, nämlich sprechgestalterische Fähigkeiten erforderlich. Im übrigen hat jeder schon die Erfahrung gemacht, daß man einen Text gut vorlesen kann, ohne den Inhalt zu registrieren. Also: insgesamt eine ungeeignete Aufgabe für dieses Lehrziel.
— Der Lehrer läßt sich den Inhalt des Textes nacherzählen. Auch hier sind wieder andere zusätzliche, nämlich erzählerische Fähigkeiten erforderlich. Also: eine ungeeignete Aufgabe.
— Der Lehrer verteilt den Text an die Kinder und stellt Fragen, z. B. nach Ort, Zeit, Personal und Handlungsverlauf. Diese Fragen sollen unter dem Text beantwortet werden. Wiederum sind zusätzliche, nämlich hier: schreiberische Fähigkeiten erforderlich. Da sie für die Kinder der Klasse 2 noch eine Anforderung darstellen, ist dies eine zumindest nur eingeschränkt geeignete Aufgabe.
— Der Lehrer verteilt den Text an die Kinder und fordert auf, bestimmte Inhalte in bestimmten Farben zu unterstreichen. Hier sind keine anderen als Lese-Fähigkeiten gefragt. Aber die richtige Unterstreichung ist doch lediglich ein Indiz für das Erreichen des viel anspruchvolleren Lehrziels, ein Indiz, das durch andere ähnliche Aufgabenstellungen und vor allem durch die Beobachtung im Unterricht gestützt werden muß.

Für das jeweilige Ziel müssen Sie also Aufgabenstellungen entwickeln, die das Erreichen eben dieses Ziels überprüfen, möglichst aber keine andere Anforderung stellen. Je nach Art des Ziels ist dies einfacher oder schwieriger— es ist durch Testaufgaben oder nur durch Beobachtungen des Verhaltens zu leisten.

Leistungen feststellen

Einfache kognitive Leistungen, die sich eindeutig beschreiben lassen, können relativ leicht überprüft werden.

Beispiele: bestimmte Kenntnisse haben, eine Arbeitstechnik anwenden, ein Lösungsverfahren beherrschen.
Solche einfachen kognitiven Leistungen können Sie z. B. durch testähnliche Aufgaben „abfragen".

Komplexere Leistungen, die verschiedene Lösungen, unterschiedliche Anforderungsniveaus zulassen, können nicht so einfach abgefragt werden.
Beispiele: eine Erzählung schreiben, ein Bild betrachten, Interviewfragen zu einem Sachthema entwickeln, subtrahieren.
Bei solchen komplexeren Leistungen müssen Sie versuchen, die Leistung in konkrete Ziele aufzuschlüsseln (zum Beispiel anstatt: „substrahieren" konkretisieren Sie die Teilleistungen: die Zahlräume und das Ausmaß der Zehnerüberschreitungen festlegen, die Aufgabentypen aufschlüsseln). Die Gesamtleistung muß dann auf ihre Qualität hin mit Hilfe dieser Anhaltspunkte eingeschätzt werden. Oft wird es nötig sein, daß Sie die Kinder in entsprechenden Situationen beobachten, um daraus Rückschlüsse auf Leistungsstand und -fortschritt zu gewinnen.

Es gibt Bereiche, die verweigern sich einer Überprüfung in diesem Sinne. Dies sind Leistungen, die inhaltlich gar nicht vorab festgelegt werden können, weil sie auf Selbständigkeit der Kinder angewiesen sind, z. B.: ein Bild gestalten, einen Standpunkt vertreten, ein Lieblingsbuch vorstellen und die eigene Meinung vertreten. Bei solchen Leistungen müssen Sie das Kind im Lernprozeß beobachten und sein Arbeitsergebnis betrachten. Aus beidem können Sie dann Indizien entnehmen, mit deren Hilfe die Leistung eingeschätzt werden kann.

Leistungen einschätzen

In der Testmethodik werden vor allem drei Kriterien an Tests gestellt, die sie zumindest annähernd erfüllen müssen, um aussagefähig zu sein:

Die drei klassischen Anforderungen an Tests

— *Objektivität* in der Durchführung, der Auswertung, der Interpretation (jeder Prüfer käme zum selben Ergebnis),
— *Zuverlässigkeit* (auch eine wiederholte Prüfung brächte dasselbe Ergebnis),
— *Gültigkeit* (das Verfahren erfaßt wirklich das und nur das, was es untersuchen soll).

Diese drei Kriterien sind hohe Ansprüche und von niemandem in der täglichen Unterrichtspraxis einzulösen. Am ehesten gelingt es bei testähnlichen Aufgaben (z. B. „informellen Tests"), am wenigsten bei den subjektiven Einschätzungen von Leistungen, die notwendigerweise ebenfalls zum Schulalltag gehören. Wir weisen auf die drei Kriterien hin, weil sie immer auch selbstkritische Fragestellungen „im Hinterkopf des Lehrers" sein sollten.

Wenden wir uns nun den Verfahren zu, die für die Grundschule in Frage kommen. Die pädagogische Diagnostik unterscheidet sogenannte „objektiven" und „subjektiven" Verfahren der Leistungsbeurteilung (Heller 1984 S. 143 ff.).

Wir unterscheiden: „objektive" Verfahren und „subjektive" Verfahren

— „objektive" Verfahren sind alle Testverfahren; wir nennen hierzu Schulleistungstests und Informelle Tests.
— „subjektive" Verfahren sind alle Formen des einschätzenden Lehrerurteils; wir nennen Verfahren der Verhaltensbeobachtung, schriftliche Arbeiten und Klassenarbeiten, Begutachtung von Arbeitsergebnissen.

Schulleistungstests

Sie erscheinen oft als Inbegriff wissenschaftlich abgesicherter Leistungsmessung. Der Anspruch der Objektivität, das spezielle testpsychologische Vokabular, der immense Aufwand an Statistik und komplizierten Berechnungen, die ausgeklügelten Aufgabenstellungen verstärken den Eindruck, als habe man hier die Lösung der anstehenden Leistungsprobleme. Indes — der Eindruck trügt. Tatsächlich geht über die zugrunde liegende klassische Testtheorie eine Reihe von Annahmen und Entscheidungen in die Konstruktion dieser Test mit ein, die mitbedacht werden müssen, wenn man von diesen Tests richtigen Gebrauch machen will. Zwei ganz wesentliche Gesichtspunkte bei der Konstruktion dieser Tests seien genannt:

Tests als „objektive" Verfahren

— Die Testaufgaben werden so lange erprobt und revidiert, bis sie „trennscharf" sind, d. h., bis sie zwischen sog. „guten" und sog. „schlechten" Schülern deutlich unterscheiden. Aufgaben z. B., die von sog. „guten" und von sog. „schlechten" Schülern gelöst werden, müssen als unbrauchbar ausgeschieden werden.
— Die Arbeitsergebnisse der Schüler werden durch verschiedene Berechnungen in eine Rangfolge gebracht. Dabei muß schließlich die Mehrzahl der Schüler im mittleren, abnehmend weniger im oberen und unteren Bereich liegen.

Mit anderen Worten: Schulleistungen sind Meßverfahren, die am Vergleich der Schüler orientiert sind; es sind vergleichsorientierte Meßverfahren. Vergleichsgruppe sind dabei Schüler aus verschiedenen Klassen des gleichen Jahrgangs. Sie ermöglichen damit den überörtlichen Vergleich der Kinder der eigenen Klasse mit dem Leistungsstand anderer Kinder desselben Jahrgangs. Immer, wenn man eine

Schulleistungstests vergleichen Kinder miteinander . . .

dementsprechende Orientierung sucht, bieten sich Schulleistungstests als geeignetes Instrumentarium an. Doch für Beurteilungen von Leistungen, die nicht in erster Linie den Vergleich der Kinder anzielen, sondern die Entfernung des einzelnen Kindes zu Anforderungen/Zielen, sind sie unbrauchbar. Auch können sich diese Tests wegen ihrer Allgemeingültigkeit nicht am tatsächlich erteilten Unterricht und an dem mit diesen Kindern und unter diesen schulischen Umständen Erreichbare orientieren. Dementsprechend können sie auch nicht den Kindern Rückmeldung über ihren idividuellen Lernprozeß und Ihnen Rückmeldung über Ihren Lehrprozeß geben und so gezielte Fördermaßnahmen einleiten. Eine mögliche Verwendung von Schulleistungstests wird in Kap. 9 erläutert (Übergang).

. . . und sind nicht auf den Unterricht bezogen

Informelle Tests

Dies Verfahren wurde entwickelt als Kompromiß zwischen den Klassenarbeiten, die zwar relativ leicht zu handhaben, aber in der Regel wenig objektiv, zuverlässig und gültig sind, und den Tests, die zwar erheblich mehr den Gütekriterien: Objektivität, Zuverlässigkeit, Gültigkeit entsprechen, aber in Herstellung und Auswertung hoch kompliziert sind.

Informelle Tests lassen sich auf den Unterricht und seine Ziele beziehen

Mit informellen Tests kann man den Gütekriterien in ziemlicher Annäherung entsprechen, sie sind zugleich aber testmethodisch anspruchsloser — einige Faustregeln und einfache Techniken genügen zu ihrer Konstruktion und Anwendung. Zunächst wurden allerdings die informellen Tests nach den Grundregeln klassischer Testkonstruktion hergestellt: sie zielten auf Schülervergleich, waren also normorientiert (vgl. z. B. WENDELER 1969). In den letzten Jahren hat auch in der Testpsychologie ein Umdenken eingesetzt (sieh z. B. ROSEMANN, in HELLER 1984 s. 162 ff.) Informelle Tests werden seitdem zunehmend mehr als kriteriumorientiertes Prüfverfahren konzipiert. Geeignete Aufgabentypen sind:

■ *Nicht-gebundene Aufgabenbeantwortung*

Das Kind formuliert selber die Antwort. Diese Anforderung begrenzt den Einsatz dieser Form auf Klassenstufen, in denen alle Kinder hinreichend lesen und schreiben können:

— Ergänzungsantwort-Aufgabe

Ein Lückentext (Satz, Satzfolge) ist durch ein Wort oder mehrere Wörter zu ergänzen. Für das Kind muß das zu ergänzende Wort, bzw. müssen die Wörter aus dem Testzusammenhang heraus zwingend sein. Beispiel:

Die kleine Hexe will Regenhexen. Das gelingt ihr aber nicht. Statt Regen hext sie ______________________

— Kurzantwort-Aufgabe

Eine Frage ist durch eine kurze Antwort zu beantworten, es darf aber nur diese eine Antwort richtig sein. Beispiel:

Wer hat das Buch „Die kleine Hexe“ geschrieben?

— Assoziations-Aufgabe

Ein Bild oder die Teile eines Bildes sind zu beschriften.

— Kurzaufsatz-Aufgabe

Auf eine Frage, eine Skizze, eine Tabelle ist durch verbale Antwort oder durch eine Zeichnung zu reagieren. Wegen der notwendigen sprachlichen Fähigkeiten und der notwendigen Interpretation durch den Lehrer ist dieser Aufgabentyp für die Grundschule nur bedingt geeignet. Beispiele:

Wie haben wir das Fleißige Lieschen vermehrt? Beschreibe!

Zeichne eine Tulpe mit allen Teilen!

■ *Gebundene Aufgabenbeantwortung*

Antwortmöglichkeiten sind vorgegeben — das Kind wählt aus oder ordnet. Die Antworten können verbal sein, aber auch bildhafte Darstellungen sind häufig möglich, was besonders für den Einsatz in 1. und 2. Klassen, aber auch in sprachschwachen 3. und 4. Klassen von Bedeutung ist.

— Auswahlantwort-Aufgabe (multiple-choice-items)
Nach einer Frage sind mehrere Antworten vorgegeben. Durch Ankreuzen sind zu markieren die richtige Antwort oder: die richtigen Antworten oder: die falsche Antwort oder: die falschen Antworten. Dabei müssen die jeweils falschen Antworten aber echte Alternativen zur Auswahl bieten, sie dürfen also nicht von vornherein wegen besonderer Unsinnigkeit, Spaßigkeit, Entlegenheit oder sprachlicher Besonderheit auszuschalten sein. Beispiele:

> Ein Hund wedelt mit dem Schwanz. Er duckt sich und springt herum.
> Was will er damit sagen?
> ○ Ich habe Hunger!
> ○ Ich bin traurig!
> ○ Ich mag dich!
> ○ Ich will raus!

• Lilo und Timo weinen.
• Lilo und Ali winken.
• Lilo und Timo winken.

— Alternativantwort-Aufgabe
Auf eine Entscheidungsfrage ist durch Ankreuzen eines entsprechenden Kästchens mit Ja oder Nein zu antworten. Oder: Eine Feststellung ist durch Ankreuzen als richtig oder falsch zu kennzeichnen. Die Frage, bzw. die Feststellung sollte dabei nicht zu umfangreich oder zu inhaltsreich sein, die Feststellung muß absolut richtig oder absolut falsch sein. Zwar sind solche Aufgaben verhältnismäßig leicht zu konstruieren. Ein erheblicher Nachteil liegt aber darin, daß die Ratewahrscheinlichkeit für richtige Lösungen 50 % beträgt. Beispiel:

G oder K?			
	___amel	___eld	___abel
	___old	___ras	___anne

— Zuordnungsantwort-Aufgabe
Zwei Reihen von Bildern, Symbolen, Wörtern, Begriffen, Zahlen sind einander zuzuordnen: durch Strichverbindungen, Pfeile, Ausschneiden und Zusammenkleben oder Numerierung. Dabei sollten die Elemente der ersten Reihe — die sog. „Prämissen" — inhaltlich zusammengehören. Die Listen der „Prämissen" und die „Antworten" in der 2. Reihe können verschieden lang sein. Das

hat den Vorteil, daß die Ratemöglichkeit verringert wird. Eine Schwierigkeit bei der Konstruktion: die Antworten müssen möglichst für alle Prämissen plausibel sein. Beispiele:

• Mittag •

• Abend •

• Nachmittag •

• Vormittag •

Wer ist zuständig? Verbinde mit Strichen!

die Schule leiten	Rektor
die Flure putzen	Lehrer
die Tore und Türen abschließen	Schüler
die Fenster putzen	Hausmeister
unterrichten	Putzfrau
bei Geschäften Material bestellen	Schulsekretärin
Lehrerkonferenzen leiten	Fensterputzer
Elternkonferenzen leiten	Pflegschafts= vorsitzender
lernen	

— Umordnungsantwort-Aufgabe

Eine Reihe von Bildern, Symbolen, Wörtern, Begriffen, Zahlen sind nach einem bestimmten Prinzip, z. B. chronologische Reihenfolge, in eine sinnvolle Reihe umzuordnen — durch Ausschneiden und Kleben oder durch Numerieren. Beispiel:

Wir stellen ein Modell von unserer Schule her.

Numeriere in der richtigen Reihenfolge von ① bis ⑥

◯ wir haben die Gebäude und den Schulhof vermessen

◯ wir haben die Gebäude aus Styropor ausgeschnitten

◯ wir haben alle Maße in einen Plan eingetragen

◯ wir haben die Fassaden aufgezeichnet

◯ wir haben alle Maße verkleinert und zwar aus Metern Zentimeter gemacht

◯ wir haben die Gebäude und die Grünanlagen aufgeklebt.

Bei solchen Lernkontrollen kann der individuelle Leistungsstand jedes Kindes ermittelt werden, doch wird die Überprüfung häufig aus Gründen der Aufgabenkonstruktion auf die Stufe der Kenntnisse beschränkt bleiben müssen. Zweifellos aber ist auch diese Möglichkeit der Lernzielkontrolle nützlich, etwa um sich über den Grad des Behaltens wichtiger Zusammenhänge oder über Voraussetzungswissen für den weiteren Unterricht bei allen Kindern zu vergewissern.

Schriftliche Arbeiten

Schriftliche Arbeiten mischen „objektive" und „subjektive" Verfahren

Häufig ist es in der Grundschule nicht erforderlich und auch nicht möglich, alle Kinder an denselben Anforderungen zu messen, z. B.:

— kleinere Diktate/kleinere Mathematikarbeiten werden von der 1. Klasse an mit unterschiedlichen Anforderungen auch in kleineren Fördergruppen geschrieben, ohne daß sie für alle Kinder in gleicher Weise verbindlich sind.

Solche Arbeiten, die individuell angelegte Lernerfolgskontrollen darstellen und nicht für alle Kinder in gleicher Weise verbindlich gelten, bezeichnen wir als „Schriftliche Arbeiten".

Sie nutzen in ihren Aufgabenstellungen häufig das Repertoire informeller Tests, mögen oft auch selber informelle Tests sein (Mathematikaufgaben, Wortdiktate, Lückendiktate), können aber auch weniger streng konzipiert sein, wie dies z. B. bei Aufsätzen der Fall ist.

Klassenarbeiten

Klassenarbeiten stellen in den Formen von Klassendiktat, Klassenaufsatz und Mathematikarbeit die traditionelle Art der punktuellen Leistungsüberprüfung dar. Ihr traditioneller Einsatz ist in der Grundschule erst von dem Zeitpunkt an möglich, zu dem

— an alle Schüler
— zum selben Zeitpunkt
— identische grundlegende Anforderungen

gestellt werden können. In den letzten Jahren wurden sie, angeregt durch die informellen Tests, häufig qualitativ verbessert durch treffsicherere und variantenreicherere Aufgabenstellungen und in ihrem Aussagewert verläßlicher gemacht.

Ein Beispiel: Für die Überprüfung der Rechtschreibleistung kannte man früher nur das Textdiktat. Neben Wörtern, bzw. Rechtschreibfällen, deren Überprüfung wichtig war, enthielt der Text eine Vielzahl anderer Wörter und anderer Rechtschreibfälle, die das Ergebnis der Leistungsprüfung verkomplizierten und eindeutige Aussagen über einen begrenzten Leistungsbereich (etwa einen bestimmten Rechtschreibfall) erschwerten. Heute wird vielfach das herkömmliche Diktat durch einen Diktattyp ersetzt, zumindest ergänzt, der den Tests entnommen ist, durch Lückentexte. Den Schülern wird dabei ein Text vorgelegt, in dem die Wörter fehlen, deren Rechtschreibung überprüft werden soll. Diktiert und geschrieben werden nur diese kritischen Wörter. Dadurch ist das Ergebnis in bezug auf ein konkretes rechtschreibliches Lehrziel eindeutiger. Die Vorteile solcher testähnlicher Klassenarbeiten sind:

— der erforderliche Zeitaufwand wird in vertretbaren Grenzen gehalten (wie bei der traditionellen Klassenarbeit)
— die Leistung wird relativ präzise überprüft (wie bei den informellen Tests)
— die Arbeiten lassen sich unterrichtsbezogen und lehrzielorientiert zusammenstellen und auswerten.

Daneben gibt es Klassenaufsätze, bei denen die Leistung nicht zu messen (richtig — falsch), sondern nur einzuschätzen ist. Solch Lehrerschätzurteil vergrößert die

Subjektivität, verringert die Möglichkeiten, sich den drei Grundsätzen Objektivität, Zuverlässigkeit und Gültigkeit zu nähern. Dennoch kann der Lehrer auch hierbei durch kriteriumbezogene Beurteilung und selbstkritische Eigenkontrolle der Gefahr subjektiver Willkür (oder Hilflosigkeit) entgegenwirken.

An alle Kinder zur selben Zeit dieselben Anforderungen stellen — das ist grundschulpädagogisch nicht zu rechtfertigen

Der traditionelle Typ von Klassenarbeit, der von allen Kindern zur selben Zeit Gleiches abverlangt, ist grundschulpädagogisch nicht zu rechtfertigen. Solange überhaupt schulrechtlich solche ritualisierten Formen der Leistungskontrolle vorgeschrieben sind, sollten sie wenigstens auch unter dem Grundsatz der Differenzierung konzipiert werden: Dann kann auch allen Kindern zu verschiedenen Zeiten Unterschiedliches abverlangt werden, das dann nur dies gemeinsam hat: die gleichen grundlegenden Anforderungen.
Wir werden diesen Gesichtspunkt z. B. in S. 95 ff unter dem Stichwort: Differenzierte Diktate näher erläutern.

Verfahren der Verhaltensbeobachtung
Dies sind insbesondere:
— Gelegenheitsbeobachtungen
— Beobachtung von Ereignissen
— Beobachtung in standardisierten Situationen

Verhaltensbeobachtungen ergänzen die punktuellen Prüfverfahren

Diese Verfahren sind von entscheidender Bedeutung, weil mit ihrer Hilfe Entwicklungsprozesse langfristig zu verfolgen sind, weil sie Alltagssituationen erfassen und auch komplexere Leistungen feststellen können, wie Problemlöseverhalten, Kooperationsfähigkeiten, — im Gegensatz zu allen Verfahren der Überprüfung durch punktuelle Lernerfolgskontrollen.
Verhaltensbeobachtungen können in bezug auf relativ lernbereichsunabhängige Verhaltenskriterien verwendet werden (z. B. Kooperationsfähigkeit, Konzentration, Selbständigkeit), aber auch in bezug auf lernbereichstypische Verhaltenskriterien (z. B. Schreibhaltung, sprachliche Verständlichkeit).
Die Ausführung von Eigenheiten dieser Beobachtungsverfahren und von Anwendungshinweisen können wir uns an dieser Stelle sparen. Wir verweisen auf Kap. 4.3.

Andere Prüfverfahren
Es gibt eine Reihe weiterer Prüfverfahren, wie: Prüfung von Schriftproben, Vorlesen, Begutachtung von Arbeitsprodukten. Für sie gilt ebenso das Prinzip des kriteriumbezogenen Ansatzes.

■ *Der dritte Schritt: Leistungen feststellen*

Leistungsfeststellungen sind Rückmeldungen . . .

Wir beschränken uns hier auf die punktuellen Leistungsüberprüfungen und verweisen zur Beschreibung von beobachteten Verhaltensweisen auf Kap. 4.4.
Sie haben die Unterrichtsziele festgelegt, den Unterricht differenziert durchgeführt und die Kinder dahin gebracht, daß sie auch zeigen, was sie gelernt haben. Nun haben Sie die Ergebnisse vor sich und stellen fest, was richtig, bzw. was falsch ist. Dabei bilden die Ziele die Kriterien. Beispiele:
— Bei der Schreibübung stellen Sie fest, welche Buchstaben/Buchstabenverbindungen/Wörter den Ansprüchen nach Gliederung, Formrichtigkeit, Vollständigkeit und Lineaturbeachtung gerecht werden und welche nicht.
— Beim Diktat stellen Sie fest, welche der zu überprüfenden Wörter richtig, welche falsch geschrieben, welche der zu überprüfenden Rechtschreibfälle richtig, welche nicht richtig angewendet wurden.

— Beim Aufsatz stellen Sie fest, welche der Schreibanweisungen vom Kind beachtet, welche nicht beachtet wurden, welche der geübten stillistischen Merkmale oder der grammatikalischen Gegebenheiten richtig, welche nicht richtig verwendet wurden.

Hierbei sollten Sie für das Kind vor allem die gelungenen Leistungen festhalten. (Lehrer sind oft noch zu sehr gewohnt, vorwiegend auf Fehler zu achten, Fehlleistungen zu monieren, nicht wünschenswertes Verhalten zu tadeln. Wo immer es geht, sollte man aber das Gelungene, die Leistung, die wünschenswerten Verhaltensweisen, auch Ansätze dazu, hervorheben und dadurch beim Kind verstärken, zugleich dem Kind zeigen, in welcher Hinsicht es auch seine übrigen Leistungen, Verhaltensweisen verbessern kann und daß dies auch für es leistbar ist.)
Diese positive Leistungsfeststellung (statt der Fehlerfeststellung) kann wie folgt dokumentiert werden:

Für das Kind:

für das Kind . . .

— Sie notieren in der Arbeit (bzw. am Rand) vor allem, was gelungen ist (Punktzahl, Haken für richtig geschriebene Wörter bei Lückendiktaten, Einkreisen gelungener Schriftbilder, Kurzkommentar usw.).
— Sie notieren unter der Arbeit als Rückmeldung für das Kind das Ausmaß der Leistung:

Du hast ☐ Punkte/Wörter von ☐ erreicht/richtig geschrieben.

Testwörter/Punktzahl insgesamt: ☐ richtig geschriebene Wörter/erreichte Punktzahl: ☐

— Bei Aufsätzen notieren Sie, was gelungen ist, hierbei evt. auch die nicht berücksichtigten Schreibhinweise.

Für den Lehrer:

. . . für den Lehrer

— Für Ihre eigenen Unterlagen notieren Sie die Relation von erreichten und insgesamt erreichbaren Punkten. Überschaubarer wird die Notiz, wenn Sie die Relation so umrechnen, daß Sie den Prozentwert der richtigen Lösungen erhalten.
Allerdings gibt der Punktwert lediglich ein Leistungsquantum an, er sagt nichts über die eigentliche Qualität der Leistung aus (leichte oder schwere, geübte oder nicht geübte Aufgabe, Fehlerart usw.). Hier muß die Notiz gegebenenfalls um eine entsprechende Angabe erweitert werden.
Notierungen dieser Art sind bei Arbeiten, die in der zensurenfreien Phase der Grundschulzeit geschrieben werden, unumgänglich. Aber auch bei Verwendung von Zensuren differenzieren solche Werte für alle Beteiligten die grobschlächtige Zensur und sollten deshalb weiter berechnet und notiert werden.
— Außerdem sollten Sie sich mit den Fehlern der Kinder befassen. Fehler sind heutigem pädagogischen Verständnis nach nicht lediglich bedauerliche Fehlleistungen, sondern zeigen häufig Denkvorgänge beim Kind. Dieses positive Verständnis von Fehlern versucht die Leistung eines Kindes, auch wenn es unserer Norm nach einen Fehler gemacht hat, zu würdigen und gegebenenfalls Ansatzpunkte zur Vermeidung des Fehlers zu finden.
Beispiele: Ein Kind schreibt „Ältern" statt „Eltern". Möglicherweise hat es sich vom Wortstamm „alt" leiten lassen, die Eltern sind ja die Älteren. Oder das Kind hat beim Wortanfang den Laut /ä/ erkannt und mit dem Buchstaben Ä eine mögliche Schreibweise genutzt. In jedem Fall hat das Kind die Rechtschreibung intelligent gelöst, nur entspricht sie der heute geltenden

Der Leistung auf der Spur: Fehler sind nicht einfach „Fehlleistungen", sondern oft Ergebnis eines Denkvorgangs beim Kind

Norm nicht. Da die gültige Schreibweise nicht ableitbar ist, muß das Kind die Schreibung „Eltern“ im Einzelwort mit Merkhilfe für das E am Anfang lernen.
Im Mathematikunterricht stoßen wir neben den sogenannten „Flüchtigkeitsfehlern“ immer wieder auf Fehler, die durchaus intelligente Leistungen darstellen. Neben dem qualifizierten Ergebnis sollten Sie also die Fehler betrachten, um von daher Rückschlüsse auf den Lernstand und die Lösungshilfen des Kindes zu ziehen und Lernhilfen zu entwickeln.
Wir gehen hierauf beim Abschnitt Rechtschreiben lehren (Kap. 5.3) näher ein.

■ *Der vierte Schritt: Leistungen beurteilen*

Wir unterscheiden zwischen *Leistungsfeststellung* und *Leistungsbeurteilung*

In der fachlichen Diskussion zur päd.-psychologischen Diagnostik wird immer wieder zur Recht herausgestellt, daß zwischen Leistungsfeststellung und Leistungsbeurteilung sorgfältig zu unterscheiden ist. Dementsprechend haben wir im Kapitel zur Verhaltensdiagnose die Verhaltensbeschreibung nachdrücklich abgesetzt von der Verhaltensbeurteilung. Gleiches gilt auch für die Diagnose fachlicher Leistungen:
„Leistungsmessung stellt objektive Daten fest: Drei Fehler in einer Mathematikarbeit sind und bleiben 3 Fehler; das Wort Mehl, ohne h geschrieben, ist falsch, solange es als richtig gilt, daß Mehl mit h geschrieben wird. Die Schwierigkeit tritt bei der Bewertung solcher Leistungsfeststellungen ein. Können die drei Fehler mit Recht bei allen Kindern als ‚befriedigend‘ bewertet werden — auch angesichts ihrer unterschiedlichen Lerngeschichte und ihrer spezifischen Bildsamkeit?“ (Stratmann 1976, S. 339)
Diesen Problemen, nämlich: Zuordnung festgestellter Leistungen zu Zensuren und Berücksichtigung der jeweils individuell erbrachten Leistung, wollen wir im folgenden nachgehen.
Der Schritt von der Leistungsfeststellung zur Leistungsbeurteilung setzt eine Bewertungsnorm voraus, die der Bewerter bewußt oder auch unbewußt als Leitsonde handhabt und von der her bestimmt wird, ob eine bestimmte Leistung als positiv oder als negativ einzuordnen ist.
In diesem Zusammenhang ist die Unterscheidung von drei Bewertungsnormen notwendig, die man in der einschlägigen Literatur immer wieder antrifft, wenn auch mit unterschiedlichen Bezeichnungen.

Wir erinnern: Maßstäbe des *pädagogischen Leistungsprinzips* sind der individuelle Maßstab und . . .

Wir stellten sie bereits vor (S. 20 f) und kommentierten sie grundschulpädagogisch. Dabei hatten wir festgestellt, daß bei Grundschülern zunächst die individuelle Bewertungsnorm angemessen ist, die Frage also danach, ob und inwieweit das Kind persönliche Lernfortschritte gemacht hat.
Soweit der Grundschulunterricht von der Zensierungsauflage befreit ist, kann die individuelle Bewertungsnorm voll zu Grunde gelegt werden: Bei Prüfarbeiten werden demzufolge die individuellen Leistungen des Kindes individuell gewürdigt. Dabei überlegen Sie:

— Hat das Kind persönlich Fortschritte gemacht?
— An welcher Stelle seiner Arbeit sind solche Fortschritte erkennbar?
— Wie kann ich dem Kind seinen Erfolg mitteilen und es zum weiteren Lernen ermuntern? (z. B. durch mündlichen/schriftlichen Kommentar: Prima! — Hier hast Du Dir besondere Mühe gegeben. Weiter so! — oder durch Einkreisen gelungener Buchstabenverbindungen . . .)
— Wie kann ich bei Leistungsschwächen die Erfolgszuversicht des Kindes stärken? (z. B. durch den Hinweis auf besondere Hilfestellungen, durch dabei praktiziertes Vortest-Nachtest- Verfahren)
  Auch:

— Wie kann ich ein nachlässiges Kind zu Leistungen anspornen, die seinen Fähigkeiten entsprechen? (z. B. durch Kommentar: Das kannst Du aber besser! und gezieltes kurzfristiges Nachsehen seiner weiteren Arbeiten) Erst in dem Maße, in dem es möglich wird, mit allen grundschulfähigen Kindern einer Klasse grundlegende Ziele verbindlich zu erreichen, können Zensuren überhaupt erteilt werden. Denn Zensuren sind, der gültigen Notendefinition (KMK 1968) nach, anforderungsbezogen zu vergeben: Sie stellen eine — allerdings sehr pauschale — Bewertung nach der zielbezogenen kriteriumorientierten Bewertungsnorm dar (vgl. S. 29 ff).

. . . der anforderungsbezogene Maßstab

Es sei hier daran erinnert:
In der Grundschule dient die Leistungsbewertung der Rückmeldung, inwieweit realisierbare Ziele/Anforderungen tatsächlich erreicht wurden, und der Ermutigung zum weiteren Lernen.
Sie dient nicht dem Vergleich der Kinder (Klassifikation). Deshalb werden Fehler-, Punkte- oder Zensurenspiegel grundsätzlich nicht mitgeteilt.
Und sie dient nicht der Auslese (Selektion). Deshalb sind die Zensurenergebnisse nicht die maßgebenden Kriterien für die Übergangsentscheidung am Ende der Grundschulzeit. Dort müssen vorrangig andere diagnostische Instrumente herangezogen werden, die für die anstehende Entscheidung aussagekräftiger sind, z. B. Schülerbeobachtung in der letzten Zone der Entwicklung, Intelligenz- und Fähigkeitstests.

Vergleich und Auslese sind nicht vereinbar mit dem pädagogischen Leistungsbegriff

Dadurch entfällt der oft einschneidend wirkende Zwang, durch die Zensurengebung etwa unter Klassenarbeiten bestimmte Entscheidungen vorzubereiten. Über diese unterschiedlichen Funktionen dieser diagnostischen Verfahren müssen die Eltern rechtzeitig, d. h. vom Beginn der Zensurenerteilung an, aufgeklärt werden.
Ein erhebliches Problem bei der Zensurenbewertung stellt die Entscheidung dar, bei welchem Leistungsniveau eine Leistung als anforderungsrecht einzustufen ist:

Wie kann man Leistungen den Zensuren zuordnen?

Die Möglichkeiten:
- Sie setzen selber in einer a-priori-Entscheidung fest, wie viele Punkte welcher Zensur zugeordnet werden.
- Das Kollegium Ihrer Schule einigt sich auf einen festen Verteilungsschlüssel.
- Sie entnehmen den Schlüssel der Literatur (z. B. aus sog. „Vergleichsarbeiten").
- Sie setzen nach Durchsicht der Arbeiten, z. B. aufgrund der durchschnittlichen Punktzahl, aufgrund des Punktebildes der Klasse, die Zuordnung zu Zensuren fest.
- Sie gehen aus von einem Verteilungsschlüssel, der an den angestrebten Leistungen orientiert ist. Sie korrigieren ihn aber gegebenenfalls nach der Auswertung, je nach „Ausfall" der Arbeiten.

Alle diese (praktizierten) Möglichkeiten werfen Probleme auf: Allgemein vorgegebene Zuordnungsschlüssel orientieren sich nicht an den speziellen Anforderungen dieser Arbeit (leicht — schwer, gut vorbereitet — weniger gut vorbereitet) und nicht am tatsächlichen Fähigkeitsspektrum dieser Kinder. Sie widersprechen damit dem Bewertungsprinzip der Grundschule. Sie mögen als Orientierungswert nützlich sein, dürfen jedoch nicht schlicht übernommen, sondern müssen immer auf die eigene Situation hin flexibel gehalten werden.
Von Ihnen selber vorweg oder hinterher festgelegte Zuordnungen sind demgegenüber vorzuziehen; doch sind sie subjektive Entscheidungen. Ihr Ergebnis ist immer noch abhängig vom pädagogischen Konzept und Ihrer Bewertungstendenz: z. B. werden wohlwollende Lehrer zu anderen Ergebnissen kommen als rigoros

strenge Lehrer, es werden Lehrer, die den Lernprozeß beachten und die ursprünglich gesetzten Anforderungen von hier her relativieren, zu anderen Ergebnissen kommen als Lehrer, die an gesetzten Anforderungen strikt festhalten.

Als Grundregel muß gelten:

Grundregel: Zensuren auf Anforderungen beziehen!

Zensuren werden danach vergeben, in welchem Grade die einzelne Arbeit den gesetzten Anforderungen entspricht.

Wie Klassenarbeiten aussehen können, die die einen nicht überfordern, die anderen auch nicht unterfordern, dies zeigen wir in den folgenden fachbezogenen Kapiteln (5.2 ff).

Die zunächst dargestellte individuelle Beurteilung und Rückmeldung an das Kind ist auch bei Verwendung der Zensuren unentbehrlich. Denn Leser von Zensuren haben oft die verhängnisvolle Neigung, sie zu verabsolutieren, sie als — weil mathematische — objektive Größen absolut aufzufassen. Deshalb müssen Zensuren durch intensiven Gebrauch der individuellen Bewertung im mündlichen/schriftlichen Kommentar und in der freien Formulierung im Zeugnis regelmäßig ergänzt werden.

■ *Ein Vorschlag: Lernbegleitbögen statt Lehrerkalender*

Statt Zensurenkästchen: Lernbegleitbogen

Die traditionelle Zensurenkästchen im Lehrerkalender reichen weder für die Notierung der jeweils überprüften Anforderungen, noch für die Angaben über die individuellen Lernfortschritte aus. Will man dies für die betrefffenden Lernfelder/Lernbereiche festhalten, dann muß ein Formular verwendet werden, das den notwendigen Platz bereitstellt.

Wir schlagen vor, Lernbegleitbögen zu verwenden. Sie haben das Format DIN A 4, enthalten waagerecht die Schülernamen und senkrecht die Anforderungen. Der Lehrer stellt sich Matrizenabzüge mit bereits eingetragenen Schülernamen für jeden Lernbereich her, für den die Führung des Lernbegleitbogens sinnvoll ist.

In die senkrechten Rubriken werden je nach Fall die einzelnen Anforderungen, die Lehrziele, die schriftlichen Arbeiten, die Klassenarbeiten eingetragen. Wir werden bei den nachfolgenden Kapiteln den Lernbegleitbogen entsprechend verwenden.

Lernbegleitbogen

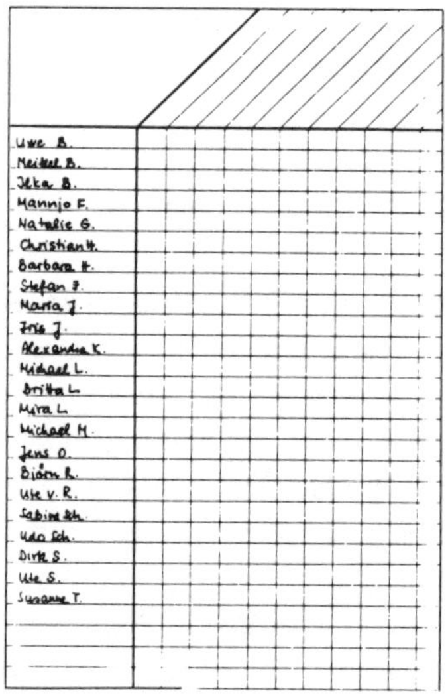

In den Schnittfeldern (bestimmte Anforderung — bestimmter Schülername) können je nach Verwendungszweck unterschiedliche Informationen eingetragen werden, z. B.:

— Punktrelation/Prozentsatz
— Kürzel für Fehlerarten
— × = Ziel gesichert erreicht
  ○ = Ziel erreicht, aber noch Unsicherheiten
  – = Ziel nicht erreicht
— F = individuelle Förderung erforderlich

5.2 Lesen lehren

Lesen zu lehren, das ist heutigem Verständnis nach mehr, als die Technik des Lesens zu vermitteln. Es ist immer auch Einführung in den Umgang mit Texten, also:

— Fördern der Lesefreude,
— Kommunikation über Textverständnis,
— Untersuchen von Texten,
— Werten von Texten und Textverständnis,
— Produktives Nutzen von Texten.

Dennoch beschränken wir uns hier auf die Teilfertigkeiten, die Voraussetzungen zum Lesen sind, wie Lautwahrnehmung, Buchstabenerkennen, Einsicht in die Laut-Buchstabe-Beziehungen und auf die grundlegende Erlesefähigkeit. Dies hat seinen Grund in der besonderen Bedeutung, die die Lesefähigkeit für das weitere Lernen des Kindes hat. Bewältigt ein Kind diese grundlegenden Fertigkeiten zunächst nicht, dann ist frühzeitige zusätzliche Förderung nötig.
Für den Erfolg auch dieser mehr lesetechnischen Übungen spielt allerdings der Motivationsfaktor eine entscheidende Rolle. Texte müssen für das Kind immer auch sinnvolle Texte sein, Übungserfolg muß als Erfahrung: „ich kann etwas/ich habe etwas dazugelernt" die Erfolgszuversicht stärken.

Leistungsanforderungen definieren

Die folgenden grundlegenden Ziele gelten für die Klassen 1 und 2. Sie haben aber ihren Schwerpunkt in Klasse 1: Hier werden in der Regel alle Buchstaben eingeführt, die gängigen Laut- Buchstabe-Beziehungen geübt und die Fähigkeiten erworben, einfache Texte zu erlesen. In Klasse 2 wird die Erlesefähigkeit weiter ausgebaut, wobei die Lesesicherheit, das Lesetempo, das Erlesen auch schwieriger Texte die Schwerpunkte sind. Kinder, die die Ziele in Klasse 1 noch nicht erreicht haben, müssen dann in Klasse 2 auf die noch nicht bewältigten Anforderungen hin gefördert werden.

Lesen: Klasse 1 und 2
— Laute/Lautkomplexe wiedererkennen und unterscheiden (auditive Analyse). — Buchstaben/Buchstabenfolgen wiedererkennen und unterscheiden (visuelle Analyse), — Beziehungen zwischen Lauten und Buchstaben erfassen: ein Laut — ein Buchstabe, ein Laut — eine Buchstabenfolge, ein Buchstabe/eine Buchstabenfolge — verschiedene Laute, — Wörter auditiv und visuell durchgliedern, — Wörter und Sätze erlesen, — Lesesicherheit und Lesetempo steigern: Erweitern des Lesefeldes. Nutzen von Lesehilfen. Umgang mit schwierigeren Texten.

Leistungen beobachten und prüfen

Während Ihres Erstleseunterrichts beobachten Sie sicher ständig die Lernfortschritte und die Schwierigkeiten der Kinder. Je nachdem intensivieren Sie bestimmte Übungen mit allen Kindern oder mit Kindergruppen. Beispiel:
Haben die Kinder Schwierigkeiten, einen bestimmten Laut in Wörtern wahrzunehmen, dann wählen Sie zunächst Wörter, in denen der Laut deutlicher klingt (z. B. für das /r/ eher die Wörter Rabe oder Roller als Strauch oder Tor). Sie zie-

Wie Kinder zeigen können, ob sie die Teilziele des Leseunterrichts erreicht haben

ZIELE	LEISTUNGEN
Laute/Lautkomplexe wiedererkennen und unterscheiden (auditive Analyse)	*Laute* — im Namen wiedererkennen — in vorgesprochenen Wörtern — in Wörtern, die durch Bilder repräsentiert sind — Wörter mit gleichem Laut sammeln — Stellung abhören: Anlaut — Inlaut — Auslaut — ähnlich klingende Laute unterscheiden häufige *Lautverbindungen* (Silben, Morpheme, Signalgruppen u. a.) wiedererkennen, — wie oben
Buchstaben/Buchstabenfolge erkennen und unterscheiden (visuelle Analyse)	*drucktechnisch gleiche Buchstaben* — aus Vielzahl von Buchstaben gleiche herausfinden (Buchstabensalat, Wörter, Sätze) — aus ähnlich aussehenden Buchstaben identische herausfinden (d-b, m-n, n-r, F-E, ie-ei, ch-ck, B-P, l-t) — farbig herausgehobene Buchstaben in einem Wort mit Buchstabenkarte nachlegen — schreibdrucken *grafisch unterschiedliche Buchstaben/Wörter* (verschieden in Schrifttyp, Größe, Raumlage) — vorgegebene Buchstaben/Wörter in Zeitungen, Katalogen usw. wiederfinden, ausschneiden, aufkleben *Buchstabenfolgen/Wörter* — vorgegebene häufige Buchstabenfolge (Silbe, Morphem, Signalgruppe) in „Endlosreihe“, in verschiedenen Wörtern wiederfinden, einkreisen — vorgegebene Buchstabenfolge aus verschiedenen Druckmaterialien ausschneiden, aufkleben — gleiche Wörter in Texten zuordnen, aus Druckmaterialien ausschneiden und aufkleben — vorgegebene Wörter nachdrucken — vorgegebene Wörter in veränderter Gestalt wiedererkennen (andere Drucktypen, Raumlagevariation, z. B. in Wellenform gelegt)
Beziehungen zwischen Lauten und Buchstaben erfassen	*elementare Laut-Buchstabe-Beziehung* — Buchstaben zeigen und benennen — Laut sprechen — Buchstaben zeigen, schreiben, einkreisen (auch Zuordnung großer und kleiner Buchstaben) — aus Gegenständen die heraussuchen, die mit dem gleichen Buchstaben beginnen, Buchstabenkarten zuordnen (als Spiel „Kofferpacken“) — Rätselspiele: „Ich habe etwas in der Tasche, das fängt mit . . . an. Ich sehe etwas in der Klasse, das hört mit . . . auf. Ich packe meinen Koffer und lege nur Sachen mit . . . hinein.“ — Einer sagt ein Wort, die anderen halten Buchstabenkarte hoch („Damit fängt das Wort an.“ „Damit hört das Wort auf.“)

ZIELE	LEISTUNGEN
Beziehungen zwischen Lauten und Buchstaben (Fortsetzung)	*ein Laut — eine Buchstabenfolge* (sch, ei, au, pf usw.) — Buchstabenfolge einkreisen, einfärben; weitere Übungen wie eben ein Buchstabe/eine Buchstabenverbindung — verschiedene Laute (ch, in „ich“ und „acht“, s in „stehen“ und „Kiste“) — Wörtergruppen aus dem Lesematerial zusammenstellen: ich — ach / mich — Dach / Licht — Nacht
Wortgestalten akustisch und optisch durchgliedern (Analyse und Synthese)	*Wortaufbau* (entstehendes Wort vermuten) — Beispiele: F — Fo — Fot — Foto Foto — Fot — Fo — F — Fi — Fil — Film *gleiche Wortteile* — vergleichen, gleiche Teile einkreisen, deutlich artikulieren: Tim Timo ich mich nicht *Veränderungen des Sinns durch Weglassen oder hinzufügen von Buchstaben* — schreibdrucken, stempeln, kleben, mit Buchstabenkarten legen: Tim — Timo / ein — fein
Wörter, Sätze erlesen	*Beispiele für speziellen Anfangsunterricht* — Bild und Wort zuordnen — Bild und Text zuordnen — aus Wortbausteinen zusammensetzen — einen Satz aus durcheinander gewürfelten Wörtern herstellen — aus Sätzen zusätzliche sinnwidrige Wörter herausstreichen — kleine Leseaufträge erfüllen *Syntheseübungen* — lange Wörter lesen — in verschiedenen Leserichtungen lesen (Wörter senkrecht, diagonal, rückwärts, im Kreis) — Texte in Geheimschrift schreiben (z. B. nach jeder Silbe — bi — einfügen) *Steigerung des Lesetempos* — „beschädigte“ Wörter lesen — Wortreihen lesen, bei denen von Zeile zu Zeile das Wort länger wird (Erweiterung des Lesefeldes), z. B.: Hand — Handpuppe — Handpuppenspiel — zeilenübergreifend lesen — Lesehilfen verwenden: Sinnschritte finden und markieren Sinnwörter finden und markieren

hen mit den Kindern das Wort lang wie ein Gummiband und nehmen den Laut deutlich wahr, Sie sprechen mit den Kindern Sprüche oder Verse, bei denen der Laut /r/ intensiv zu hören ist: „Rosas Roller rollt rund und rund und rund herum.“

Je mehr Hilfe die Kinder beim Lesenlernen brauchen, um so wichtiger ist die Kenntnis ihres Lernzustandes

Bei Kindern mit raschen Lernfortschritten, erst recht bei Kindern, die als (Fast-) Lesekönner in die Schule kamen, reicht die Beobachtung während des Unterrichts aus, um deren Lernfortschritt zu beobachten. Bei Kindern, die zum Lesenlernen intensivere und gezieltere Hilfestellung brauchen, müssen Sie den Lernstand in den grundlegenden Fertigkeiten immer wieder beobachten oder prüfen, um sie Schritt für Schritt abzusichern. Nach unseren Erfahrungen sind dabei die folgenden Aspekte von besonderer Bedeutung:

— das auditive Erkennen und Unterscheiden: Für Kinder erscheint gesprochene Sprache zunächst als Klangstrom, in dem sich nicht so ohne weiteres einzelne Laute herauslösen; zudem haben Laute je nach Stellung im Wort auch unterschiedliche Einfärbungen.
— das Erkennen der Laut-Buchstabe-Beziehungen: Für eine Vielzahl von Lauten stellt unsere Buchstabenschrift nur eine begrenzte Zahl von Zeichen zur Verfügung, es gibt also nicht die 1 : 1-Beziehung: für einen bestimmten Laut steht immer ein bestimmter Buchstabe. Die komplizierteren Laut-Buchstabe- Beziehungen werden vom Kind beim häufigen Lesen ähnlicher Fälle erlernt.
— die Erlesefähigkeit: Sie ist etwas qualitativ anderes als das Zusammenziehen von Lauten. Erlesen wird ein Wort erst, wenn es inhaltlich verstanden und in dem üblichen Klang dieses Wortes gelesen wird — beides bedingt sich gegenseitig: Der annähernd richtige Wortklang, der beim Synthetisieren entsteht, hilft bei der Sinnvermutung im Textzusammenhang; der Wortsinn, der aus dem Textzusammenhang heraus als möglich erscheint, bestätigt sich im günstigen Fall durch den Wortklang, der der Buchstabenfolge entspricht.

Die Übersicht auf den Seiten 84/85 gibt an, durch welche Leistungen Kinder zeigen, ob sie bestimmte Ziele erreicht haben.

Vielleicht haben Sie in der Zusammenstellung die Übungsweise: Wortabbau vermißt. Wortabbau ist eine reine Lautsyntheseübung ohne Leseinhalt, sie ist deshalb — anders als es die Tradition suggeriert — ein Muster ohne allzu viel Wert. Anders die Wortaufbauübungen, die Synthetisieren mit Sinnerwartungen verbinden und deshalb eine wichtige Standardübung im Erstleseunterricht darstellt.

Beobachtung wird ergänzt . . .

Ein Teil der erwähnten Leistungen kann nur durch Beobachtung im Klassenverband oder in der kleineren Gruppe erkannt werden, z. B. die Fähigkeit zum Wortaufbau und zu Sinnvermutungen, das Vorlesen von Wörtern, die immer länger werden. Dies gilt auch für weitere Ziele, wie Lesen von Texten aus der Leseecke, für den gestaltenden Textvortrag, die szenische Umsetzung eines Dialogs.

. . . durch testähnliche Aufgaben

Ein Teil der Leistungen kann aber auch durch testähnliche schriftliche Aufgaben überprüft werden. Dazu ist allerdings, wie immer bei diesen Aufgabenstellungen, eine Bedingung, daß die Kinder das Repertoire an geforderten Arbeitstechniken beherrschen. Die meisten Erstlesewerke führen in ihren Arbeitsmaterialien ein begrenztes Repertoire ein und kennzeichnen die Aufgabentypen durch ein Piktogramm.

Beispiel (aus Bartnitzky/Bunk 1986)

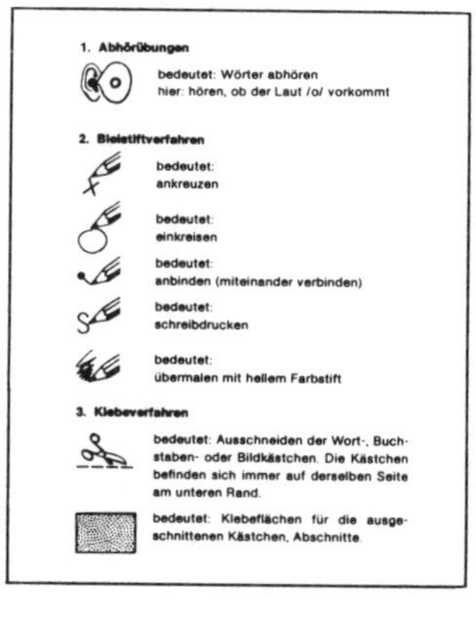

Wir stellen nun eine Sammlung typischer Aufgaben vor, wie sie sich ähnlich in vielen Erstlesewerken finden. Sie dienen der Übung, aber auch der ständigen Prüfung von Teilleistungen. Mit dieser Zusammenstellung wollen wir zweierlei zeigen:

1. Trotz der notwendigen Begrenzung auf ein für alle Kinder überschaubares Repertoire ist eine Vielfalt von Aufgaben möglich, die sich orientieren an den Aufgabentypen der „Informellen Tests“ (siehe S. 74 ff).
2. Obwohl es sich um lesetechnische Übungen handelt, muß nach Möglichkeit immer ein Sinnbezug hergestellt werden, der die Teilfertigkeit in den Sinnrahmen: Lesen stellt. Die Beispiele zeigen, daß dies auch möglich ist.

(Die Beispiele wurden entnommen dem Übungsheft zu Bartnitzky/Bunk 1986).

Aufgabenstellungen, um Teilfähigkeiten beim Lesenlernen zu prüfen

einen Laut erkennen

1. Schritt: Abhören; falls der Laut vorkommt, wird im Kästchen oben recht angekreuzt.

2. Schritt: Abhören der Wörter auf die Position des Lautes im Wort: Anlaut, Binnenlaut, Schlußlaut?
Die Position wird in dem Feld unter dem Bild gekennzeichnet

ähnlich klingende Laute unterscheiden

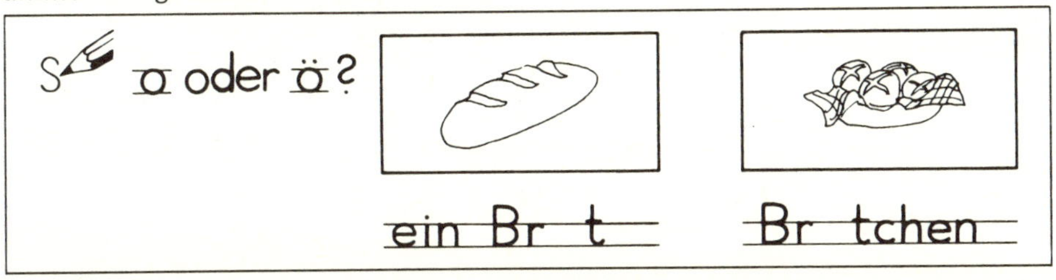

einen Buchstaben erkennen

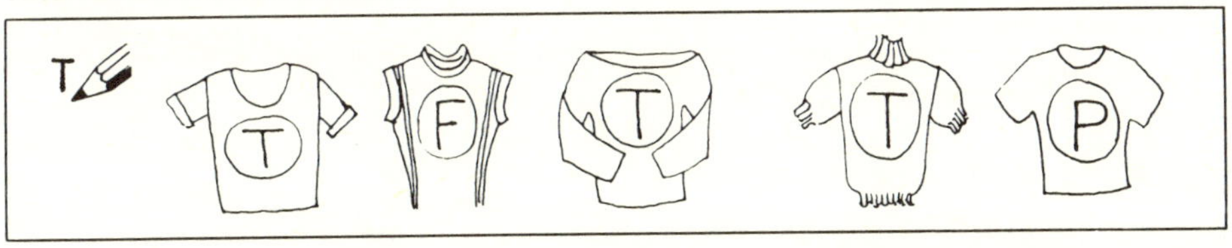

Aufgabenstellungen, um das Lesenkönnen zu prüfen

eine Buchstabenfolge erkennen

Ali nimmt Anlauf.
Er trifft das Tor.
Tor ! Tor !
rufen alle.

Text herstellen

Tim		im	im	Timo	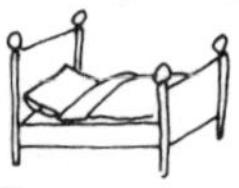

Wörter bilden

Lilo

·i· ·o· ·L· ·t· ·l· ·a·

·S· ·R· ·T· ·onne

Bild und Wort zuordnen

Esel Ente Kamel

Bild und Satz zuordnen

Ali kann fast alles:

Ali kann toll reiten.

Ali kann toll malen.

Ali kann toll rennen.

Ali kann toll mauern.

Ali kann toll trommeln.

Ali kann nicht so toll lesen.

• Oma am

• Timo am

• Tim am

Leseaufträge erfüllen

Male mit Farben aus!

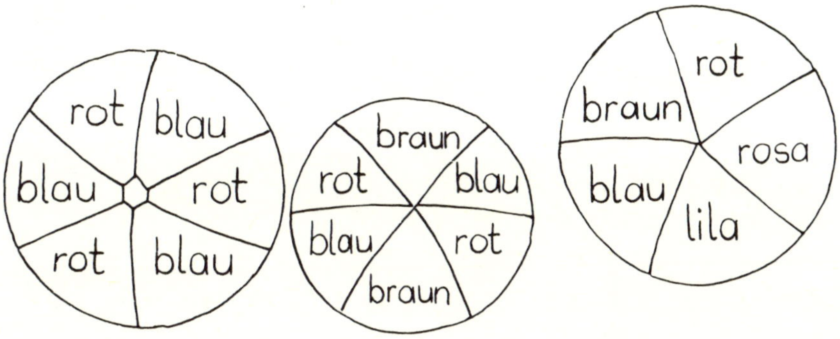

Leistungen feststellen und beurteilen

Besonders bei Kindern, die Schwierigkeiten beim Lesenlernen haben, sollten Sie in Abständen Notizen zum Lernstand machen. Sie können sich Aufzeichnungen in Ihrem pädagogischen Tagebuch, auf Karteikarten o.ä. machen oder aber einen Lernbegleitbogen verwenden, wie wir ihn in Kapitel 5.1 vorgestellt haben. Ihre Notizen können sich auf eine Unterrichtseinheit beziehen, aber auch den Lernzuwachs über einen längeren Zeitraum zusammenfassen.

Sie beurteilen dabei, inwieweit das Kind die aktuellen grundlegenden Ziele erreicht und welchen Grad an Sicherheit das Kind hierbei gewonnen hat. Dies wiederum ist Grundlage für weitere differenzierende Hilfen.

Beispiel: Unterrichtseinheit Einführung des F/f

Lernbegleitbogen: Lernstand in bezug auf einen Laut/Buchstaben

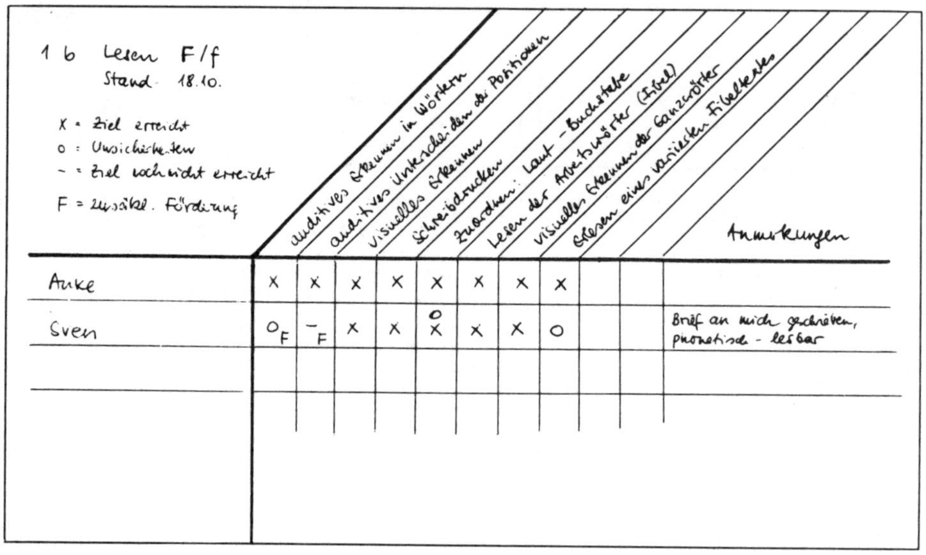
1 b Lesen F/f
Stand 18.10.

x = Ziel erreicht
o = Unsicherheiten
– = Ziel noch nicht erreicht
F = zusätzl. Förderung

	auditives Erkennen in Wörtern	auditives Unterscheiden der Positionen	visuelles Erkennen	Schreibdrucken	Zuordnen: Laut – Buchstabe	Lesen der Arbeitswörter (Fibel)	visuelles Erkennen der Ganzwörter	Erlesen eines variierten Fibeltextes			Anmerkungen
Anke	x	x	x	x	x	x	x	x			
Sven	o F	– F	x	x	o x	x	x	o			Brief an mich geschrieben, phonetisch – lesbar

Beispiel: Langzeitübersicht über die ersten beiden Monate des Leselehrgangs

Lernbegleitbogen: Lernstand nach der Anfangsphase

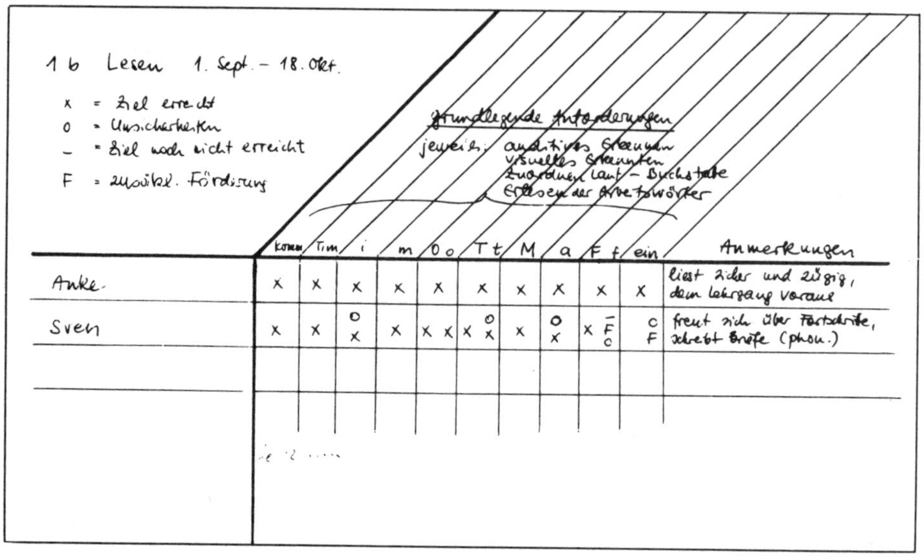
1 b Lesen 1. Sept. – 18. Okt.

x = Ziel erreicht
o = Unsicherheiten
– = Ziel noch nicht erreicht
F = zusätzl. Förderung

Grundlegende Anforderungen
jeweils: auditives Erkennen
visuelles Erkennen
Zuordnen Laut – Buchstabe
Erlesen der Arbeitswörter

	komm	Tim	i	m	O o	T t	M	a	F f	ein	Anmerkungen
Anke	x	x	x	x	x	x	x	x	x	x	liest sicher und zügig, dem Lehrgang voraus
Sven	x	x	o x	x	x x	x o x	x	o x	x – F o	o F	freut sich über Fortschritte, schreibt Briefe (phon.)

5.3 Rechtschreiben lehren

Die Rechtschreibdidaktik hat sich in den letzten Jahren entscheidend verändert. Lange galt unbestritten das Fehlervermeidungskonzept mit dem ehernen Grundsatz: „Die Kinder sollen nichts schreiben, was sie nicht auch *richtig* schreiben." Folgte man diesem Prinzip, dann konnten die Kinder erst spät zum Schreiben eigener Texte kommen — ja, dann mußten die Lehrer an der Diskrepanz zwischen den Rechtschreibfehlern in den Aufsätzen und dem rechtschreiblichen Fehlervermeidungsprinzip verzweifeln.

Statt des „Fehlvermeidungskonzepts" von Anfang an das *kindgeleitete Rechtschreiblernen*

Nun belegen vielfältige Forschungsergebnisse und schulpädagogische Erfahrungen, daß die strikte Beachtung des Fehlervermeidungsprinzips nicht mehr zu rechtfertigen ist, weil es die Lernfähigkeiten der Kinder unterschätzt. Auch der Rechtschreibunterricht kann auf den Antrieb und die Fähigkeit der Kinder setzen, sich ihre Sprache aktiv experimentierend anzueignen. Kinder, die zum freien und spontanen Schreiben ermutigt werden, folgen zunächst nicht der Duden-Norm, weil sie sie noch gar nicht kennen. Sie versuchen stattdessen, mit Buchstaben die Lautstruktur ihres Textes, auch in Wörter gegliedert, abzubilden.

Durch Erfahrungen mit den Laut-Buchstabe-Beziehungen beim Lesenlernen und durch gezielte Rechtschreibarbeit erwerben die Kinder ein Bewußtsein von der Normierung unserer Rechtschreibung. Sie lernen die Schreibweise häufiger Wörter und entwickeln Rechtschreibmuster (z. B. jede Sprechsilbe hat einen Vokal, auslautendes -er und -en enthalten den Vokal /e/, ver- als Vorsilbe wird zwar als /f/ gesprochen, aber mit v geschrieben).

Der Antrieb, die normierte Rechtschreibung zu beherrschen, wird vor allem unterstützt, wenn die Kinder ihre Schreibergebnisse öffentlich machen (Pinnwand, Geschichtenbuch, usw.). Über diese Entwicklungen in einem kindgeleiteten Rechtschreibunterricht berichtet ausführlich Gudrun Spitta (Spitta 1985).

Für unser Thema lernen wir aus diesem Stand der didaktischen Entwicklung zweierlei:

Von der phonetischen Schreibweise . . .

1. Die Rechtschreibentwicklung der Kinder führt zunächst zu Schreibweisen, die eher phonetisch (lautlich) gesteuert sind. Dies sind nach Maßstab der individuellen Leistung der Kinder aber intelligente Lösungen, um die Lautstruktur in die Buchstabenschrift zu „übersetzen". Der individulle Entwicklungsstand vom phonetischen Stadium hin zur entwickelten Rechtschreibfähigkeit muß deshalb beachtet und positiv beurteilt werden.

. . . zur normgerechten Rechtschreibung

2. Der Weg zur Beachtung der Duden-Norm ist nicht naturgegeben, sondern er hängt von Erfahrungen beim Lesenlernen und beim grundlegenden Rechtschreibunterricht ab. Auch deshalb ist das Ziel: Einsicht in die Laut-Buchstabe-Beziehungen beim Lesenlernen (siehe Kap. 5.2) ebenso wichtig, wie im Rechtschreibunterricht der Aufbau eines Grundwortschatzes, die Vermittlung von Eigenheiten der normierten Rechtschreibung und von Selbständigkeit in der Vermeidung von Fehlern.

> Entscheidendes Bewertungskriterium für den Rechtschreibunterricht in der Grundschule ist demzufolge nicht die Beherrschung der Duden-Norm (was auch gar nicht leistbar wäre, weil selbst Erwachsene in kritischen Fällen nachschlagen müssen).
> *Entscheidendes Kriterium ist vielmehr, inwieweit das einzelne Kind in einem kindgeleiteten Rechtschreibunterricht sich der Normschreibung annähert.*

Leistungsanforderungen definieren

„Schreiben lernt man nur durch Schreiben (alte Schulmeister-Weisheit)

In den Klassen 1 und 2 werden die Kinder, wenn sie von Anfang an auch zum Schreiben eigener Texte ermutigt werden, mit dem ihnen bekannten Buchstabenvorrat die Lautstruktur ihres Textes wiedergeben. In der Regel werden Sie als Leser so geschriebene Texte erst verstehen, wenn Sie selber sie lautlich reproduzieren, also sprechen. Durch gezielten Unterricht (Lesen lehren, Umsetzung des Kindertextes in eine normentsprechende Fassung, Aufbau von Grundwortschatzwörtern) erwerben die Kinder zunehmend die Rechtschreibung häufig gebrauchter Wortformen und Rechtschreibmuster. Dieser Lernzuwachs muß bei den Kindern gesichert werden; hierzu sind auch individuell besondere Übungen nötig.

Die Arbeit am Grundwortschatz gewinnt zentrale Bedeutung, als Gebrauchswortschatz und . . .

Beispiel: Die Kinder schreiben in Klasse 1 Briefe. Das Eröffnungswort der Anrede: „Lieber/Liebe . . .“ schreiben die Kinder spontan phonetisch etwa: *lb* oder *lib* oder *liba.* als Grundwortschatzwort wird es eingeführt und geübt. Kinder, die nun weiter die phonetische Schreibweise dieses Wortes beibehalten, üben die normgerechte Schreibweise besonders: das Wort wird beim „Gummibandlesen“ gestreckt — wir hören vier Laute, wir schreiben L ie b er. Die Kinder üben, Anrede zu schreiben:

Die Kinder übernehmen die normgerechte Schreibweise dieses Wortes auch bei ihren eigenen Texten ebenso wie früher bereits eingeführte Grundwortschatzwörter, während andere Wörter weiterhin phonetisch geschrieben werden.

Wir können hier nicht die individuellen Zwischenstufen auf dem Weg zur normgerechten Rechtschreibung als Ziele formulieren, sondern nur die allgemein geltenden Anforderungen. Sie sind aber in dieser Entwicklungsperspektive zu verstehen. Wir bündeln die Anforderungen in drei Gruppen:

. . . als Modellwortschatz

— Grundwortschatzwörter auf- und ausbauen
— Regelungen der Rechtschreibung kennenlernen und beachten (Laut-Buchstabe-Beziehungen, Ableitungen, Kürze und Länge von Vokalen, Wortbausteine, Silbentrennung, Großschreibung, Satzzeichen)
— Selbständigkeit entwickeln (Nachschlagen, Fehlerkontrolle und -korrektur)

Je rechtschreibschwächer die Kinder sind, desto mehr hat die erste Anforderungsgruppe „Grundwortschatz“ Vorrang vor den anderen. Wenn Sie Kinder mit erheblichen Schwierigkeiten beim Rechtschreiblernen in Ihrer Klasse haben, soll-

Rechtschreiben - Ziele	Konkretisierung	
Grundwortschatz aufbauen und sichern	Wörter sammeln (Kl. 1 und 2: 300 Kl. 3 und 4: 700): — Wörter, die Kinder häufig brauchen — Wörter, die Modelle für rechtschreibliche Regelungen sind Wörter durchgliedern Wörter anwenden (siehe Niedersteberg 1986)	Grundwortschatz
Beziehungen von Lauten und Buchstaben erfassen	Wortreihenübungen: — ein Laut/eine Buchstabenfolge: ei, au, ch, en, äu, sch, st, sp, -er — ein Laut/verschiedene Buchstaben: f/v, chs/ks/x, s/ss/ß	Phänomene und Regelungen
Ableitungen als Lösungshilfe nutzen	Ableitung der Umlaute: ä — a, äu — au Ableitung bei Auslautverhärtung, z. B. Hand — Hände, Stab — Stäbe	
Regelungen zu Kürze/Länge von Vokalen nutzen	langes /i/: — die meisten langen /i/ werden als ie geschrieben — nur Pronomen werden mit ih geschrieben (ihr, ihm, ihn) — Wörter mit i sind selten (wir, mir Igel . . . Wortlernen) Länge anderer Vokale: — bei 75 % aller Fälle folgt kein „Dehnungs-h" sondern ein Konsonant — Abweichungen (Dehnungs-h oder Vokalverdopplung über Wortlernen) Kürze von Vokalen: Auf betont kurzen Vokal folgen in der Regel zwei Konsonanten (tz und ck sind Sonderformen dieser Regel).	
Wörter in Bausteine gliedern	(besonders wichtig zur Entwicklung von Rechtschreibmustern!) — Wortzusammensetzung — Flexionen (Wortstamm + Endung) — Wortableitungen (Präfix, Suffix)	
Wörter in Silben trennen		
Regeln zur Großschreibung beachten	— Satzanfang — Nomen (bes. Wortendungen mit -heit/ -keit/ -ung) — Anredepronomen in Briefen	
Satzzeichen setzen	— Satzschlußzeichen — wörtliche Rede mit vor- und nach gestelltem Beisatz	
nachschlagen Rechtschreibfehler erkennen und kontrollieren	— Selbst- und Fremdkontrolle — Fehlerkorrektur — individuelle Fehlerkartei	Selbständigkeit

ten Sie deshalb diese Anforderungen zum grundlegenden Ziel Ihres Rechtschreibunterrichts machen. Die Sicherheit in einem Gebrauchswortschatz ist für die Kinder die beste Möglichkeit, zu Erfolgen zu kommen und damit ihren Übungswillen zu stärken, zugleich auch das beste Fundament für die aufbauende Rechtschreibarbeit nach der Grundschule (dies gilt auch dann, wenn das Kind an einen wenig didaktisch nachdenkenden Lehrer gerät).

Bezogen auf Ihren konkreten Unterricht, legen Sie den Schwerpunkt bzw. die Schwerpunkte Ihrer Unterrichtsreihe im Rechtschreiben fest:

— Werden schon eingeführte Grundwortschatzwörter geübt, werden neue aus dem laufenden Unterricht heraus gewonnen, gesammelt, durchgegliedert, in verschiedenen Sinnzusammenhängen angewendet?
— Sollen bestimmte Regelungen erkannt und auf die Schreibweise anderer Wörter angewendet werden?
— Soll die Selbständigkeit der Kinder erweitert werden durch Nachschlagübungen, Selbst- und Fremdkontrolle, Fehlerkorrektur für die Kinder?

Differenzierter Unterricht beginnt bei der Zielsetzung

In der Regel werden Sie schon bei der konkreten Zielsetzung differenzieren: Rechtschreibschwache Kinder werden auf den zahlenmäßig begrenzten Grundwortschatz hin gefördert (schreiben, durchgliedern, anwenden, übertragen auf gleiche Rechtschreibfälle). Die anderen Kinder schreiben und üben weiteres Wortmaterial, gliedern in Wortbausteine, suchen und bilden analoge Wörter.

Leistungen beobachten und prüfen

Wir wollen die weiteren Schritte an einem Beispiel verdeutlichen.

Beispiel: Das verkehrssichere Fahrrad

Der unterrichtliche Zusammenhang: Im Sachunterricht einer vierten Klasse geht es um das verkehrssichere Fahrrad. Die Kinder bringen Fahrräder mit in die Schule. Die Räder werden auf ihre Teile hin miteinander verglichen, Zeichnungen werden beschriftet, anhand einer „amtlichen Liste“ werden die Teile, die zur Verkehrssicherheit vorgeschrieben sind, gesondert geprüft. An der Seitentafel wird eine Vielzahl von Wörtern gesammelt: „Unsere Fahrräder“.

Grundwortschatz sammeln: Mit den Kindern überlegt die Lehrerin, welche sieben Wörter als „Merkwörter der Woche“ besonders häufig vorkommen und alle Kinder richtig schreiben lernen sollen. Es werden festgelegt: *das Fahrrad, Verkehr, die Sicherheit, die Bremse, die Leuchte, die Klingel, überprüfen.* Diese Merkwörter werden auf eine Tapete geschrieben, die in der Klasse aushängt.

Grundwortschatzwörter durchgliedern: Zum Wort fahren wird die Wortfamilie zusammengestellt, der Wortstamm -fahr- jeweils farbig herausgestellt. Die schwächeren Rechtschreiber lernen und üben die Wortformen: das Fahrrad, die Fahrräder, fahren, ich fahre, er fährt. Sichere Rechtschreiber suchen weitere Wortformen: Vorfahrt, Fahrzeug, Fahrbahn, Fähre . . .; sie probieren alle ihnen bekannte Präfixe aus, ob sie mit den Verb fahren einen Sinn geben und betten sie in Situationen ein, z. B. sich verfahren, etwas umfahren. Dann arbeiten sie ähnlich weiter mit vergleichbaren Rechtschreibfällen: zahlen, zählen, strahlen. . . .

Grundwortschatzwörter anwenden: Die Kinder schreiben täglich ihr „Frühstücksdiktat“ (sieh Peisker 1984): Kurz vor oder nach der Frühstückspause wird ein Satz diktiert, der die Grundwortschatzwörter („Merkwörter der Woche“) verwendet. Die Kinder schreiben den Satz auf, kontrollieren ihn nach einer Tafelanschrift selbst, auftretende Schwierigkeiten werden sofort besprochen. Die Lehrerin sammelt die Hefte ein. Es zählen nur die Fehler, die das Kind nicht selber gefunden hat. Der Erfolg dieser täglichen Übung ist, daß fast jedes Kind null Fehler hat. Im bisher skizzierten Unterricht sind dies die Frühstücksdiktat-Texte einer Woche:

Montag:	Unsere Fahrräder Viele Kinder haben ein Fahrrad.
Dienstag:	Fahrräder müssen verkehrssicher sein.
Mittwoch:	Zur Sicherheit müssen sie zwei Bremsen, eine Leuchte, ein Rücklicht und eine Klingel haben.
Donnerstag:	Am Donnerstag haben wir unsere Fahrräder mit in die Schule gebracht.
Freitag:	Wir haben alle überprüft.

Am Ende der Woche werden alle Sätze als Wochentext diktiert. Im Rahmen der Wochenplanarbeit der nächsten Woche wiederholen schwächere Rechtschreiber die Übungen. Während der so angelegten Arbeit beobachtet die Lehrerin ständig die Leistungen der Kinder: ihre Fähigkeit, Wortformen zu durchgliedern, zu speichern und richtig zu reproduzieren, ihre Fähigkeit, Rechtschreibmuster auf andere Rechtschreibfälle zu übertragen.
Mithilfe der „Frühstücksdiktate", des Wochentextes und anderer schriftlicher Übungen (freies Schreiben, Zusammenstellen von Wortlisten, Wortfeldern, Wortfamilien, Selbstdiktat usw.) prüft sie den Lernstand des Kindes.

Klassendiktat: Wenn Sie so oder ähnlich die Rechtschreibleitungen Ihrer Schüler differenziert fördern, dann bedürfen Sie zur Leistungsbeurteilung des Instruments der Klassendiktate nicht. Soweit sie aber schulrechtlich vorgeschrieben sind, müssen sie auch Klassendiktate schreiben. Ein kleiner Exkurs soll die Bedeutung dieser klassischsten Form aller Leistungsprüfungen relativieren:
Die Diktatpraxis reicht zurück bis ins Mittelalter. Damals war das Diktatschreiben bei vielen Schreibkundigen die tägliche Praxis. Je mehr allerdings Texte vervielfältigt werden konnten, umso kleiner wurde die Zahl der Menschen, die nach Diktat schreiben können mußten. Je mehr in der Schule Gesichtspunkte wie Lernen von Selbständigkeit, Förderung der Kreativität wichtig wurden, umso stärker kamen auch im Rechtschreibunterricht andere Ziele, als nach Diktat zu schreiben, in den Blick: Richtigschreiben beim selbständigen Schreiben (und nicht nach Diktat), Erfassen und Anwenden von rechtschreiblichen Regelungen, Transferlernen und Selbständigkeit (siehe unsere Zielübersicht). Zum geringsten Teil lassen sich diese Aspekte durch Diktatschreiben lernen oder prüfen.

Differenzierte Diktate

Wenn nun schon Klassendiktate geschrieben werden müssen, dann sollten sie wenigstens, so gut es geht, in das Konzept des aufbauenden und differenzierten Unterrichts integriert werden. Dazu einige Hinweise:

[1] Klassendiktate orientieren sich in Wortschatz und Rechtschreibregelungen an dem was im Unterricht gelernt und immer wieder geübt wurde.
„Ungeübte Diktate", die nicht vorher geübte Wortformen, bzw. Rechtschreibfälle beinhalten, verstoßen gegen die pädagogische Binsenweisheit, daß als Leistung nicht verlangt werden kann, was nicht zuvor auch gelernt werden konnte.

[2] Die vor dem Klassendiktat liegenden Übungen werden diffferenziert, dabei liegt der Schwerpunkt bei schwächeren Rechtschreibern auf dem Ausbau des Grundwortschatzes als dem wichtigsten grundlegenden Ziel.

[3] So wie die Übungen differenziert werden und die Anforderungen an die Kinder je nach Leistungsfähigkeit unterschiedlich sind, so muß auch das Klassendiktat differenziert sein, denn es soll
— den rechtschreibschwachen Kindern die für das weitere Lernen so unentbehrliche Könnenserfahrung vermitteln und zugleich
— die rechtschreibstärkeren Kinder nicht unterfordern.

[4] Das differenzierte Diktat muß mit Blick auf die spätere Zensierung so konzipiert werden, daß dieselben grundlegenden Anforderungen an alle und weitere Anforderungen an die leistungstärkeren Kinder gestellt werden.

Vier Varianten

[5] Realisiert werden kann das differenzierte Diktat unterschiedlich. Hier einige Varianten:

[a] Individuelle Übung und Diktierzeit: Der Diktattext liegt in der Klasse aus und kann z. B. während der Wochenplanarbeit oder in Übungsstunden von den Kindern individuell geübt werden. Ein Repertoire an Übungsweisen ist eingeführt:

— Selbstdiktat (Ansehen eines Diktierabschnitts, Abdecken, Aufschreiben, Kontrollieren)
— Partnerdiktat
— Abschrift in Tabellen:
einsilbige, zweisilbige, drei- und mehrsilbige Wörter/bekannte Wortarten/Eintrag in ein ABC-Register
— Wortschatzarbeit:
Wortfelder / Wortfamilien zu gekennzeichneten Wörtern
— Rechtschreibübungen:
Abschrift mit Silbentrennung / Abschrift subjektiv schwieriger Wörter
— Partnerdiktat / Wörter mit zwei/drei Konsonanten in Folge/ alle aus Bausteinen zusammengesetzte Wörter

Die Kinder melden sich, wenn sie das Diktat „beherrschen". Diktiert wird also in kleineren Gruppen, jeweils zu verschiedenen Zeiten. Nach zwei Wochen muß allerdings die Arbeit an dem Text beendet sein.

[b] 90%-Regelung: Als Diktat wird der bereits bekannte Wochentext, auch die Texte von zwei Wochen, die aus den Frühstücksdiktaten entstanden, allen Kindern diktiert. Wer zumindest 90% der Wörter richtig geschrieben hat, erhält wenigstens die Note ausreichend. Wer mit seiner Note nicht zufrieden ist, kann in den folgenden beiden Übungsstunden weitertrainieren. In der dritten Stunde wird das Diktat dann noch einmal geschrieben.

[c] Stufendiktat: Der Diktattext wird gegliedert in einen ersten Teil mit den grundlegenden Anforderungen und in einen zweiten mit erweiterten Anforderungen. Der erste Teil enthält nur die neu eingeführten und die bisher geübten Grundwortschatzwörter, der zweite Teil setzt den ersten mit weiteren Wörtern aus dem Übungsbereich des Unterrichts fort.

[d] Volltext-Lückentext: Rechtschreibschwache Kinder erhalten den zu diktierenden Text als Lückentext. Nur die Grundwortschatzwörter sind als Lücken ausgespart, sie müssen beim Diktieren mitgeschrieben werden. Die anderen Kinder schreiben den gesamten Diktattext.

Diese vier Varianten können auch miteinander zu einer weiteren Variante kombiniert werden. Wichtig ist, daß den Kindern das jeweils gewählte Verfahren vertraut ist.

Wir verdeutlichen die Hinweise nun, indem wir unser Beispiel zum Thema „Unsere Fahrräder" fortführen. Das Klassendiktat zum Thema „Unsere Fahrräder" wurde nach Variante c) als *Stufendiktat* konzipiert. Der Text erwuchs, wie skizziert, aus den Frühstücksdiktaten.

1. Stufe:	der Grundtext als grundlegende Anforderung
2. Stufe:	ein erweiterter Textteil mit weiteren Anforderungen aus dem Unterrichtszusammenhang
dazu:	eine Ergänzungsaufgabe zum freien Aufschreiben (Regel: nur Wörter schreiben, die man mit Sicherheit richtig schreiben kann)

Alle Kinder schreiben den Grundtext. Rechtschreibschwächere Kinder schreiben den erweiterten Textteil nicht mit, sondern wenden sich gleich der Ergänzungsaufgabe zu. Die anderen Kinder schreiben auch den erweiterten Textteil und bearbeiten anschließend die Ergänzungsaufgabe. Welche Anforderungsstufe die Kinder wählen, entscheiden sie mit Beratung der Lehrerin selber.

Grundtext (53 Wörter):

> Unsere Fahrräder
> Nicht alle Kinder in unserer Klasse haben ein Fahrrad. Aber alle Kinder können Fahrrad fahren. Das haben wir auf dem Schulhof geprüft. Fahrräder müssen verkehrssicher sein. Zur Sicherheit müssen sie zwei Bremsen, eine Leuchte, ein Rücklicht und eine Klingel haben. Am Donnerstag haben wir die Fahrräder auch auf ihre Sicherheit geprüft.

Erweiterter Text (28 Wörter):

> Dazu hatten wir eine Liste von der Polizei. Ein Fahrrad hatte keine Speichenstrahler. Bei einem anderen Fahrrad brannte das Rücklicht nicht. Wir haben dann ein neues Birnchen eingeschraubt.

Ergänzungsaufgabe

> Schreibe auf, was dir zum Fahrradfahren alles einfällt! Du kannst auch dazu zeichnen oder malen.

Beispiel: „Die kleine Hexe"

Ein zweites Beispiel: In einer dritten Klasse lasen die Kinder das Buch „Die kleine Hexe" von Otfried Preußler. Dadurch angeregt, erfanden sie selber Kleine-Hexen-Geschichten. In diesem Zusammenhang wurde folgende Grundwortschatzwörter eingeführt: *Hexe (hexen), Jahre, heimlich, kichern,* zusammengesetzte Nomen mit dem Wort Hexe als Modell für ähnliche Wortbildungen: *Hexenhaus, -buch, -spruch, Kunst, -kunststück, -tanz, -ritt, - rat; Wetterhexe, Oberhexe, Sumpfhexe, Windhexe.*

Grundtext (38 Wörter in fünf Frühstücksdiktaten)

> **Die kleine Hexe**
> Die kleine Hexe war erst 127 Jahre alt.
> Sie wohnte mit ihrem Raben in einem kleinen Hexenhaus.
> Aus einem Hexenbuch lernte sie zu hexen.
> Aber nicht immer klappte das Hexenkunststück.
> Sie wollte Regen machen, aber es regnete Buttermilch.

Erweiterter Text (43 Wörter)

> Die großen Hexen trafen sich einmal im Jahr zum Hexentanz.
> Die kleine Hexe durfte noch nicht dabei sein. Aber sie ritt heimlich doch hin. Da wurde sie von den großen Hexen gefangen. Sie mußte ihren Besen abgeben und zu Fuß nach Hause gehen.

Ergänzungsaufgabe

> Was hat die kleine Hexe alles gehext?
> Du kannst auch dazu malen.

Umfang der Diktate

Zum Umfang von Diktaten lassen sich keine verbindlichen Zahlen angeben. Auch eine Konferenz kann dies nicht bindend für das Kollegium tun. Denn die Anzahl der Wörter ist nur *ein* Indiz für den Schwierigkeitsgrad des Textes. Andere sind: Schwierigkeitsgrad der Wörter, Dichte der schwierigen Wörter, Komplexität der Sätze, Inhaltlichkeit, Übungsintensität vor dem Diktatschreiben. Angaben zum Wortumfang können also nur grobe Orientierungswerte darstellen. Unter diesen Einschränkungen geben wir folgende Erfahrungswerte weiter:

Klasse 2: 20 bis 50 Wörter
Klasse 3: 40 bis 80 Wörter
Klasse 4: 60 bis 120 Wörter

Das Diktieren

Beim Schreiben des Klassendiktats muß ein Höchstmaß an konzentrationsfördernder und angstfreier Atmosphäre geschaffen werden. Die Diktierabschnitte und das Diktiertempo müssen dem Fassungsvermögen auch der schwachen Schüler entsprechen. Zwischenrufe darf es nicht geben. Hilfreich ist folgendes Ablaufschema beim Diktieren:

— Sie sprechen den ganzen Satz.
— Sie sprechen den 1. Diktierabschnitt und zählen dabei sichtbar mit den Fingern die Zahl der Wörter mit.
— Die Kinder sprechen den Abschnitt nach und zählen ebenfalls die Wörter mit.
— Die Kinder schreiben.
— Sie wiederholen einmal.
— Ist der ganze Satz geschrieben, so lesen Sie ihn nochmals im Zusammenhang vor.

Leistungen feststellen

Auf Grund Ihres Beobachtens und Prüfens stellen Sie fest, was das Kind geleistet hat. Dabei spielen bei frei geschriebenen Texten die individuelle Leistung, bei vorbereiteten Diktaten die anforderungsbezogene Leistung die größere Rolle.

■ Die individuelle Leistung:

Welche individuelle Leistung liegt den „Fehlern" zu Grunde?

□ Sie überlegen, welche individuelle Rechtschreibstrategie den „Fehlern" des Kindes zugrunde liegen mag. Häufig kommen Falschschreibungen nicht beliebig zustande, sondern stellen individuelle Lösungen bei der Umsetzung von Sprachklang (Diktiersprache) in die Buchstabenschrift dar z. B.:

— Laut-Buchstabe-Zuordnung, die möglich ist, aber der Duden- Norm nicht entspricht: *Nest* wird *Näst, Mauer* wird *Maua, Markt* wird *Makt* geschrieben. Gründe hierfür sind der Umstand, daß für einen Laut mehrere Schreibweisen möglich sind, aber auch regionale Sprechweisen (Dialekte).
— Verallgemeinerung einer Regelung, die im Prinzip sinnvoll ist, hier aber nicht der Duden-Norm entspricht („Übergeneralisierung").

Auch wenn diese Überlegungen nicht hieb- und stichfest beweisbar sind, sondern „nur" plausibel vermutet werden, öffnen sie doch den Blick für die individuelle Leistung des Kindes gerade auch dort, wo es einen anscheinend „objektiven" Maßstab gibt. Zugleich gibt diese Diagnose wertvolle Hinweise auf die weitere gezielte Hilfestellung, z. B.: auditive und visuelle Durchgliederung des Wortes, Bilden von Analogiefällen, Erarbeitung einer Regelung und Anwendung.

Was hat das Kind dazugelernt

□ Sie stellen fest, wieviel das Kind in Hinsicht auf normgerechtes Schreiben dazugelernt hat. Diesen individuellen Lernzuwachs können Sie nur erkennen, wenn Sie die tägliche Rechtsschreibleistung der Kinder verfolgen (z. B. bei den „Frühstücksdiktaten", beim freien Schreiben).

■ *Die anforderungsbezogene Leistung:*

□ Zunächst zweitrangig ist die Leistung in Hinsicht auf die für alle Kinder geltenden Anforderungen. Sie gewinnen mit Beginn der Klasse 3 zunehmend an Bedeutung, bei der Zensierung von Diktaten stellen sie dann den entscheidenden Bezugspunkt dar: Sie stellen fest, welche der Wörter das Kind richtig geschrieben hat und welche nicht.

□ Sie stellen durch Beobachtung fest, wie sich das Kind bei rechtschreiblichen Unsicherheiten hilft:
— durch probeweises Aufschreiben und „innere Kontrolle"
— durch bewußtes Sich-vorsprechen
— durch Anwenden einer bekannten Regelung
— durch Nachsehen in einer Wörterliste, im ABC-Heft, im Wörterbuch
— durch Raten

Wie selbständig ist das Kind bei der Bewältigung eines Rechtschreibproblems?

Nur die letzte dieser Lösungshilfen ist in jedem Falle falsch. Die Kinder sollten ermutigt werden, die anderen Hilfen zu nutzen; im Rechtschreibunterricht zeigen Sie ihnen, in welchen Fällen welche Hilfen am ehesten zu Erfolg führen.

Die Fehlermarkierung

Es ist schon erstaunlich, ein wie großes Beharrungsvermögen Methoden haben, die sich längst als grundfalsch erwiesen haben, und die mit allen erfahrungswissenschaftlichen Erkenntnissen ad absurdum geführt wurden. Dazu gehört das Lesenlehren mit Schreibschriftbuchstaben, und dazu gehört das rote Unterstreichen von Fehlern bei Diktaten. Wird das fehlerhafte Wort auf diese Weise hervorgehoben, dann drängt es sich dem Kind in der Fehlerschreibweise visuell auf. Ziel ist aber doch das Gegenteil: die normgerechte Schreibweise soll sich einprägen. Daneben soll das Kind erfahren, welches Wort es falsch geschrieben hat. Sie können beide Ansprüche miteinander verbinden, und zwar auf verschiedene Weise:

a) das fehlerhaft geschriebene Wort wird gelöscht (überkleben, überstreichen mit Korrekturlack, durchstreichen)
b) das fehlerhaft geschriebene Wort wird handschriftlich korrigiert
c) am Rand wird ein Zeichen dafür notiert, daß sich in der Zeile ein Fehler befindet, den das Kind selber suchen soll.

Die Möglichkeit a) oder b) empfehlen wir bei schwachen, die Möglichkeit c) bei sicheren Rechtschreibern.

Die Berichtigung . . .

Ebenfalls eine widersinnige Praxis ist die Art der Berichtigung, bei der das Kind grundsätzlich jedes Fehlerwort in richtiger Schreibweise einige Male schreiben soll. Wenn ein Kind z. B. statt: „Er saß auf einem Baum" geschrieben hat: „. . . auf einen Baum", dann bringt das dreimalige Schreiben des flektierten Artikels keinerlei Gewinn. Denn die vom Kind verwendete Flexionsform gibt es ja ebenso. Hier liegt tatsächlich ein Grammatikfehler vor, der nur durch genaues Hinhören auf die Lehrersprache oder durch Übung im „richtigen" Fallgebrauch vermieden werden kann. (Wobei die Beurteilung: „richtiger" Fallgebrauch relativiert werden muß: Möglicherweise wird in der Region, in der das Kind aufwächst, in solchen Fällen der Akkusativ verwendet. Dies ist dann in bezug auf die regional geltende Grammatik richtig. Falsch ist der Akkusativ nur vom Standpunkt der Grammatik der Standardsprache aus, d. h. der Sprache der Medien und auch die der Duden-Grammatik.)

. . . mit Hilfe der Fehleranalyse

Einen Übungswert hat eine Berichtigung nur dann, wenn sie das kritische Wort je nach Fehlerart übt. Dazu kommen Sie mit drei Kategorien aus, die an den möglichen Lösungshilfen des Kindes orientiert sind:
— Falschschreibung eines Wortes oder falsches Setzen von Satzzeichen, wobei der Fehler durch das Anwenden einer Rechtschreibregelung vom Kind behoben werden kann,
— Falschschreibung eines Wortes, wobei der Fehler durch die Stellung des Wortes im Satz begründet ist,
— Falschschreibung eines Wortes, wobei der Fehler unabhängig von rechtschreiblichen oder grammatischen Regelungen zustande gekommen ist.

Für die Kinder stellen sich die drei Kategorien und die daraus folgende Art der Berichtigung wie folgt dar:

Fehlerzeichen am Heftrand	Fehlerart	Berichtigung
W	Wortfehler	mehrfaches Schreiben des Wortes, Aufnehmen in eine individuelle Übungskartei, Zusammenstellen der Wortfamilie
S	Satzfehler	Schreiben des ganzen Satzes und Markieren der kritischen Stelle
R	Regelfehler	Richtigstellen und Begründen (evtl. mündlich), Bearbeiten einer Rechtschreibaufgabe zu dieser Regelung Aufschreiben analoger Fälle

Natürlich müssen die Fehlerzeichen, ihre Bedeutung und die Berichtigungsverfahren den Kindern vertraut sein, um sie zu nutzen. Allerdings ist es fraglich, ob einem Kind, das eine Reihe von Fehlern in seinem Diktat hat, mit einer Fülle von Berichtigungsaufgaben gedient ist. Das erhebliche Mehr an Arbeit gegenüber anderen Kinder kann die Motivation gefährden, zudem beeinträchtigt die rasche Folge verschiedener Übungsfälle das Behalten, weil sich die verschiedenen Anliegen überlagern. Wir empfehlen deshalb, bei einer größeren Fehlerzahl nicht alles berichtigen zu lassen, sondern Übungsschwerpunkte zu wählen, die durch das Fehlerzeichen am Rand ausgewiesen sind. Bei schwachen Rechtschreibern können Sie eher zu wenigen Übungsschwerpunkten mehrere Übungen durchführen lassen als zu vielen Schwerpunkten jeweils nur eine oder zwei.

Leistungen beurteilen

Solange keine Zensuren erteilt werden müssen, stellt der Schritt von der Leistungsfeststellung zur -beurteilung keine sonderlichen Probleme dar. Auf Grund Ihrer Langzeitbeobachtung und der Schreibergebnisse können Sie den individuellen Lernfortschritt in bezug auf die Anforderungen resümierend beurteilen:

— Sie können Aussagen darüber machen, inwieweit das Kind persönliche Lernfortschritte gemacht hat, und dies auch mündlich oder schriftlich dem Kind mitteilen („Du hat diesmal mehr Wörter als letztes Mal richtig geschrieben." — „Warst Du diesmal zu aufgeregt? Wir werden gründlich üben, dann ist die Aufregung gar nicht nötig!" — „Du hast vergessen, die Wörter zu verlängern. Hole Dir von mir eine Übungskarte dazu ab!")

— Sie können auch Aussagen darüber machen, inwieweit das Kind die grundlegenden Anforderungen erfüllt hat, wenn Sie ihre Überprüfung darauf abstellen (vgl. unsere Hinweise zu Frühstücks- und differenzierten Diktaten).

Nichts motiviert so sehr wie der Erfolg

Zum pädagogischen Problem wird die Beurteilung, wenn Zensuren erteilt werden müssen. Denn wir wissen: Gute Zensuren machen Kinder noch besser, schlechte Zensuren machen Kinder noch schwächer (vgl. Kapitel 1).

Besonders für Rechtschreibleistungen bei Kindern, denen dieser Bereich schwerer als anderen fällt, und der von sich her wenig motiviert, hängt alles, aber auch alles, davon ab, daß sie erfahren:

— Üben bringt Erfolg.

— Anstrengung lohnt sich.

— Ich kann etwas tun.

In Kapitel 1.7 hatten wir schon auf die verschiedenen Zensierungsmodi hingewiesen, von denen gerade die beiden unpädagogischen Modi Tradition haben und

Beharrung zeigen: der formalistische und der selektierende Modus (siehe Bartnitzky 1980).

Pädagogisch angemessen ist nur ein Modus, der Leistungserfolge bestärkt und leistungsschwächeren Kindern Mut zum Weiterlernen macht, der zugleich nicht an formalen Werten, sondern an den jeweiligen konkreten Anforderungen orientiert ist. In Kapitel 1 haben wir erörtert, daß dies mit Zensuren widerspruchsfrei nicht zu bewältigen ist, sondern daß wir auf Behelfe angewiesen sind. Wir greifen die Überlegungen zu den differenzierten Diktaten wieder auf und schlagen vor:

— Den Anteil der grundlegenden Anforderungen (Lückenwörter, Grundtext o. ä.) bemessen Sie so, daß auch die schwächeren Kinder sie nach der Ihnen möglichen diffferenzierten Unterrichtsarbeit erreichen können.
— Wer die grundlegenden Anforderungen erfüllen kann, erhält befriedigend, wer einige Fehler macht, ausreichend. Wenn Kinder auch die grundlegenden Anforderungen nicht erreichen, obwohl sie nicht lernbehindert sind, dann müssen entweder die individuellen Übungen intensiviert oder die Anforderungen neu überdacht werden.
— Wer über die grundlegenden Anforderungen hinaus erfolgreich gearbeitet hat, erhält gut oder sehr gut. (Hat ein Kind den Langtext geschrieben, aber insgesamt viele Fehler, dann wird nur der Grundtext bewertet.)

Dieser Vorschlag läßt sich in folgendes Schema bringen:

Zensierungsschema für differenzierte Diktate (Stufendiktate)

	grundlegende Anforderungen (Lückenwörter, Grundtext o. ä.)	erweiterte Anforderungen (Langtext)
sehr gut	—	(fast) keine Fehler
gut	—	einige Fehler
befriedigend	(fast keine Fehler)	—
ausreichend	einige Fehler	—

Wenn nun aber ein Kind Ihrer Klasse viele Fehler auch im Grundtext hat, also mit mangelhaft oder ungenügend bewertet werden müßte? Sicher kann ein leistungsmotiviertes Kind auch ein Versagererlebnis verkraften, vielleicht sogar verstärkte Anstrengungsbereitschaft gewinnen; bei einem mißerfolgsängstlichen Kind droht aber eher das Gegenteil einzutreten: es wird deprimiert und gibt sich auf Dauer in diesem Lernbereich auf.

Immer, wenn das Versagen zum Regelfall zu werden droht, müssen Sie über folgende Punkte nachdenken:

— Welche Auswirkungen hat dauerhafter Mißerfolg auf das Kind?
— Sind die Leistungsanforderungen zu hoch?
— Kann die Förderung verstärkt werden?

Konsequenzen können sein: Veränderung der Leistungsanforderungen, zusätzliche Förderung, zeitweiliges befristetes Aussetzen von Zensierung, befristetes Aussetzen beim Mitschreiben von Arbeiten.

Sie erinnern sich, daß wir bei unseren Diktatbeispielen jeweils eine Ergänzungsaufgabe angefügt hatte. Hierzu kann folgende Regel mit den Kindern vereinbart werden: Für jeweils fünf hintereinander richtig geschriebene Wörter bei der Ergänzungsaufgabe wird ein Fehler im Diktat gut gemacht.

Durch diese zusätzliche Regel wird auch beim Klassendiktat das mit beurteilt, was eigentlich Anliegen des Rechtschreiblernens sein muß: das richtige Schreiben *eigener* Texte.

Im Lernbegleitbogen der Klasse können Sie die Arbeiten der Kinder und ihre Ergebnisse notieren. Wir zeigen Ihnen eine Möglichkeit aus der Praxis einer 4. Klasse, in der die Rechtschreibübungen u. a. zum Sachthema „Unsere Fahrräder“ durchgeführt wurden. Wir wählen einen Ausschnitt von zwei Monaten (September—Oktober). Eingetragen wurden

- die Wochentexte, die sich aus den „Frühstücksdiktaten“ zusammensetzen (dabei gelten die rechtschreiblichen Ziele als erreicht, wenn der Text nahezu fehlerfrei geschrieben wurde).
- das Ergebnis des Klassendiktats
- Übungen mit dem Wörterbuch
- Anmerkungen zu: Fehlerschwerpunkten, Arbeit mit der Rechtschreibkartei, rechtschreibliche Sicherheit bei eigenen Texten.

Ausführlichere unterrichtspraktische Hinweise finden sich in: Bartnitzky/Fluck/Gräser/Kretschmer 1984.

4b Rechtschreiben
Sept. / Okt.

x = Ziele erreicht
o = Unsicherheiten
– = Ziele nicht erreicht
F = zusätzl. Förderung

	18.9. Wochentext Fahrrad 1	25.9. Wochentext Fahrrad 2	29.9. Klassendiktat Fahrrad	2.10. Wörterbuch	9.10. Wörterbuch	16.10. Wochentext Supermarkt 1	23.10. Wochentext Supermarkt 2				Bemerkungen
Sascha	x	o F	3	o	x	– x	x				Kartei: 4, 5, 17, 20 F: GWS-Wörter, zusges. Nomen
Natalie	x	x	2	x	x	x	x				eigenes Wörterbuch zum Thema: Märchen (Selbstkontr.)

5.4 Lernbereich: Mathematik

Seit dem Ende der 60er Jahre hat der Mathematikunterricht in der Grundschule seine Aufgaben und Methoden wesentlich erweitert. Zuvor ging es vor allem darum, die Grundrechenarten als Grundlagen für das „bürgerliche Rechnen“ in der Volksschuloberstufe zu vermitteln. Diese Grundfertigkeiten sind zwar weiterhin wichtige Aufgaben auch des Mathematikunterrichts, doch stehen sie im Dienste der Denkentwicklung der Kinder und der Erschließung ihrer Lebenswelt durch die Kinder. Wie dieses Grundprinzip in einem umwelt- und sacherschließenden Mathematikunterricht verwirklicht werden kann, zeigt Winter an vielen Beispielen unter dem Stichwort Sachrechnen (Winter 1985). In einem solchen Mathematikunterricht sind vor allem drei Aufgaben wichtig:

[1] Die Kinder sollen ihre Lebenswelt besser durchschauen lernen und in ihr handlungsfähiger werden. Dazu hilft ihnen auch, wenn sie ihre Lebenswelt auf mathematische Strukturen hin untersuchen, arithmetische Zusammenhänge und geometrische Erscheinungen erkennen. Sie verwenden und üben dabei auch grundlegende Rechenfertigkeiten wie Zählen, Messen, Schätzen, Vergleichen, Rechnen.

[2] Die Kinder sollen kreativ auch mathematische Probleme erkennen und Lösungen suchen, Regeln und Gesetzmäßigkeiten entdecken, Erkanntes auf Neues übertragen.

[3] Die Kinder sollen argumentieren lernen, indem sie Aussagen begründen, überprüfen, verteidigen und gegebenenfalls auch revidieren.

Das Beherrschen der Grundrechenfertigkeiten, des kleinen 1 x 1, der Umgang mit Größen und einfache geometrische Kenntnisse sind für einen solchen Unterricht notwendiges Handwerkszeug, das auch schwächere Kinder als Voraussetzung für weiteres Lernen beherrschen müssen. Über den aktuellen fachdidaktischen Stand informiert WINTER 1987.

Leistungsanforderungen definieren

In den Lehrplänen für die Grundschule sind die Leistungsanforderungen im Mathematikunterricht konkreter formuliert, als dies in der Regel bei den anderen Lernbereichen der Fall ist. Deshalb sparen wir uns hier die Zusammenstellung der Ziele. Allerdings müssen in der konkreten Unterrichtsituation die Ziele in dreifacher Hinsicht differenziert werden: in bezug auf die Operationsstufe, auf die Zielstufe und auf den inhaltlichen Schwierigkeitsgrad.

[1] Operationsstufen:

Auf welcher Operationsstufe soll das Ziel erreicht werden?

Operationsstufe 1: auf einer handelnden Ebene, also mit Materialumgang

Operationsstufe 2: auf einer bildhaften Ebene, also mit bildhaften Dar- und Vorstellungshilfen

Operationsstufe 3: auf einer symbolischen Ebene, also ohne Anschauung, allein mit mathematischen Zeichen, bzw. durch Sprache

Grundschulkinder müssen bei jeder Operation nacheinander auf den drei Stufen arbeiten — die eine ist Voraussetzung für das Bewältigen der nächsten. Nur ist bei den Kindern sehr verschieden, wie ausgedehnt und intensiv jedes einzelne auf den Stufen 1 und 2 lernen muß, um mit Einsicht in sein Tun auf der symbolischen Ebene zu arbeiten. Häufig greifen Kinder auch als Lernhilfe auf eine vorliegende Stufe zurück, z. B. um sich mit einer Skizze einen Sachverhalt klarer zu machen.

[2] Zielstufen:

Auf welcher Zielstufe ist das Ziel angesiedelt?

Wir greifen hier die Stufen auf, die wir in Kap. 5.1. vorgestellt hatten:

Zielstufe 1: Anwenden einer Kenntnis, einer Fertigkeit bei bekannten Aufgabenstellungen

Zielstufe 2: Anwenden der Kenntnis, der Fertigkeit bei neuen Aufgabenstellungen

Zielstufe 3: Erkennen und Anwenden von Zusammenhängen, von Regeln

Zielstufe 4: Eigenständiges Entdecken von Problemen, Entwerfen von Lösungswegen, Erproben von Lösungen

[3] Inhaltlicher Schwierigkeitsgrad:

Welchen inhaltlichen Schwierigkeitsgrad haben die Aufgaben? Unterschiede im inhaltlichen Schwierigkeitsgrad können in den Zahlenverhältnissen liegen (z. B. kleinere, einfachere Zahlen gegen größere Zahlen), im Umfang der Aufgaben (z. B. unterschiedliche Zahl der Summanden, der Faktoren) oder im Sachverhalt (einfacher und komplexer, geschlossener oder offener). Beispiel:

In Klasse 3 geht es um die Fertigkeit des schriftlichen Addierens im Hunderterraum mit Zehnerüberschreitung. Folgende Schwierigkeitsgrade sind denkbar:

a) Addition von zwei Zahlen oder Addition von mindestens 3 Zahlen,
b) Zehnerüberschreitung an einer Stelle oder an zwei Stellen.

Das einfachste Niveau wäre: Zwei Zahlen im Hunderterraum mit einer Zehnerüberschreitung schriftlich addieren.
Das schwierigste Niveau: Mehrere Zahlen im Hunderterraum mit zwei Zehnerüberschreitungen schriftlich addieren.

Im Mathematikunterricht müssen Sie festlegen, welches untere Anforderungsniveau für alle Kinder „Ihrer“ Klasse als grundlegend gelten kann. Dabei müssen Sie an drei Kategorien denken: an die Operationsstufe, die Zielstufe und den inhaltlichen Schwierigkeitsgrad. Wenn Sie dies festgelegt haben, dann bereitet es keine Schwierigkeit mehr, für leistungsstärkere Kinder auch anspruchsvollere Aufgaben im selben Zielzusammenhang zu finden.

Leistungen beobachten und prüfen

Sie werden zunächst und vor allem durch ihre tägliche Beobachtung der Kinder deren Leistung beobachten, um sie gezielt fördern und beraten zu können. Dabei werden sie auch feststellen, auf welcher Operationsstufe das einzelne Kind arbeiten kann, welche Zielstufe es bei diesen Aufgaben bewältigt, welcher inhaltliche Schwierigkeitsgrad für das Kind angemessen ist. Wir verweisen hier auf das Kap. 4.3, in dem wir auf Verfahren der Beobachtung von Verhalten näher eingegangen sind.

Wollen sie die Fähigkeiten der Kinder an Hand schriftlicher Aufgaben überprüfen, dann bietet auch hierzu die tägliche Arbeit mit den Aufgaben des Lehrwerks und den von Ihnen erstellten Aufgaben eine Fülle von Situationen und von Material an. Einige typische differenzierte Aufgabenstellungen zeigen wir im Folgenden. (Wir haben sie den Kopiervorlagen entnommen aus MANTHEY u. a. 1986).

Aufgaben und Operationsstufen 1 und 2

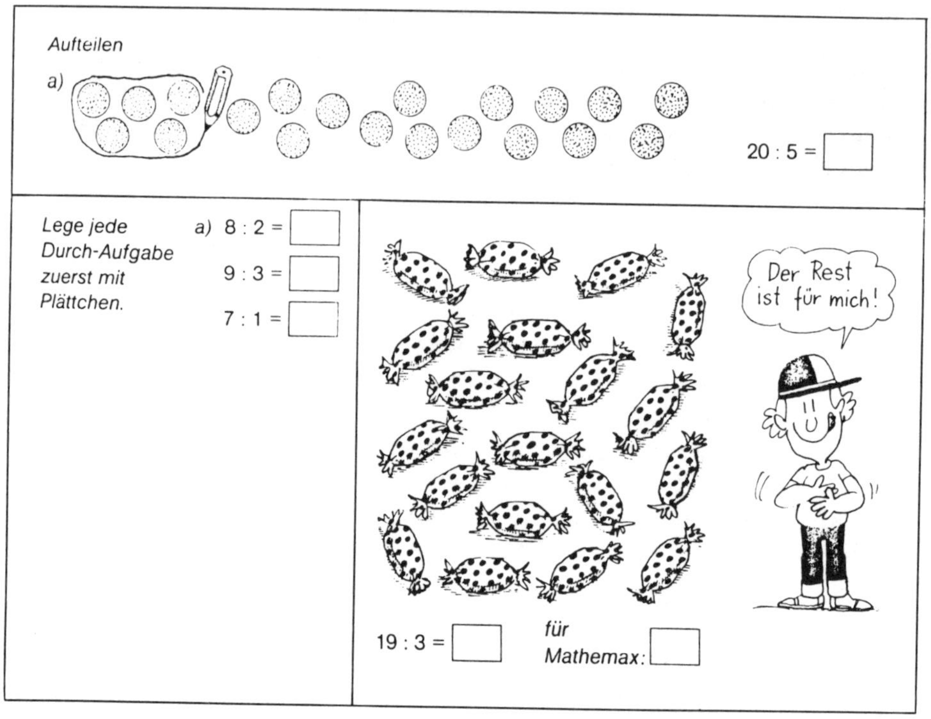

Aufgaben in verschiedenen Schwierigkeitsgraden
ZIEL:
Beherrschung des 1 x 1
(Klasse 2)
Grundanforderungen

3 · 2 · 3 = ☐

5 · 2 · 8 = ☐

4 · 2 · 9 = ☐

•	2	6	3	5
4				
8				
9				
7				

Weitere Anforderungen

· 6 →

3	
	36
	48
5	
9	

· 4 →

	16
8	
	20
7	
	36

•		4		10
3			24	
				70
		20		
9	54			

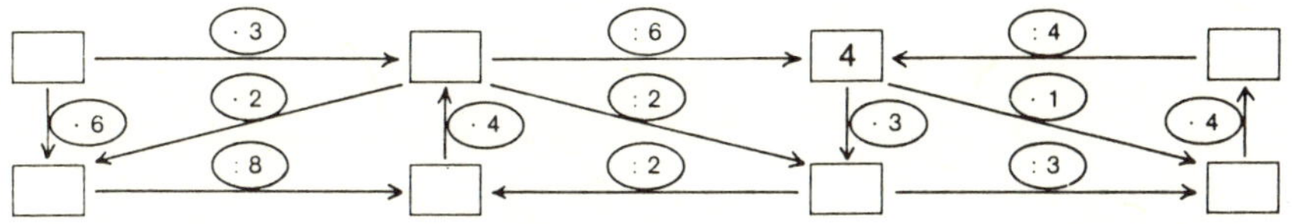

ZIEL:
Beherrschung des kleinen 1 x 1 (Teilaufgaben)
Grundanforderungen

In der Gärtnerei.

a) *Gärtner Graber setzt 32 Salatpflänzchen in 4 Reihen. Wieviel Pflanzen kommen in eine Reihe?*

b) *Er pflanzt 18 Kirschbäume, immer 3 Bäume in eine Reihe. Wie viele Reihen werden es?*

Weitere Anforderungen

c) *Herr Graber will 24 Apfelbäume in Reihen pflanzen. Es gibt viele Möglichkeiten. Male die Bäumchen in dein Heft. Schreibe die Mal-Aufgaben auf.*

d) *18 Tomatenpflanzen werden in Reihen gesetzt. Es gibt wieder mehrere Möglichkeiten. Schreibe die Mal-Aufgaben auf. Schreibe zu jeder Mal-Aufgabe auch die Umkehraufgabe auf.*

ZIEL:
Beherrschung des 1 x 1
(Klasse 3)
Grundanforderungen

Suche in den Zahlenkästen Einmaleinszahlen.
Zeichne die Tabellen in dein Heft und trage die Einmaleinszahlen ein.

4	18	20		10
	24	16	5	
14	8	12	9	7

Reihe	Einmaleinszahlen
mit 2	
mit 4	
mit 8	

Weitere Anforderungen

Male zu jeder Zahl passende Felder. Färbe alle Felder der Primzahlen mit der gleichen Farbe aus: 7, 12, 15, 9, 3, 11, 18, 8, 2

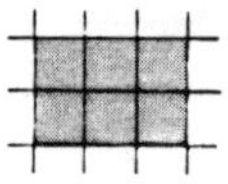

$6 = 2 \cdot 3$

Suche aus dem Zahlenkasten alle Primzahlen und alle Quadratzahlen heraus.
Zeichne die Tabelle in dein Heft und trage die Zahlen ein.

2	81	16	3	11	
49	4	32	25	9	13
45	7	18	5	20	

Primzahlen	2, . . .
Quadratzahlen	4, . . .

ZIEL:
Bewältigung
kombinierter Aufgaben —
Mal- und Additions-/
Substraktionsaufgabe
Grundanforderungen

$2 \cdot 8 + 5 = \square$
$3 \cdot 7 + 4 = \square$
$6 \cdot 4 + 3 = \square$

$9 \cdot 5 - 4 = \square$
$6 \cdot 8 - 7 = \square$
$6 \cdot 7 - 5 = \square$

In der Klasse 3c stehen
5 Vierertische.
4 Vierertische sind besetzt.
An einem Tisch sitzen
3 Kinder.

Familie Sommer ist im Urlaub.
Sommers wollten 3 Wochen
bleiben.
Sie fahren 3 Tage früher
nach Hause.

Weitere Anforderungen

Bilde Aufgaben und löse sie.

a	b	c	$a \cdot b + c$	$a \cdot b - c$	$b \cdot c + a$	$b \cdot c - a$
7	6	8				
3	5	9				
2	6	8				

Bei der Konzipierung von Mathematikarbeiten haben Sie es leichter als etwa bei Klassendiktaten. Da das Diktieren entfällt, können Sie den Kindern je nach Leistungsfähigkeiten zum selben allgemeinen Ziel unterschiedliche Aufgabenblätter mit verschiedenem Schwierigkeitsgrad geben; auch können Sie die Arbeiten zu verschiedenen Zeitpunkten schreiben lassen. Da Sie wissen, welches Anforderungsniveau das grundlegende ist, können Sie feststellen, ob die Kinder die grundlegenden Anforderungen bewältigen und inwieweit sie auch weitere (komplexere) Aufgabenstellungen schaffen.

Die Gestaltung der Mathematikarbeiten

Zur Gestaltung von Mathematikarbeiten geben wir folgende Hinweise:

1. Orientieren Sie sich an den Aufgaben und Aufgabenstellungen, die auch im Unterricht bearbeitet wurden. Sie sollten zudem nicht ein Sammelsurium von Aufgabenpäckchen und Sachbereichen aneinanderreihen, sondern die Aufgaben aus einem Sachbereich heraus entwickeln. Die Arbeit muß insgesamt ganz in der Spur des üblichen Unterrichts liegen.

2. Bei der Auswahl der Aufgaben achten Sie darauf, daß die zu ermittelnden Teilleistungen auch tatsächlich in getrennten Aufgaben überprüft werden. (z. B. werden bei Additionen im Bereich bis 100 Aufgaben ohne Zehnerüberschreitung von Aufgaben mit Zehnerüberschreitung solange getrennt, wie dies für die Kinder noch unterschiedliche Anforderungen darstellen.)

3. Die Aufgaben werden im ansteigenden Schwierigkeitsgrad angeordnet. Bei einem gemeinsamen Arbeitsblatt für alle stehen im 1. Teil die Aufgaben, die den grundlegenden Anforderungen entsprechen, im 2. Teil die Aufgaben mit weiteren Zielen. Der Teil grundlegender Anforderungen sollte etwa 2/3 des Umfangs ausmachen.

4. Den Umfang der Arbeit berechnen Sie so, daß auch langsame Rechner die schwierigen Aufgaben bearbeiten können. Als Arbeitszeit kann gelten: 15—20 Minuten in Klasse 1 bis zu 40 Minuten in Klasse 4.

Leistungen feststellen und beurteilen

Bei der Durchsicht der Arbeiten werden Sie den richtig gelösten Aufgaben bestimmte Punkte zuordnen. Dabei können die Aufgaben unterschiedliche Punktzahlen erhalten, je nach der Zahl der Vollzüge, die der Aufgabenlösung zugrunde liegen. Jede Teilleistung erhält dann einen Punkt. Die Gesamtpunktzahl sollten Sie bei *einer* Arbeit für alle so festlegen, daß bei den grundlegenden Aufgaben etwa 2/3 der möglichen Punkte vergeben werden.

Besondere Lösungswege und überraschende Leistungen würdigen Sie durch einen Kurzkommentar, falsche Lösungsansätze verbessern Sie und schreiben möglicherweise einen verbalen Hinweis hinzu: „Hier hast du die Klammer nicht beachtet . . .“

Lernbegleitbogen: Klassenarbeit Klasse 3

Um eine Übersicht zu erhalten, welche Aufgaben von wie vielen Kindern richtig gelöst wurden, können Sie die Punktzahlen in einem Lernbegleitbogen eintragen. Aus einer solchen Matrix können Sie wichtige Hinweise für den weiteren Unterricht und die möglichen und notwendigen Fördermaßnahmen für einzelne Kinder entnehmen. Aufgaben aus dem Bereich grundlegender Anforderungen, die nur von wenigen Kindern richtig gelöst wurden, müssen aus der Beurteilung herausgenommen werden. Neben den Punktwerten würdigen Sie die individuellen Lernanstrengungen des Kindes durch einen schriftlichen Kommentar, auch durch mündliche Hinweise.

Mathematik Klasse 3 Klassenarbeit 13. Februar Zehnereinmaleins (grundleg. Anforderungen: 30 P. Höchstpunktzahl: 45 P)	grundlegende Anf.					weitere Ziele					Ergebnis	
	5 P.	5 P.	6 P.	4 P.	10 P.	5 P.	5 P.	5 P.				
Janine	5	4	4	4	10	1	–	–			28 P	3
Bärbel	5	5	6	2	10	5	4	3			40 P	2
Stefan	5	4	4	2	8	–	–	–			25 P	4

Wenn Zensuren erteilt werden müssen, dann hilft uns wieder die Unterscheidung von grundlegenden und weiteren Zielen. Wir erinnern: 2/3 der Arbeit umfaßt den Bereich grundlegender Anforderungen. Wir können nunmehr, analog zu den diffferenzierten Diktaten, wie folgt bewerten:

Zensierungsschema für differenzierte Mathematikarbeiten

	grundlegende Anforderungen (1. Teil: 2/3 der Aufg.)	grundlegende und weitere Anforderungen (alle Aufgaben)
sehr gut	—	(fast) alles richtig
gut	—	einige Fehler
befriedigend	(fast) alles richtig	—
ausreichend	einige Fehler	—

oder:

sehr gut	(fast) alle erreichbaren Punkte
gut	mehr als 2/3 der Punkte
befriedigend	etwa 2/3 der Punkte
ausreichend	etwas weniger als 2/3 der Punkte

Man wird nicht ausschließen können, daß Kinder auch erheblich hinter den grundlegenden Anforderungen zurückbleiben, also mangelhaft erhalten müßten. Hierzu verweisen wir auf unsere Überlegungen zur Zensierung von Diktaten auf S. 101.

Wenn Sie an die Kinder je nach Leistungsfähigkeit unterschiedliche Arbeitsbogen ausgeben, dann müssen Sie dies beachten:

— Den Aufgaben müssen identische grundlegende Ziele zugrunde liegen, weil die Zensierungsauflage die Vergleichbarkeit voraussetzt.
— Wer die grundlegenden Ziele erreicht hat, erhält mindestens die Note befriedigend — bei Erreichen weiterer Ziele also gut oder sehr gut.
— Wer die grundlegenden Ziele mit einigen Abstrichen bewältigt, erhält die Note ausreichend.

Für Ihre eigenen Unterlagen können Sie wiederum Lernbegleitbögen verwenden. Wir zeigen einen Bogen aus der zensurenfreien Zeit (Ende Klasse 1), in dem die grundlegenden Ziele notiert sind.

Wer sich über die Entwicklung von Aufgabenstellungen zu verschiedenen Zielen des Mathematikunterrichts weiter informieren möchte, findet viele Hinweise in: Bobrowski/Wuschansky 1983.

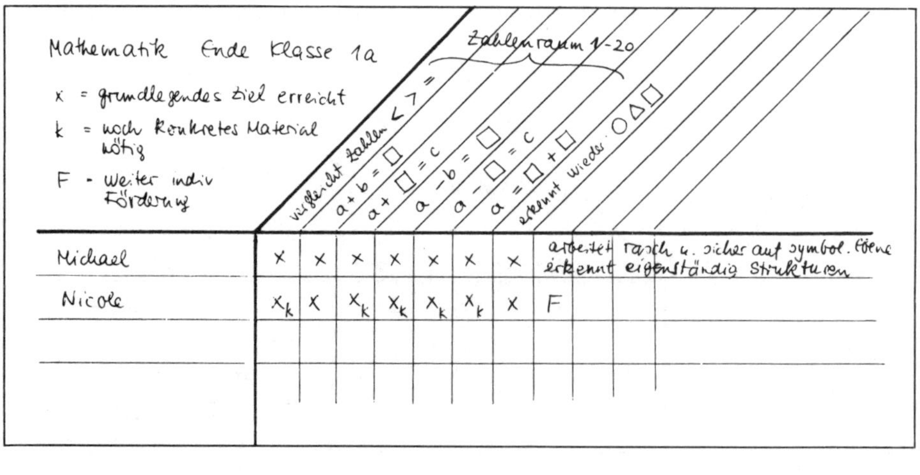

5.5 Lernbereich: Schriftlicher Sprachgebrauch/Aufsatz

Wichtigstes Anliegen in diesem Bereich ist, die Freude der Kinder zu stärken, ihre neu erworbenen Schreibfähigkeiten zu nutzen und auszubauen. Schreibmotive hierzu sind:

— zwischen Schreiber und Leser eine Beziehung herstellen: Briefe schreiben, Vereinbarungen festhalten, einladen („Schreiben für uns"),
— andere unterhalten, anregen, etwas zu tun oder über etwas nachzudenken, informieren („Schreiben für andere/an andere"),
— Erlebnisse verarbeiten, sich über etwas klarer werden, Arbeits-, Denk- und Merkhilfen formulieren und festhalten („Schreiben für mich").

Diese Schreibmotive sind in bezug auf die Funktion des Textes zugleich Schreibziele. Um sie zu erreichen, müssen die Kinder aus einer zum Schreiben anregenden Situation heraus die Hinweise entwickeln, die ihr Schreiben leiten:

☐ *Für wen* will ich *was warum* schreiben?
☐ *Mit welchen Mitteln* kann ich mein Ziel am besten erreichen?

Auf solche Weise lernen die Kinder, bewußter mit der Sprache umzugehen. Der Prozeß, nämlich die Arbeit am Text, ist für das Lernen bedeutsamer als das Ergebnis. Für die Kinder allerdings ist in der Regel das Ergebnis das Wichtigste, für das sich die Anstrengungen lohnen müssen. Weitere didaktische Ausführungen in Bartnitzky 1987, vielfältige Anregungen finden sich in Valtin/Naegele 1986.

Leistungsanforderungen definieren

Die Entwicklung der Fähigkeiten zum eigenen Schreiben läßt sich nicht in eine eindeutige, nicht umkehrbare Reihenfolge bringen. Selbst die Textsorten sind nicht in einer Stufung: vom Leichten zum Schweren anzuordnen. Sie müssen deshalb selbst in eigener Verantwortung über den methodischen Weg und die Anforderungen entscheiden. Beides muß in der Spur der Anforderungen stehen, die etwa für das Ende der Grundschulzeit als grundlegend fixiert werden können.
Es ist nicht möglich, konkrete Ziele für das Ende der Grundschulzeit verbindlich zu formulieren, derart etwa:
Die Kinder schreiben eine Spielanweisung für ein selbstentwickeltes Spiel, nach der die Spieler ohne Mißverständnisse und Unklarheiten spielen können.
Denn wer will schon behaupten, es müßte unbedingt dieser Schreibanlaß sein und nicht etwa Rezepte, Wanderwegbeschreibungen, Bastelanleitungen, die ähnliche Fähigkeiten entwickeln, oder aber noch ganz andere, weitaus unähnlichere.
Deshalb werden hier zum einen nur grundlegende Ziele für das Ende der Grundschulzeit vorgeschlagen. Und deshalb werden zum anderen diese Ziele relativ abstrakt formuliert sein (und so auch für die weiteren Schulstufen gelten können). Durch beispielhafte Schreibanlässe sollen sie in unserem Vorschlag lediglich auf einige Möglichkeiten ihrer Realisierung in der Grundschule hin konkretisiert werden (siehe Tabelle S. 110).

Schreibhinweise leiten das Verfassen von Texten

Bedingung: konkrete Schreibhinweise unterschiedlich strikt einlösbar:

— Bei Schreibgelegenheiten zu mehr standardisierten Textsorten können die Anfertigungshinweise oft bis ins Detail konkret erarbeitet werden, ihre Erfüllung ist dann Punkt für Punkt überprüfbar (Beispiele: Einladungsschreiben, Annonce, Spielanweisung, Karteikarte für die Schülerbücherei).
— Bei Schreibgelegenheiten mit inhaltlich und formal mehr offenen Textproduktionen müssen die Anfertigungshinweise allgemeiner gehalten werden, ihre Beachtung kann dann nur eingeschätzt werden (Beispiele: Fantasiegeschichten, Meinungsäußerungen).

Drei unterschiedliche Beispiele mögen diese Überlegungen veranschaulichen.

Übersicht der Ziele
im
Schriftlichen Sprachgebrauch

Schriftlicher Sprachgebrauch

Die allgemeinen Fähigkeiten

1 Die Kinder ermitteln aus einer Schreibsituation die für das Schreiben des Textes bedeutsamen Gesichtspunkte (z. B.: Intention, Adressat, Schreibstrategie, Übermittlungsform).
Sie wissen dann:
- für wen sie schreiben
- über was sie schreiben
- warum sie schreiben
- mit welchen grafischen und sprachlichen Mitteln der Text gestaltet werden muß, um das Schreibziel zu erreichen

2 Die Kinder verfassen den Text und versuchen, die Schreibhinweise zu beachten.

3 Die Kinder beurteilen den Text auf die Verwirklichung der Schreibhinweise hin;
sie überarbeiten ihn gegebenenfalls.

Ihre Konkretisierung

Die allgemeinen Fähigkeiten werden konkret entwickelt in bezug auf die folgenden Intentionen und Schreibanlässe:

schriftliches Sprachhandeln mit der überwiegenden Intention, Leser zu . . .	beispielhafte Schreibanlässe in der Grundschule
informieren über Gegenstände und Personen über Vorgänge und Sachverhalte über Probleme	Merkzettel, Notizen zum Selbstgebrauch Postkarten und Briefe an Verwandte, Bekannte, andere Klassen, an Institutionen und Firmen aufgrund konkreter Anlässe Spielanweisung für selbst entwickelte Spiele Fragebogen im Rahmen von Erkundungsprojekten eigene Meinung über Probleme, über Ereignisse, über Sachverhalte, Personen
zum Handeln anregen, zu etwas verpflichten in Form kooperativer Kontaktaufnahme in Form der Beeinflussung	Einladungen Werbungen Argumentationen Verbesserungsvorschläge an die Klasse, an Lehrer, Stadtverwaltung Kritik
erzählen um für sich selber zu fabulieren um Leser anregend zu unterhalten	eigene Geschichten für Vorlesekreis, für Geschichtenmappe aufgrund von Bild, Bilderfolge, Reizwörtern, reizvoller Situation, reizvoller Figuren, eigener Erlebnisse unterhaltende Texte unterschiedlicher Art für Schülerzeitung, Klassenmagazin

Typ A:
Standardisierte Texte

Aufgaben mit konkreten Schreibhinweisen

Beispiel: Bitte um eine Spende

An einer Grundschule wurde ein Schulfest vorbereitet. Die Klasse 4b übernahm die Aufgabe, die Firmen im Umkreis anzuschreiben mit der Bitte, für die Tombola zu spenden. An Schreibhinweisen wurde mit der Klasse erarbeitet:

1. Der Empfänger muß erfahren
   — den Absender (Briefkopf)
   — die Kontonummer (Briefkopf oder am Ende des Briefes herausgehoben)
   — Begründung, wozu er eine Geld- oder Sachspende geben soll
2. Der Brief muß höflich geschrieben sein:
   — höfliche Anrede
   — Bitte
   — Gruß am Ende
3. Der Brief muß angenehm zu lesen sein:
   — übersichtliche Aufteilung des Blattes
   — Sonntagsschrift

Tyb B:
Gebundene Texte

Beispiel: Bildergeschichten

In einer 3. Klasse wurde an Hand verschiedener Bilderfolgen geübt, so zu erzählen, daß die Geschichte auch ohne Bilder verständlich ist. Durch Rollenspiele lernten die Kinder, Dialoge zu verwenden. Als Schreibweise wurden mit den Kindern im Laufe des Unterrichts erarbeitet:

1. Ich schreibe die Geschichte so, daß der Leser sie ohne Bilder verstehen kann. Dabei erzähle ich auch, wo die Geschichte spielt. Den Personen gebe ich Namen.
2. Ich schreibe, wie die Personen sich miteinander unterhalten (wie sie miteinander sprechen, wie sie schimpfen, was sie rufen).

Typ C:
Offene Texte

Aufgaben mit offeneren Schreibhinweisen

In einer 3. Klasse wurden „unglaubliche Geschichten" zum gemeinsamen Erzähl- und Zuhörspaß erfunden und erzählt, schließlich auch für ein Buch mit „unglaublichen Geschichten" aufgeschrieben, das in die Leseecke der Klasse eingestellt werden sollte. Den Erzählern war jeweils eine Situation vorgegeben worden und sie erzählten teils spontan, teils überlegt (z. B.: Ich wurde plötzlich unsichtbar. / Ich konnte auf einmal fliegen. / Vor mir stand ein grünes Monster).

Als Schreibhinweise wurden allmählich erarbeitet:

1. Ich spinne den unglaublichen Anfang weiter zu einer Geschichte.
2. Die ganze Geschichte ist unglaublich.
3. Die Geschichte hat einen Schluß, bei dem der Leser erfährt, was nun weiter geschieht.
4. Ich finde eine Überschrift, die für meine Geschichte paßt und die neugierig macht.

Der Begriff „Geschichte" wurde dadurch im Unterricht konkretisiert, daß die Zuhörer den Erzähler nach Einzelheiten ausfragten. Nach dieser Vorarbeit wurde der Klassenausatz geschrieben: „Heute morgen nahm ich wieder meine Verkleinerungspillen." Die Schüler mußten jetzt selbständig die Kriterien für die „unglaublichen Geschichten" auf diesen Fall anwenden.

Typ D:
Freie Texte

Zu Texten dieses Typs, ihren Zielen und den Möglichkeiten ihrer Beurteilung geben wir in Kapitel 6 „Wochenplan und Freie Arbeit“ Anregungen und Hinweise.

Leistungen beobachten und prüfen

Die Erarbeitung der Texte schließt eine große Palette von Aktivitäten ein: mündliches Erproben, Sammeln von Textideen, von sprachlichen Mitteln, Verwenden solcher Schreibhilfen, Vorlesen von Entwürfen, Rechtschreibkorrekturen und anderes mehr. Hierbei beobachten Sie die Fähigkeiten der einzelnen Kinder,

— den Text zu planen: Schreibhinweise entwickeln, Textideen haben, sprachliche Mittel finden und im Gespräch gewichten, den Text mündlich probeweise entwerfen
— den Text aufzuschreiben: Schreibhinweise beachten, Textideen geschickt aussuchen und ausgestalten, sprachliche Mittel integrieren
— den Text zu überarbeiten: Den eigenen Text und Texte anderer auf Grund der Schreibhinweise beurteilen, Anregungen zur Verbesserung der Texte geben und nutzen, den eigenen Text verbessern: im mündlichen Entwurf, in der schriftlichen Fassung.

Differenzierter Aufsatz —
Beispiel: Bildergeschichte

Sie werden wohl in jeder Klasse erhebliche Unterschiede in den Fähigkeiten der Kinder feststellen und entsprechend gezielte Hilfen geben müssen. Dabei konkretisiert sich, bis auf welches Anforderungsniveau die leistungsschwächeren Kinder zu fördern sind. Dies ist dann das Niveau grundlegender Anforderung. Daneben wird auch deutlich, welche weiteren Ziele leistungsstärkere Kinder erreichen können.
Dies soll an einem unserer Beispiele verdeutlicht werden, nämlich den Bildergeschichten. Die allgemeinen Schreibhinweise sind:

für wen schreiben:	z. B. für ein eigenes Heft „Meine Geschichten“ (mit Bilderfolgen, eigenen Comics und Geschichten nach Bilderfolgen)
über was schreiben:	Bilderfolge
warum schreiben:	eigene Geschichte über ein spaßiges Ereignis mit Hilfe der Bilderfolge (bei realen Schreibanlässen fallen Adressierung und Begründung natürlich leichter, doch läßt sich der Unterricht im Schriftlichen Sprachgebrauch nicht auf reale Schreibanlässe begrenzen)
mit welchen Mitteln schreiben:	so ausführliche Darstellung, daß die Geschichte ohne Bilder zu verstehen ist Verwendung von Dialogen / „wörtlicher Rede“

Bei den leistungsschwächeren Kindern kristallisieren sich als besondere Unterrichtsschwerpunkte heraus:

[1] Die Handlung muß verständlich sein, d. h. Ort, Personen, Handlungsfolge werden versprachlicht, dabei werden die Erzähllücken zwischen den Bildern geschlossen.

[2] Was die Personen miteinander sprechen, wird als wörtliche Rede miterzählt.

Diese Schwerpunkte werden an verschiedenen Bilderfolgen mit den schwächeren Kindern immer wieder geübt:

— zur Bilderfolge wird im Kreis erzählt,
— einzelne Szenen werden dialogisch erspielt,
— bei jeder Bilderfolge werden Ort und Personen benannt und notiert
— die Geschichte wird als „mündlicher Aufsatz" probeweise erzählt, auch im kleinen Kreis, wobei sich die Kinder ablösen,
— am Schluß wird gefragt? „Wissen wir nun, wie die Geschichte ausgegangen ist?"
  Ein Schluß wird gefunden und miterzählt.

Diese Arbeitsschwerpunkte füllen die Arbeit mit den schwächeren Kindern aus, durch ein größeres Maß an Anforderungen würden sie überfordert — der Erfolg in den genannten Schwerpunkten wäre dann in Frage gestellt. Auch hier gilt die Alltagsweisheit: Weniger ist mehr.
Weitere Ziele, so wünschenswert sie auch sind, werden für diese Kinder zunächst noch ausgeklammert; das sind Ziele wie

— zur inhaltlichen Gestaltung: inhaltliche Ausgestaltung des in den Bildern nur skizzierten Ereigniszusammenhangs, besonders auch der Ereignisse zwischen den Bildern;
— zum Textaufbau: Eröffnung, die den Leser sofort in die Geschichte hineinführt, Aufbau eines Spannungsbogens, überraschende Wende;
— zu den sprachlichen Mitteln: Verwendung variantenreicher Sprache, z. B. Vermeidung von „Und dann" — Satzanfängen, keine Abweichung von der grammatischen Standardnorm:
— zu den formalen Mitteln: Absetzen der Überschrift, Gliederung in Abschnitte.

Diese Ziele können, je nach Leistungsfähigkeit ausgewählt, weitere Übungsschwerpunkte der leistungsstärkeren Kinder sein. Kinder aus sprachlich gefördertem Elternhaus werden einige dieser Ansprüche schon „von Hause aus" erfüllen, z. B. den nach der grammatischen Standardnorm, anderen Zielen werden sie nach wenigen Hinweisen entsprechen können, z. B. dem nach Vermeidung des stereotypen Satzanfangs.
Schwächere Kinder müssen Sie zunächst intensiver anleiten. Allmählich können sie aber auch selbständiger mit Hilfe von einigen Hinweisen schreiben. Leistungsstärkere Kinder können schon früher selbständiger arbeiten: Entwürfe werden besprochen, schriftliche Hinweise halten fest, in welcher Hinsicht die Entwürfe überarbeitet werden sollen. Während im Unterricht die einen Kinder schreiben und zeichnen (eigene Bilderfolgen, Illustrationen zur Geschichte, Comics), arbeiten Sie mit den anderen an den Texten.
In einem solcherart differenzierten Unterricht, in dem Sie auch den Leistungsstand und die Leistungsmöglichkeiten der Kinder beobachten und feststellen, brauchten Sie gar nicht die verordnete Form von Klassenaufsätzen, um die Leistungen zu beurteilen. Da sie aber vorgeschrieben ist, schließen wir einige Hinweise an.

Differenzierte Schreibhinweise

Wie bei den differenzierten Klassendiktaten und Mathematikarbeiten müssen Sie auch bei Klassenaufsätzen die Anforderungen differenzieren. Auch hier kann das Problem so gelöst werden, daß ein einheitlicher Maßstab auf der Ebene der grundlegenden Anforderungen möglich ist, was ja die Zensierungsauflage vorschreibt.
Die Kinder erhalten, nachdem sie an mehreren Bilderfolgen, wie bisher beschrieben, geübt haben, eine neue Bilderfolge mit den schon bekannten Schreibhinweisen:

> Ich erzähle eine Bildergeschichte.
> Dabei kommt vor,
> — was man auf den Bildern sieht,
> — was zwischen den Bildern geschieht,
> — wie die Geschichte ausgeht.
> Ich gebe den Personen Namen und lasse sie miteinander sprechen.

Dies sind die grundlegenden Anforderungen. Leistungsstärkere Kinder, die auf weitere Anforderungen hin geübt haben, werden sie beim Verfassen des Textes auch beachten, gegebenenfalls erhalten sie einen zusätzlichen Hinweis. Wenn Sie sich das Beurteilungsmodell der differenzierten Klassendiktate und Mathematikarbeiten vor Augen führen, werden Sie unseren Zensierungsvorschlag schon ahnen. Doch dazu später mehr.

Leistungen feststellen und beurteilen
Ohne die Auflage, Zensuren erteilen zu müssen, können die Kindertexte mit Hilfe der Schreibhinweise individuell gewürdigt und beurteilt werden: Sie geben dem Kind als Leser Rückmeldungen und ermutigen es zum weiteren Schreiben.
Wenn Sie Kindertexte zensieren müssen, dann werden Sie dies möglicherweise als besondere Zumutung empfinden: abgesehen von der Zensierungsproblematik überhaupt, sollen nun Leistungen in einem Bereich zensiert werden, zu dem die Kinder in der Grundschule überhaupt erst den Zugang gewinnen, in dem alles darauf ankommt, Motivationen aufzubauen und zu stärken: dem Schriftsprachbereich. Hinzu kommt, daß anders als beim Rechtschreiben oder bei den Aufgaben im Mathematikunterricht Kinderaufsätze selten nach richtig oder falsch klassifiziert werden können.

Auf der Suche nach „Kriterien zur Beurteilung von Aufsätzen“: *so nicht . . .*

Aus dieser Verlegenheit wollen Kataloge von „Kriterien zur Beurteilung von Aufsätzen“ heraushelfen, die in der Handreichungsliteratur vorgestellt werden. Ein Beispiel (Wagner 1984, S. 25 ff.): Bei der „Textsorte“ Erlebniserzählung werden folgende Kriterien aufgestellt und mit Punkten gewichtet:

Inhalt:

a) Liegt eine Gestaltungseinheit vor? Keine Sprünge? Folgerichtiger Handlungsablauf?	2 Punkte
b) Ist eine lebendige Darstellung gegeben?	2 Punkte
c) Liegt eine Steigerung der Spannung vor? Wird allmählich zum Höhepunkt hingeführt?	2 Punkte
d) Sind Beobachtungen genau und differenziert wiedergegeben? Vollständige Darstellung, Angaben über Personen, Ort und Zeit?	2 Punkte
e) Werden eigene Gedanken und evtl. Gefühle wiedergegeben?	2 Punkte
	10 Punkte

Gestaltung:

a) Hat der Schreiber eine spannungsweckende Überschrift gewählt?	1 Punkt
b) Hat der Schreiber treffende Verben und farbige Adjektive verwendet?	2 Punkte
c) Finden wir wechselnden und richtigen Satzbau sowie Satzgefüge?	1 Punkt
d) Sind unterschiedliche Satzanfänge benutzt worden?	1 Punkt
e) Wird wörtliche Rede eingesetzt?	1 Punkt
f) Belebt der Schreiber seine Erzählung mit Fragen und Ausrufen?	1 Punkt
g) Ist ein Spannungsbogen erkennbar?	2 Punkte
h) Ist die Zeit eingehalten oder gezielt gewechselt worden?	1 Punkt
	10 Punkte

Mitgeliefert wird eine Tabelle, an der sich ablesen läßt, mit welcher Punktzahl ein Kind welche Zensur bekommt:

Gesamtpunktzahl = 20

20—18 Punkte = sehr gut	11—8 Punkte = ausreichend
17—15 Punkte = gut	7—5 Punkte = mangelhaft
14—12 Punkte = befriedigend	4—0 Punkte = ungenügend

Ein solcher Beurteilungsvorschlag ist aus drei Gründen pädagogisch und didaktisch nicht vertretbar:

■ Er legt bei jedem Aufsatz das ganze Spektrum von Beurteilungskriterien an, obwohl die Kinder doch erst lernen müssen, solchen Kriterien zu entsprechen. Dadurch werden von vornherein die Kinder begünstigt, die „von Hause" aus ohnehin die für ihre Sprachentwicklung günstigeren Möglichkeiten mitbringen, z. B. ein größeres Repertoire an sprachlichen Mitteln, Distanzfähigkeit zur Sprachverwendung und Bewußtheit im Sprachgebrauch, Fähigkeit, Gedanken und Gefühle zu verbalisieren. Leistungsstarke Kinder werden mithin weiter bestärkt, die leistungsschwächeren aber entmutigt.

■ Die Kriterien selbst sind fragwürdig, weil sie sich an einer normativen Aufsatzdidaktik orientieren, die fachdidaktisch überholt ist (nähere Ausführungen hierzu in Bartnitzky 1987). Warum z. B. sollen in einer Erlebniserzählung nicht Sprünge vorkommen, wie sie als Stilmittel in der modernen Literatur gang und gäbe sind? Warum soll jede Erlebniserzählung den Spannungsbogen von Einleitung über Spannungssteigerung zum Höhepunkt und der schließlichen Lösung haben, wo sich in gelungenen Tagebucherzählungen, in Kurzgeschichten usw. auch andere Strukturen finden lassen? Oder: Was ist unter einer „lebendigen" Darstellung zu verstehen (und gehörte dieses Kriterium nicht in die Gestaltungskategorie)?

■ Durch das vorgegebene Punkteraster wird die Zensurengebung formalistisch festgelegt. Dadurch geben die Lehrer/innen, die hiernach arbeiten, ihre Verantwortung für die konkrete Unterrichtssituation auf. Sie nämlich gebietet, die jeweilige Leistungsfähigkeit der Kinder, ihre bisherige Lernentwicklung, die aktuellen unterrichtlichen Akzente bei der Beurteilung mit in Rechnung zu nehmen. Sogenannte „allgemeingültige Kriterien", um Kindertexte zu beurteilen, sind zumindest für den Bereich der Grundschule weder fach- noch kindgerecht. Wir müssen hier deshalb einen anderen Weg suchen.

. . . aber so: Die Schreibhinweise der Kinder sind die Kriterien zur Beurteilung

In den ersten Abschnitten dieses Kapitels beschrieben wir, wie sich die Schreibhinweise in ihrer konkreten Form erst in derArbeit mit den Kindern herauskristallisieren. Die Aspekte, unter denen Kinder ihre Texte schreiben, müssen nun auch die Aspekte sein, unter denen die Ergebnisse beurteilt werden — d. h.: die konkreten Schreibhinweise sind auch die Kriterien für die Feststellung und Beurteilung der Leistungen. Damit können wir zur Frage der Kriterien festhalten:

☐ Die Verlegenheit vieler Lehrerinnen und Lehrer, Kriterien zur Beurteilung von Aufsätzen an die Hand zu bekommen, ist Ergebnis eines Irrweges. Es geht gar nicht um allgemeingültige Kriterien, sondern um konkrete, aus der Unterrichtssituation erwachsende. Die Schreibhinweise, die das Üben, Verfassen und Überarbeiten leiten, sind zugleich die Kriterien zur Beurteilung der Ergebnisse.

☐ Die Leistungen der Kinder werden nur daran gemessen, was sie im Unterricht auch tatsächlich lernen konnten. Und dies ist bei den verschiedenen Kindern in der Regel eben unterschiedlich.

- ☐ Die Beurteilungskriterien fallen für die Kinder nicht „vom Himmel", sondern sind ihnen bereits beim Aufsetzen vertraut. Sie haben damit die Möglichkeit, zu Erfolgen zu kommen, und lernen, die eigenen Leistungen zu objektivieren. Dies wiederum ist ein entscheidender Entwicklungsschritt in der Leistungserziehung der Kinder.

Bei der kritischen Durchsicht der Kindertexte stellen Sie fest, in wieweit das Kind die Schreibhinweise beachtet hat. Solange dies Texte außerhalb des Falles Klassenaufsatz sind, und Sie wollen den Text überarbeiten lassen, gibt es zwei Möglichkeiten:

■ *Lehrerhilfe:* Sie überlegen, wie das Kind den Schreibhinweisen besser entsprechen kann. Sie notieren für das Kind eine entsprechende Aufgabe dazu („Man erfährt gar nicht, was beim Unfall der Uschi zugestoßen ist. Schreibe das doch bitte noch dazu!"), oder Sie fügen einen Hinweis an („Du fängst Deine Sätze oft mit „Und dann" an, zähle es mal nach. Komm doch in der Übungsstunde zu mir. Wir überlegen dann, wie Du das vermeiden kannst."), oder Sie bieten für eine stilistisch schwache Stelle einige sprachliche Alternativen an. Diese Hilfen (Aufgabe, Hinweis, Alternativen) können Sie dem Kind natürlich auch im Gespräch vermitteln. Dies ist eine Frage der Geübtheit der Kinder und Ihrer Unterrichtsorganisation.

■ *Kinderhilfe:* Sie besprechen den Text in einer Gruppe auf dem Hintergrund der Schreibhinweise. Jede Kritik muß begründet sein. Hilfen und Alternativen werden in der Gruppe entwickelt.
Wichtig ist, daß dem Kind nur so viele Anregungen zur Überarbeitung angeboten werden, wie es auch motiviert bewältigen kann. Aufsätze sind komplexe Leistungen. Allzu leicht kann man der Gefahr erliegen, alles, was überarbeitenswert erscheint, als Kritik mitzuteilen. Das ist häufig zu viel aufgebürdet, macht mutlos und akzentuiert nicht das, was vordringlich geübt werden muß. Auch für die notwendige Beschränkung geben die Schreibhinweise/Kriterien entscheidende Hilfe.

Überarbeiten auch bei Klassenaufsätzen

Bei Klassenaufsätzen kann ebenso verfahren werden. Dann allerdings sollte auch die überarbeitete Fassung beurteilt werden. Didaktisch ist die Beurteilung, also auch die Zensierung von zwei Fassungen sinnvoll, weil das Überarbeiten selbst ja ein wichtiges Ziel im Schriftlichen Sprachgebrauch ist. Der Beurteilungsablauf sieht dann wie folgt aus:

- Im einführenden und übenden Unterricht konkretisieren Sie mit den Kindern die Schreibhinweise.
- Die Kinder schreiben einen Entwurf (erste Fassung) des Klassenaufsatzes.
- Sie beurteilen/zensieren den Text mit Hilfe der Kriterien (Schreibhinweise).
- Sie korrigieren die Rechtschreibfehler und formulieren unter dem Gesichtspunkt der Schreibhinweise Aufgaben, Hinweise, bzw. Alternativen zur Überarbeitung.
- Das Kind erhält den korrigierten, zensierten Text mit den Anregungen zurück und überarbeitet den Text.
- Sie beurteilen/zensieren die überarbeitete Fassung und begründen Ihr Urteil in einem Kommentar an das Kind, der sich auf die Schreibhinweise und die Überarbeitung bezieht.

Die Freude am Schreiben darf auch durch die Zensierung nicht zerstört werden

So sehr die Zensierungsauflage überhaupt von Übel ist, beim Schreiben eigener Texte der Kinder ist sie dies in besonderer Weise. Für viele Kinder ist die Motivation zum Aufschreiben nur schmal, angesichts der neueren Medien und des weiteren Verlustes an Bedeutung, die das eigene Schreiben in der Umwelt der Kinder

hat, wird die Motivationsbasis nur noch schmaler. (Wir sollten übrigens dennoch am Schriftlichen Sprachgebrauch festhalten, weil er hohe Bedeutung für die sprachlich-geistige Entwicklung der Kinder hat.)
Zudem wirkt sich gerade beim Aufsatzschreiben in besonderer Weise aus, welches sprachliche Kapital die Kinder von Hause her mitbekommen. Man denke nur an die Diskrepanz zwischen vielen ausländischen Kindern und deutschen Kindern aus der sozialen Mittelschicht. Was für die einen trotz intensivster Förderung nie erreichbar ist, fällt den anderen nahezu in den Schoß.
Dennoch müssen Sie zur Zeit auch in der Grundschule Aufsätze zensieren. Die strikte Orientierung an Schreibhinweisen auch bei der Zensierung mildert die negativen Effekte, weil Aufsatzschreiben dadurch zumindest im grundlegenden Bereich lernbar ist, und Kinder auch hierbei die Erfahrung machen können, daß sich Anstrengung lohnt. Das Unrecht und die Gefahr pädagogisch negativer Wirkung schafft aber auch dieser Weg nicht aus der Welt.
Umso wichtiger ist, daß Sie bei der Zensierung alles daran setzen, den Schreibwillen, mehr noch die Schreibfreude der Kinder zu stärken und nicht durch schlechte Zensuren aufs Spiel zu setzen.
Anders als bei Diktaten ist bei Aufsätzen wenig auszählbar. Sie müssen in der Regel einschätzen, inwieweit die Kriterien erfüllt sind. Dabei entsprechen die grundlegenden Anforderungen, d. h. die Beachtung der Schreibhinweise für alle, der Note befriedigend.
Werden weitere Ziele erreicht, kann die Note gut oder sehr gut erteilt werden.
Durch das Training in der Erarbeitung und Beachtung von Schreibhinweisen gerade auch mit den Möglichkeiten innerer Differenzierung muß angestrebt werden, daß alle Kinder zumindest befriedigende Zensuren erhalten können.

Beispiel: *Brief mit der Bitte um eine Tombolaspende*
Wenn die in der Klasse erarbeiteten Schreibhinweise beachtet wurden, dann erhielt das Kind zumindest die Note befriedigend. Hatte es darüberhinaus eigene, neue, aber adressatengerechte Ideen eingebracht, z. B. eine originelle Form der Bitten, den Hinweis auf die erfolgreiche Tombola im Vorjahr, Ausschmückung des Briefes . . ., dann wurden die Noten gut oder sehr gut erteilt.

Beispiel: *Unglaubliche Geschichten*
Wurden die in der Klasse allmählich erarbeiteten Schreibhinweise beachtet, dann erhielt das Kind zumindest die Note befriedigend. Hatte es darüberhinaus von der gegebenen Anfangsidee (Verkleinerungspillen) mit originellen Einfällen weitererzählt, einen überraschenden Schluß gefunden, die Geschehnisse für den Leser anschaulich ausgestaltet, dann wurden die Noten gut oder sehr gut erteilt.

Zensierungsschema für differenzierte Klassenaufsätze

	grundlegende Anforderungen (Schreibhinweise für alle)	erweiterte Anforderungen (dazu weitere Ziele)
sehr gut	erfüllt	in besonderem Maße erreicht
gut	erfüllt	erreicht
befriedigend	erfüllt	—
ausreichend	im großen ganzen erfüllt	—

Eine Zensur unterhalb von ausreichend dürfte bei Aufsätzen nicht vorkommen müssen; wir verweisen hier auch auf unsere Ausführungen zur Zensierung von Diktaten auf S. 91. Weitere Anregungen, Plädoyer und Beispiele für einen kindgerechten die Schreibfreude stärkenden Umgang mit Kindertexten, einschließlich ihrer Beurteilung finden sich bei Sennlaub 1980.

5.6 Lernbereich: Sachunterricht

Der Lernbereich Sachunterricht löste in den 70er Jahren den heimatkundlichen Teil des ganzheitlichen Anschauungsunterrichts, bzw. der Heimatkunde ab. Bereits in der Zeit dieses Umbruchs lag eine Reihe unterschiedlicher Konzeptionen vor, die teilweise einen radikalen Gegenschlag führten zum Gesamtunterricht, der mehr auf volkstümliche Heimatbezogenheit bedacht war. Der zentrale Begriff „der ersten Stunde" war die „Wissenschaftsorientierung". Im Laufe der weiteren Diskussion wurde zunehmend mehr bewußt, daß radikale Konzeptionen, die einen spezialisierten fachsystematischen Unterricht entwickelten, an den Möglichkeiten der Kinder vorbeikonzipiert waren, daß sie zudem keinen Beitrag zum pädagogischen Auftrag der Grundschule leisteten, nämlich dem der Umwelterschließung.

Der Begriff der „Kindgemäßheit" wurde deshalb als notwendige Ergänzung zu dem der „Wissenschaftsorientierung" (wieder) eingeführt. Mehr offene Konzeptionen, die bewußt auch die Mitplanung und die ganzheitliche Inanspruchnahme der Kinder einbeziehen, treten in den Blick der Diskussion. Sachunterricht ist, heutigem Verständnis nach, ein umweltbezogener, in Epochen gegliederter und projektorientierter Unterricht, häufig mit Verschränkungen zum Deutschunterricht.

Leistungsanforderungen definieren

Wenn wir versuchen, die für einen solchen Sachunterricht grundlegenden Anforderungen für die Grundschule festzulegen, dann stoßen wir auf zwei Grenzen:

1. Konkrete (unverzichtbare) Inhalte sind nicht generell zu fixieren, weil sie von den konkreten Vorerfahrungen der jeweiligen Kinder und den realen Umweltbezügen des jeweiligen Standorts der Schule abhängen.

   Z. B.: Klasse 3:
   - das Schulgelände vermessen, maßstabgerecht kartograpahieren (1:100) und im Modell nachbauen
   - die verschiedenen Rollenträger im Betrieb Schule bei der Arbeit beobachten (einschließlich Unterrichtshospitationen) und nach ihren Aufgaben, nach persönlichen Meinungen befragen
   - das aktuelle Wetter mit Hilfe entsprechender Instrumente und Verfahren bestimmen (Temperaturen, Niederschläge, Windrichtung und -stärke, Bewölkung) und in Symbolen aufschreiben
   - einen Schulgarten anlegen, die jahreszeitlich bedingten Arbeiten durchführen und einen „Gartenkalender" führen
   - die Nagel- und Schraubenfabrik besichtigen, die Art der maschinellen Herstellung erkunden und die Beschäftigten nach ihrer Arbeit (Aufgaben, persönliche Meinungen) befragen

   Ein solcher Arbeitsplan muß aber Aufgabe (und Verpflichtung) der einzelnen Schule bleiben und selbst hier vom jeweiligen Lehrer und „seinen" Kindern revidierbar sein.

2. Eine strikte Zuordnung der Ziele zu Klassenstufen ist nicht möglich, weil das Curriculum des Sachunterrichts weitgehend spiralig aufgebaut ist; d. h. wesentliche Ziele (wie: „Fragen so formulieren, daß sie vermutlich durch Versuche zu beantworten sind") sind in allen Klassenstufen aktuell, sie werden nur von Stufe zu Stufe inhaltlich anspruchsvoller.

An dieser Stelle können lediglich für die Grundschulzeit insgesamt grundlegende, vorwiegend instrumentale (pragmatische) Ziele aufgestellt werden. Wir ordnen ihnen Forderungen für die inhaltlichen Entscheidungen zu — sie können Ihnen als Entscheidungshilfen und als Kriterien für vorliegende Pläne dienen.

Gundlegende instrumentelle Ziele des Sachunterrichts

Sachunterricht: Grundschulzeit		
allgemeine grundlegende Anforderungen	grundlegende instrumentale (pragmatische) Ziele	Forderungen an die inhaltlichen Füllungen im Standortplan
1. Umwelterfahrungen der Schüler aufnehmen, klären, ordnen	Erfahrungen versprachlichen: miteinander austauschen, besprechen, klären, ordnen	Themen erwachsen aus Umwelterfahrungen der Schüler in ihrer speziellen/aktuellen Lernumwelt. Schüler bringen ihre Erfahrungsperspektive ein und lernen voneinander.
2. bewußteres Auffassen von Erscheinungen und Vorgängen in der Umwelt durch erste Versuche einer Theoriebildung	Fragen stellen, um Zusammenhänge zu entdecken und damit den Unterricht gemeinsam zu planen: wie funktioniert das? warum ist das so? was nutzt es uns? war das immer so? wie können wir Antworten finden? Antworten finden durch kooperativen handelnden Umgang: vermuten probieren, experimentieren untersuchen betrachten, beobachten nachschlagen, befragen, Informationen einholen messen, wiegen, zählen vergleichen, feststellen entscheiden, bestätigen Antworten darstellen, sprachlich und nichtsprachlich: berichten, beschreiben ankreuzen, ergänzen Bilder zusammenstellen ausschneiden, kleben Material zusammenstellen beschriften, ausstellen Schaubilder zeichnen Modelle kneten, falten, bauen	Themen müssen ermöglichen: — die Vergegenwärtigung der Sachen (real, durch Medien, dabei sind Medien nur Stellvertreter der eigentlichen Zielsache: der Realität) — die gemeinsame Planung der Schüler mit dem Lehrer — den kooperativen handelnden Umgang mit der Sache — das entdeckende Lernen
3. Entfaltung der Wahrnehmungs- und Denkweisen von unterschiedlichen Perspektiven/Aspekten aus	mit grundlegenden fachlichen Begriffen und Kenntnissen arbeiten fachbezogene Denk- und Arbeitsweisen verwenden	Themen werden nicht als Fachinhalte abgehandelt, sondern als Umweltprobleme, zu deren Klärung Denk- und Arbeitsweisen der Fächer herangezogen werden.

Die wesentlichen Ziele des *Sachunterrichts* sind nicht „abtestbar"

Prüfverfahren konzipieren

Eine notwendige Problematisierung vorweg:

Die Eigenart der Leistungsanforderungen im Sachunterricht erschwert die Konzeption aussagekräftiger Prüfverfahren; es ist sogar fraglich, ob wichtige Ziele überhaupt überprüfbar sind.

Dies sei an einigen Beispielen verdeutlicht:

— Bei den wünschenswerten Leistungen handelt es sich oft weniger um abfragbares Wissen, sondern um schwerer zu beurteilende Leistungen wie Neugierverhalten, Fragefähigkeiten und Problemlösefähigkeiten (dadurch müssen generell gezielte Verhaltensbeobachtungen ein stärkeres Gewicht erhalten als testähnliche Arbeiten).

— Viele anzustrebende Leistungen sind sehr langfristig angelegt (z. B. die Entwicklung von Frage- und Problemlösefähigkeiten) und entziehen sich deshalb kurzfristigen Beurteilungen.

— Viele anzustrebenden Leistungen zielen auf außerschulisches Verhalten (z. B. die Verkehrstüchtigkeit, die Konfliktfähigkeit, die generelle Neugierhaltung Umweltphänomenen gegenüber), sie können deshalb unter schulischen Gegebenheiten nur bedingt überprüft werden.

— Viele Leistungen werden im Sachunterricht nicht individuell, sondern in Gruppenprozessen erbracht, unser herrschendes Bewertungssystem ist aber auf individuelle (individualistische) Leistungsbewertung fixiert.

— Die schulische Beurteilungspraxis spielt sich sehr oft auf der Ebene des Verbalisierens und Notierens ab; in dieser Hinsicht weniger befähigte Schüler können sich deshalb hier nur unvollkommen darstellen.

Von diesen Gegebenheiten her ist jede Auflage einer Leistungsbewertung im Sachunterricht, die umfassend das relevante Leistungsverhalten des Kindes würdigen soll, unerfüllbar.

Deshalb ist zu überlegen, wie zumindest erreicht werden kann, kennzeichnende Leistungen des Kindes durch geeignete Prüfverfahren zu ermitteln.

Zielstufen und . . .

Dazu müssen Sie zunächst überlegen, welche Zielstufen Sie überprüfen wollen. Wir erinnern an unsere Zusammenstellung auf S. 69 ff:

Stufe 1: Kenntnisse, Fähigkeiten, die inhaltlich übernommen werden?
Stufe 2: eigenständige Verarbeitung und Anordnung des Gelernten?
Stufe 3: eigenständiger Transfer?
Stufe 4: eigenständige Problematisierung, Problemerarbeitung, Problemlösung, kreatives Handeln?

Da es sehr viel leichter ist, Aufgaben zur ersten Lehrzielstufe zu entwerfen, beschränken sich testähnliche Lernerfolgskontrollen häufig auf diesen Bereich. Dies sollte man sich jeweils bewußt machen, um den Aussagewert der Arbeit richtig einschätzen zu können. Die oberen Lehrzielstufen lassen sich vorwiegend bis ausschließlich nur durch (langfristig angelegte) Beobachtungen erfassen.

. . . Prüfverfahren

Zur Feststellung von Leistungsstand und Leitungsfähigkeit bedarf es also mehrerer sich ergänzender Verfahren:

a) Die Überprüfung durch testähnliche Arbeiten geschieht durch informelle kriteriumbezogene Tests (zu ihrer Konzeption siehe S. 74 ff). Diese Tests können z. B. eingesetzt werden nach der Einführung und Einübung in eine neue Fertigkeit/Teilfähigkeit, die als Hilfswissen für das aktive Lernen der Kinder erforderlich ist, z. B. Benennung der Teile einer Taschenlampe, Umgang mit einer Straßenkarte vom Schulbezirk, Ablesen von Thermometer, zum Abschluß einer Unterrichtsreihe/Unterrichtseinheit/eines Projekts.

Beispiel
eines informellen Tests —
mit gebundenen . . .

(1) * Von welchem Tier stammt unsere Hauskatze ab?

____

(2) * Streiche den falschen Satz durch!

Katzen fühlen sich bei Wärme wohl.

Katzen fühlen sich bei Kälte wohl.

(3) * Kreuze an, was richtig ist!

○ Katzen sind Allesfresser.

○ Katzen sind Fleischfresser.

○ Katzen sind Pflanzenfresser.

(4) * Welches ist das Gebiß der Katze? Kreuze an!

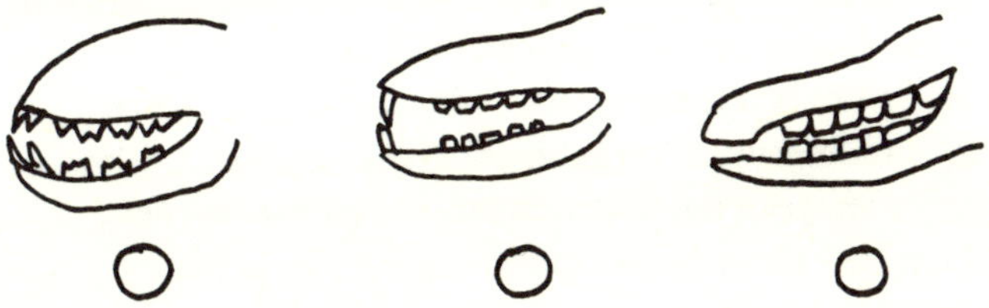

(5) * Zeichne die Pupille der Katze ein!

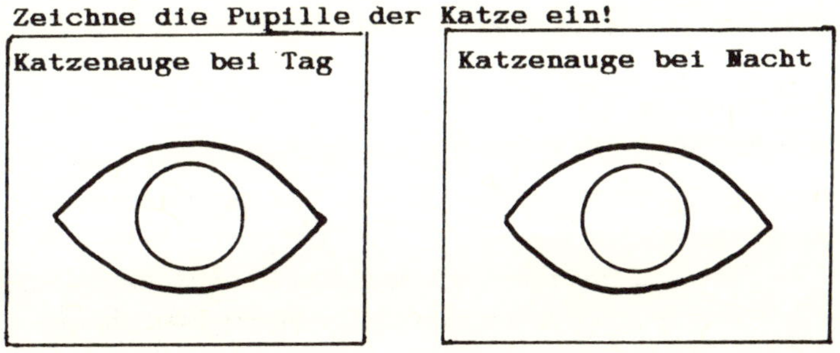

. . . und
freien Antwortmöglichkeiten

(6) * Nenne zwei Tiere, die mit der Katze verwandt sind.

____________________ ____________________

(7) * Was weißt Du von den Krallen der Katze?

____

____

____

„Stillere" Kinder können bei solchen Tests ihr Wissen zeigen. Als Beispiel haben wir einen Test zum Thema „Hauskatze" gewählt, er zeigt auch, wie verschiedene freie und gebundene Antwortmöglichkeiten verwendet werden können (siehe S. 121).

b) Bei ihren Arbeitsergebnissen erfahren Kinder selbst, was sie geleistet haben (eine technische Konstruktion: Brücke, Fahrzeug, Windrad, die Bearbeitung eines Gartenstücks, eine Ausstellung, das Ergebnis einer Langzeituntersuchung). Diese Arbeitsergebnisse werden danach beurteilt, ob sie den erarbeiteten Anforderungen entsprechen.

c) Durch die Beobachtung der Kinder können auch die Arbeitsprozesse erfaßt werden (Lesen von Karten, Umgang mit Material und Werkzeug, handelndes Problemlösen, Bewältigung eines Versuchs).
Da den Prozessen im Sachunterricht besondere Bedeutung zukommt, ist gerade dies das wichtigste Verfahren, um die Leistungsfähigkeit der Kinder einzuschätzen (ausführliche Darstellung auf S. 55 ff).

Leistungen feststellen
Bei der Durchsicht der Tests erhält der Schüler in der Regel für jede richtig gelöste Aufgabe einen Punkt, bei komplexeren Leistungsanforderungen, die im Test nicht durch geeignete Aufgaben zerlegt überprüft werden konnten, werden entsprechend höhere Punktzahlen vergeben.
Die Begutachtung der Arbeitsprodukte sollte der Lehrer gemeinsam mit der Klasse, bzw. einer Schülergruppe vornehmen. Dabei geht es insbesondere darum, inwieweit die zuvor festgelegten Kriterien berücksichtigt wurden.
Z. B.: beim Lehrziel: einen funktionstüchtigen Kran bauen
Steht der Kran fest? Bleibt er stehen, wenn Lasten bis zu einem bestimmten Gewicht hochgezogen werden? Rollt sich das Seil nicht durch den Zug der Last wieder ab?
Zur Beschreibung der beobachteten Verhaltensweise siehe S. 57 ff.

Leistungen beurteilen
Individuelle Beurteilungen können Sie auf unterschiedliche Weise vornehmen:
— die Anstrengungen des einzelnen Kindes, bzw. der Kindergruppe wird mündlich bei der Begutachtung seines/ihres Arbeitsproduktes gewürdigt
— unter den Test wird ein individuell gehaltener Kommentar geschrieben
— in die Arbeitsmappe/Gruppenmappe legen Sie ein Blatt ein mit einer ausführlichen Stellungnahme zur Arbeit und zum Arbeitsergebnis.

(Wenn die Arbeitsergebnisse prinzipiell in Mappen oder Ordnern von den Kindern dokumentiert werden, dann hat dies auch den Vorteil, daß Sie beim Zeugnisschreiben eine anschauliche Grundlage zur Arbeit des oder der Schüler zur Verfügung haben.)

Im Sachunterricht sollten Tests und Arbeiten nicht zensiert werden

Zensuren sollten hierbei prinzipell nicht erteilt werden. Denn: erstens fließen die Ergebnisse von Tests oder die Qualität von Arbeitsprodukten nur begrenzt in die Zeugniszensur ein; Zensuren gäben Kindern und Eltern deshalb ein falsches Bild vom Gewicht dieser Prüfverfahren und würden möglicherweise falsche Erwartungen wecken. Zweitens zwingt keine Vorschrift zur Zensierung dieser Arbeiten; damit können Sie auf die Verwendung dieses zweifelhaften Bewertungsinstruments an dieser Stelle verzichten.

6. „Wochenplan“, „Freie Arbeit“ und Leistungsbeurteilung

In vielen Klassenzimmern und sogar an manchen Grundschulen vollzieht sich in diesen Jahren eine innere Schulreform, wie sie auch nicht annähernd in anderen Schulstufen beobachtbar ist. Getragen wird sie, und auch dies ist in dieser Größenordnung derzeit ohne Parallele, von dem pädagogischen Engagement der Lehrerinnen und Lehrer in der Grundschule selbst,

— weil sie der Heterogenität in der Leistungsfähigkeit der Grundschüler durch einen differenzierten Unterricht entsprechen wollen,
— weil sie den Typ der Lese-, Schreib- und Rechenschule durch den Ausbau der Schule als Lebens- und Erfahrungsraum von Kindern überwinden wollen.

Reformpädagogische Gedanken und Unterrichtsmodelle von Anfang unseres Jahrhunderts wurden und werden dazu wiederentdeckt und zeitgemäß adaptiert. Zwei Stichwörter haben in dieser Entwicklung Signalcharakter bekommen: Wochenplan und Freie Arbeit.

Freie Arbeit und . . .

Gerade die engagierten Praktiker bedrängt dabei die Frage, welche Rolle hierbei die Leistungsbeurteilung spielt, sehen sie doch in der Freien Arbeit die Chance für Kinder und Lehrer, aus traditionellen schulischen Zwängen zeitweise auszuscheren, um frei für neue Erfahrungen zu sein.

☐ Sollen Kinder nun auch noch während offener Unterrichtsphasen, in denen sie Freiräume zur Entdeckung ihrer Möglichkeiten und Interessen erhalten, beobachtet und auf ihr Arbeits- und Sozialverhalten hin beurteilt werden?
☐ Sind Geschichten und andere Texte, die Kinder aus freien Stücken, mit individueller Aufgabenstellung schreiben, als Klassenaufsätze zu beurteilen?
☐ Sind die pädagogische Initiativen und die verordnete Leistungsbeurteilung nicht eigentlich unverträglich, und untergraben nicht Pflicht und Praxis der Leistungsbeurteilung die pädagogischen Bemühungen?

. . . der unpädagogische Leistungsbegriff sind unverträglich

Tatsächlich sind sie unverträglich — nämlich dann, wenn ein unpädagogisches Verständnis von Leistung und Leistungsbeurteilung zugrunde gelegt wird, wie wir es in Kapitel 1.1 skizziert haben. Wir wollen für den Zusammenhang dieser Überlegungen die Merkmale noch einmal zusammenfassen:

— Orientierung am meßbaren Ergebnis, unabhängig davon, wie es zustande gekommen ist. Für die Schule heißt das: Orientierung an Klassenarbeiten und Zeugniszensuren, unabhängig von den Lernbedingungen.
— Orientierung am individuell erbrachten Leistungsprodukt. Für die Schule heißt dies: Vernachlässigung sozialer Lern- und Arbeitsprozesse und Vereinzelung bei der Leistungsüberprüfung.
— Orientierung am Leistungsvergleich, um eine Hierarchie vom sog. „Leistungsträger“ bis zum Versager herzustellen. Für die Schule heißt dies: Rivalisierendes Lernen, Ausnutzen der Zensurenskala, Fehler- und Notenspiegel.

Erziehungswissenschaftlich ist das verheerende Urteil über dieses unpädagogische Leistungsverständnis längst gefällt, das vor allem an Produkten, an Vergleich und Auslese interessiert ist (vgl. Kapitel 1).

Wir haben dann dort auch den pädagogischen Leistungsbegriff entfaltet und ihn in allen weiteren Kapiteln zugrunde gelegt. Seine Kennzeichen sind:

Der pädagogische Leistungsbegriff und . . .

— Orientierung am individuellen Lern- und Entwicklungsprozeß: Unter welchen Bedingungen lernt das Kind? Welche Fortschritte hat es gemacht? Wo hat es Schwierigkeiten, wo liegen seine Stärken? Welche Hilfen braucht es?
— Orientierung an der sozialen Dimension des Lernens und Leistens: Welche Fähigkeiten sozialen Handelns müssen beim Kind weiterentwickelt werden? Wie wirkt sein eigener Beitrag auf die gemeinsame Arbeit und umgekehrt: wie wirkt die gemeinsame Arbeit auf seine individuelle Leistung? Wie läßt sich diese wechselseitige Anregung fördern?
— Orientierung am Grundsatz der Ermutigung: Wie kann das Kind grundlegende Könnenserfahrungen machen? Wie können Lernfreude und Anstrengungsbereitschaft gestärkt werden?

. . . Freie Arbeit gehören zum selben pädagogischen Konzept

Wenn Sie diese Kennzeichen des pädagogischen Leistungsbegriffs auf dem Hintergrund Ihrer pädagogischen Anliegen lesen, die Sie zu Wochenplanunterricht, zu Entwicklungen von Freier Arbeit führ(t)en, dann werden Sie feststellen: die pädagogischen Initiativen zur Veränderung von Unterricht und der pädagogische Leistungsbegriff stammen aus ein und demselben pädagogischen Gedankenkreis. Die pädagogische Leistungsbeurteilung ist mithin kein Fremdkörper in der pädagogisch durchgestalteten Arbeit, sondern einer ihrer wesentlichen Faktoren: Auswahl „gepaßter“ Angebote, Ermutigung und Hilfe zur Eigenaktivität, Würdigung der individuell erbrachten Leistung, Hilfestellung bei der Entwicklung, die eigenen Leistungsfähigkeiten einzuschätzen — dies sind grundlegende Handlungen des Lehrers, die auch erfolgreiche Freie Arbeit mitbedingen.
Reibungen zwischen Leistungsbeurteilung und pädagogischer Arbeit entstehen also nicht erst, wenn Freie Arbeit oder Konzepte von Wochenplanunterricht einbezogen werden, sondern sie sind strukturell gegeben. Sie können nur durch die Abschaffung der Zensuren und die konsequente Realisierung des pädagogischen Leistungsbegriffs überwunden werden. Solange dies nicht Realität ist, müssen pädagogische Wege gefunden werden, wie die Reibungen im Unterrichtsalltag gemindert werden können. Gerade Wochenplanunterricht und Freie Arbeit geben hierzu reichhaltige Chancen. Wir wollen dies an einigen Beispielen verdeutlichen, in denen Überlegungen aus früheren Kapiteln weitergeführt werden:
— an der Beobachtung und Beurteilung von Arbeits- und Sozialverhalten (s. Kap. 4) mit einem Beispiel aus dem Sachunterricht (s. S. 118 ff);
— an der Beobachtung/Prüfung und Beurteilung von Lernfortschritten in den Fachbereichen mit einem Beispiel aus dem Rechtschreibunterricht (s. S. 90 ff) und zwei Beispielen aus dem Bereich Schriftlicher Sprachgebrauch (s. S. 109 ff).

■ *Arbeits- und Sozialverhalten*

Viele *Verhaltensweisen aktivieren Lernens* kommen erst in Phasen freierer Arbeit zum Zuge

Ihre Beobachtung der Kinder während der Freien Arbeit und der selbständigen Arbeit beim Wochenplanunterricht ist unerläßlich, weil Sie erst dadurch einen Ansatz für individuelle Hilfe, für Beratung und Ermutigung finden können. Damit wird Ihre Wahrnehmung für die Kinder erweitert um Beobachtungen von Eigeninitiative, von selbst gewählten, unter Umständen auch unkonventionellen Themen und Kooperationsverhalten. Sie können dann auch aus einem umfassenderen Verständnis von der Leistung des Kindes heraus zu Zensuren kommen, soweit dies schulrechtlich nötig ist.

BEISPIEL: *Sachunterricht*

In einer Klasse 4 wollten einige Kinder auf Anregung des Mathematikunterrichts (ausmessen, Längenmaße) in der Freien Arbeit ein Modell der Schule bauen. Sie überlegten, wie sie vorgehen und welches Material sie wählen sollten. Im Keller der Schule fanden sie dicke Styroporplatten. Da die Schulgebäude Flachdächer hatten, wollten die Kinder die Gebäude kleben. Nachdem dies erst einmal sichergestellt war, gingen die Kinder ans Vermessen.

Die Lehrerin beriet die Kinder, beobachtete ihre eifrige Arbeit, ihre Auseinandersetzung, auch den Streit um die rationellste Methode zum Vermessen des Schulgebäudes. Zeitweilig löste sich ein Junge aus der Gruppe: Er wollte nicht wie die anderen mit dem Metermaß abmessen, sondern genauer mit einem Zollstock von zu Hause. Dieses Meßinstrument fand auch ein Mädchen attraktiver. Nun vermaßen zwei Gruppen in Konkurrenz. Die Ergebnisse wurden verglichen, wo es größere Unterschiede gab, wurde nachgemessen.

Jedes Kind identifizierte sich mit der gemeinsamen Aufgabe, und als zuletzt das Modell fertig war, konnte jedes auch genau erklären, wie es entstanden war und welchen Bezug es zur Realität hatte.

Die Lehrerin notierte zu jedem Kind einige ihrer Beobachtungen und konnte einige Beobachtungen verallgemeinern. Sandra hatte häufiger Schwierigkeiten schon antizipiert und Lösungen vorschlagen; Jens wollte immer gleich alles ausprobieren; Carsten wurde leicht ungeduldig, alles ging ihm zu langsam, aber er war dann doch der erste, der vorschlug, bei unterschiedlichen Ergebnissen eine Kontrollmessung zu machen; Emine, ein türkisches Mädchen, hörte aufmerksam zu, zeichnete Meßstriche, malte sehr genau die Fassaden, sie machte selber keine Vorschläge, konnte aber nachher das Entstehen der Arbeit in einfachen Sätzen erklären. Jedes Kind hatte auf seine Weise zum gemeinsamen Gelingen beigetragen und erfolgreich gearbeitet. Jedes der Kinder hatte bei dieser Arbeit den Anforderungen des Sachunterrichts zumindest „voll“ entsprochen, dies aber ist die Definition für die Note gut.

Übrigens hatten andere Kinder zur selben Zeit an Themen gearbeitet wie: die Zeit der Dinosaurier, Klassenzeitung u. a. Auch diese Kinder wurden beobachtet und beraten; die Lehrerin notierte einzelne Beobachtungen und schätzte die Leistung jedes Kindes ein.

In der Freien Arbeit leisten die Kinder oft mehr als im herkömmlichen Unterricht

Am Endes des Halbjahres zog die Lehrerin für die Zeugniszensur ihre Notizen zu Rate. Einige stammten aus dem gemeinsamen Unterricht mit einem Thema für alle, andere aus der Freien Arbeit. Die Erfolge aller Kinder in der Freien Arbeit waren merklich besser, was ihren Arbeitseifer, was ihre in die Arbeit eingebrachte Leistung und was neu erworbenen Kenntnisse betraf. Das kam dann in der Zeugniszensur so zum Ausdruck, daß kein Kind schlechter als befriedigend erhielt.

■ *Lernfortschritt in den Lernbereichen*

Viele wichtige Fachziele werden eher in Phasen freierer Arbeit erreicht

Viele höher rangigen Ziele in den Lernbereichen wie Selbständigkeit, Problemlösefähigkeit, Kreativität sind eher in freier organisierten Unterrichtsformen zu erreichen als im kleinschritt-erarbeitenden Unterricht. Wochenplanunterricht und Freie Arbeit eröffnen deshalb der Arbeit in allen Lernbereichen vermehrte Möglichkeiten, bedeutsame Ziele anzustreben, die Kinder dabei individuell zu betreuen, zu beraten und letztlich auch fundierter zu beurteilen.

Bei Klassenarbeiten bietet sich die Chance, daß die Kinder nicht mehr frontal sondern zu „ihrer“ Zeit, auch mit „ihren“ Zielen die Arbeit schreiben können. Dies soll mit einigen Beispielen veranschaulicht werden.

Beispiel: *Klassendiktat*

Klassendiktat — jedes Kind schreibt zu *seiner* Zeit

In Kapitel 5.3 haben wir das Konzept differenzierter Klassendiktate entwickelt. Wochenplanunterricht, bzw. Freie Arbeit eröffnen weitere Möglichkeiten, selbst Klassendiktate zu individualisieren:

1. Der Diktattext und Übungen zu rechschreiblichen Schwerpunkten des Textes liegen in der Klasse aus. Im Rahmen ihrer Arbeit nach Plan üben die Kinder auch, den Text zu schreiben (Selbstdiktat, Partnerdiktat) und erledigten zugeordnete Übungen, differenziert in den Schwerpunkten, z. B. üben die rechtschreibschwachen Kinder besonders im Aspekt: Grundwortschatz,die anderen auch an weiteren Anforderungen.
2. Wenn die Kinder nach Beobachtung der Lehrerin und nach eigenem Urteil sicher genug sind, schreiben sie „ihr“ Klassendiktat — rechtschreibschwächere Kinder eine Wörterliste oder den Grundtext, rechtschreibstärkere Kinder den erweiterten Text. Somit schreibt die Klasse nicht zur selben Zeit, sondern zeitversetzt in Gruppen.
3. Auch die Rückgabe der Diktate und die Fehlerkorrekturen erfolgen gruppenweise während der Wochenarbeitsphasen (oder der Freien Arbeit).

Weitere Hinweise hierzu in Bartnitzky/Fluck/Gräser/Kretschmer 1984, bes. S. 41 ff.

Beispiel: *Schriftlicher Sprachgebrauch — Rahmenthema für alle*
Im Schriftlichen Sprachgebrauch sind Ziele wie Versprachlichen von eigenen Erlebnissen, Erfahrungen, Gedanken und Meinungen wichtig, und oft haben wir Schwierigkeiten, hierbei Motivationen und Leserbezug zu finden. Die Ereignisfülle eines Schullandheimaufenthaltes bietet viel Stoff zum Erzählen, Nachdenken, Meinungsäußern. In einem eigenen Fahrtenbuch gesammelt, erhalten sie eine Funktion für den Schreiber (Dokument über für das Schülerleben wichtige Tage) und für andere Leser (vorzeigbares eigenes Buch über den Landheimaufenthalt). Der Herstellungsprozeß gliedert sich in folgende Phasen:

Vorarbeiten in der Jugendherberge: In einer Ausstellungsecke wurde auf Computerpapier von wechselnden Gruppen die „Chronik unserer fünf Tage im Schullandheim“ geschrieben. Täglich wurde eine Schreibstunde eingerichtet, für Ideensammlungen, fürs Briefeschreiben, zur Sammlung von Karten, Prospekten, Eintrittskarten, Klebe- und Beschriftungsarbeiten, für Skizzen und Zeichnungen, auch schon für Vorschriften.

Wochenthema: In der Unterrichtswoche nach dem Aufenthalt wurde am Fahrtenbuch gearbeitet:

Aufsatz — jedes Kind schreibt *seine* Texte

— An jedem Tag war ein Unterrichtsblock dem Fahrtenbuch gewidmet.
— Jeder Text wurde vorgeschrieben und zur Korrektur abgegeben.
— Die korrigierte Vorschrift wurde zurückgegeben mit Hinweisen zur weiteren Bearbeitung.
— Überarbeitete Texte, die in Reinschrift übertragen werden konnten, wurden auf einen DIN A-5-Block geschrieben, Überschriften wurden hervorgehoben, Zeichnungen, Bilder, Eintrittskarten wurden ergänzt.
— Auf einer Wandzeichnung mit allen Namen wurde für jede beschriebene Fahrtenbuchseite beim eigenen Namen ein Kreuz eingetragen.

Grundanforderung: Bis zum Wochenende sind wenigstens sieben Seiten fertig.

Während der Arbeit wurden die Kinder individuell betreut: Kinder, die noch unbeholfen begannen, wurden in einer Ecke gesammelt. Die Lehrerin überlegte mit den Kindern, was jeder am liebsten schreiben würde, und ließ reihum erzählen. Später wurden in Gruppen Vorschriften vorgelesen, die Kinder beraten. Meist übernahmen die Kinder selbst Kritik zu äußern und Ratschläge zu geben. Sprachlich gewandtere Kinder wurden angeregt, schwierigere Texte zu schreiben, z. B. Spielbeschreibungen, die z. T. als Kopie von allen übernommen werden konnten.

Kinder, die rasch fertig waren, erhielten weitere Aufgaben je nach Interesse und Neigung: eine Routenkarte zeichnen, das Heim zeichnen, die Chronik abschreiben, sie verzieren, die Prospekte auswerten. Fertiggestellte Seiten konnten zwischendurch auch von anderen Kindern gelesen werden.

Das fertige Fahrtenbuch: Die für alle gemeinsamen Blätter (Routenbeschreibung, -zeichnungen, Bilder, ein Lied, die Chronik, einige Texte) wurden in Fotokopie jedem Kind gegeben. Jeder stellte nun mit diesen Blättern, seinen eigenen Texten, mit Fotoseiten, Inhaltsverzeichnis und Titelblatt sein eigenes Fahrtenbuch zusammen. Es wurde beim Buchbinder gebunden.

Beurteilung: Das gesamte fertiggestellte Fahrtenbuch wurde als Klassenaufsatz beurteilt. Viele Teilleistungen flossen hier zusammen: das Entwerfen und Überarbeiten von Texten, die Gestaltung mit sprachlichen und graphischen Mitteln usw. Die Motivation war, durch den Projektcharakter und die Schreibatmosphäre in der Klasse besonders hoch. Mindestens befriedigend waren alle Ergebnisse. Hinzu kam ein diesmal besonders ausführlicher Brief an jedes Kind zu seinem Fahrtenbuch, in dem die Lehrerin erläuterte, was sie besonders gelungen und wichtig fand.

Beispiel: *Schriftlicher Sprachgebrauch — freies Thema*
In der Freien Arbeit wird auch gelesen, es werden Geschichten für sich selber oder für ein Geschichtenbuch geschrieben. Zu den Lieblingsbüchern vieler Kinder in einer Klasse gehörten die Pumuckl-Bücher von Ellis Kaut.
Einige Kinder begannen irgendwann, selber Pumuckl-Geschichten zu schreiben. In der Vorleserunde wurden sie zur Freude aller vorgetragen. Andere Kinder wurden angesteckt und dachten sich nun auch Pumuckl-Geschichten aus. In der Vorleserunde wurden sie erzählt, Entwürfe wurden vorgelesen. Die Mitschüler lobten, gaben auch kritische Hinweise: Hier war ein Koboldsgesetz nicht beachtet, dort hätte sich Pumuckl viel mehr aufregen müssen.
Mehrere Kinder wollten nun Pumuckl-Geschichten schreiben. Die Lehrerin überlegte mit ihnen Ideen, Schreibhinweise, erarbeitete anhand von Originaltexten und ersten Kindertexten mit der Gruppe sprachliche Mittel. Die fertiggestellten Texte wurden zu einem neuen Pumuckl-Buch zusammengestellt, das in die Leseecke aufgenommen wurde.

Klassenaufsatz — jedes Kind schreibt *seine* Texte zu *seiner* Zeit

Beurteilung: Jedes Kind konnte eine Geschichte, die ihm gut gelungen war, in sein Klassenarbeitsheft eintragen. Manche Kinder, die sich nicht entscheiden mochten, trugen mehrere Geschichten ein. Kinder, die während dieser Schreibarbeit nicht an Pumuckl-Geschichten geschrieben hatten, trugen natürlich auch keinen Aufsatz ein. Zu anderen Zeitpunkten schrieben Kinder zu Themen wie „Dinosaurier“, „Meine Katze/Mein Hase/Mein Meerschweinchen“, „Wo es auf der Schulstraße am gefährlichsten ist“, „Kleine Kasperstücke“ einen oder mehrere Texte in ihr Klassenarbeitsheft.
Am Ende des Halbjahres hatten die Kinder in ihren Klassenaufsatzheften eine unterschiedliche Anzahl von Aufsätzen, zudem mit unterschiedlichen Themen. Das für den Beurteilungsmaßstab gleiche waren nicht die Themen und Quantitäten, sondern die Anforderungen zum Planen, Schreiben und Überarbeiten von Texten mit bestimmten Schreibabsichten. Die Aufsätze waren z. T. in der Freien Arbeit oder während der Wochenplanarbeit, z. T. auch im Klassenunterricht entstanden. Die Ergebnisse waren alle zufriedenstellend auch angesichts der Mühe, des Eifers und der Bereitschaft, eigene Texte zu überarbeiten. Zwei Kinder mit erheblichen Sprachproblemen und deshalb sehr vereinfachten Leistungsanforderungen erhielten die Note ausreichend, die anderen mindestens befriedigend.

7.
Zeugnisse schreiben

In den vorangegangenen Kapiteln haben wir begründet, warum für das Zeugnisschreiben möglichst viele und möglichst verschiedenartige Informationen zusammengestellt werden müssen und welche Informationen es sind, die Sie benötigen, um die Verhaltensprozesse sowie die Lern- und Leistungsentwicklung eines jeden Schülers möglichst begründet bewerten zu können. Weder sind einzelne Beobachtungen, noch sind wenige Klassenarbeiten oder Arbeitsprodukte von Schülern eine hinreichende Grundlage, um zum Arbeits- und Sozialverhalten bzw. zum Lernfortschritt in den Leistungsbereichen verantwortbare Aussagen zu machen. Deshalb sollten sie, wenn Sie die Zeugnisse schreiben, über die bloße Sammlung von Ergebnissen aus Lernkontrollen und Klassenarbeiten hinaus auch die Informationen aus den Beobachtungen über die Verhaltens- und Lernprozesse der Schüler bereithalten. Nur so kann die Subjektivität der Leistungsmöglichkeiten der Kinder gegen die Verabsolutierung der Objetivität berücksichtigt werden. Dazu ist der Lehrer z. B. in Nordrhein-Westfalen ohnehin durch den Gesetzgeber verpflichtet. Denn in der Allgemeinen Schulordnung heißt es unter dem Stichwort „Leistungsbewertung" (§ 21): „Grundlage der Leistungsbewertung sind alle vom Schüler in Zusammenhang mit dem Unterricht erbrachten Leistungen, insbesondere schriftliche Arbeiten, mündliche Beiträge und praktische Leistungen. Die Leistungen bei Mitarbeit im Unterricht sind für die Beurteilung eines Schülers ebenso zu berücksichtigen wie die übrigen Leistungen".

Systematische Vorarbeiten erleichtern das Zeugnisschreiben

Wir fassen die notwendigen Vorarbeiten für das Zeugnisschreiben stichwortartig zusammen:

— Sie haben sich ein Bild gemacht von den Lernvoraussetzungen Ihrer Schüler, aber auch von den Umständen, unter denen diese zu Hause und in der Schule leben und lernen.
— Die Erziehungs- und Unterrichtsziele haben Sie für das laufende Schuljahr annähernd festgelegt — und auch die Eltern hierüber grob informiert: Was wird im Verhaltensbereich angestrebt? Was sind die grundlegenden fachlichen Ziele für diese Klasse?
— Im Verlauf des Schuljahres haben Sie die Entwicklung der Kinder und deren Lernfortschritt sorgfältig beobachtet. Den jeweiligen Lernstand haben Sie durch tägliche Übungen und Arbeitsproben (z. B. Partnerdiktat), durch kurze schriftliche Arbeiten und durch Klassenarbeiten (in den Klassen 3 und 4) geprüft.
— Ihre Beobachtungen und die Ergebnisse der verschiedenen Schülerarbeiten haben Sie als Erinnerungsstütze aufgeschrieben (Pädagogisches Tagebuch, Beobachtungsbögen, Lernbegleitbögen).
— Durch innere Differenzierung stellten Sie sicher, daß alle Schüler wenigstens die grundlegenden Ziele erreicht haben.

Mit diesem Aufgabenkatalog wollen wir Sie daran erinnern, daß sich die pädagogisch-diagnostische Arbeit nicht im Beurteilen und Zeugnisschreiben erschöpfen darf. Eine gezielte Förderung ist nur möglich, wenn Sie jedes Kind in Ihrer Klasse genau kennen, es zu verstehen suchen, also auch hinreichende, je-

weils aktuelle Informationen über dessen Lernmöglichkeiten, Lernverhalten und Lernleistung zur Verfügung haben. Dies ist zugleich eine gute Voraussetzung für das Zeugnisschreiben.
Hilfen geben wir Ihnen in Bezug auf die folgenden Fragen:

— Welche pädagogischen Absichten sollen mit dem Zeugnis verfolgt werden?
— Wie kann ich mich dem Adressaten des Zeugnisses verständlich machen?
— Wie kann ich das, was ich jetzt von jedem einzelnen Kind weiß, in Zeugnisaussagen umsetzen?
— Bleibt im Zensuren-Zeugnis überhaupt noch Spielraum für einen pädagogischen Förderansatz?

Das Zeugnis hat eine beurteilende, aber zugleich auch eine beratende Funktion. Es soll also einerseits Aussagen darüber enthalten, was das Kind gelernt hat und wie es gelernt hat und wie es sich beim Zusammenleben in der Klasse verhält. Es soll andererseits Anlaß sein zur Beratung darüber, wie weitergelernt werden soll. Insofern hat das Zeugnis den Charakter eines Gutachtens; zu einem Gutachten gehören

— der Befund: die Beschreibung, die Feststellung ohne weitere Stellungnahme. Das Pädagogische Tagebuch, der Beobachtungs- und Lernbegleitbogen (Lernkontrollen, Arbeitsproben, Klassenarbeiten usw. dokumentieren den Befund.
— die Diagnose: die Interpretation dessen, was man das (Halb-) Jahr über beobachtet und festgestellt hat. Dem entspricht beim Zeugnisschreiben die Interpretation des Verhaltens, des Lernfortschritts, der erbrachten Leistungen
— die Beantwortung der Fragestellung (mit einer Prognose).
  In diesem dritten Schritt werden dann die folgenden Fragen beantwortet:
  — Hat das Kind Fortschritte im Lernen und im Verhaltensbereich gemacht?
  — Hat das Kind das gelernt, was es in diesem Schuljahr lernen sollte?
  — Wie soll das Kind weiterlernen? In welchen Bereichen muß es gezielt gefördert werden?

Worauf jedes Zeugnis eine Antwort geben sollte

7.1 Die pädagogischen Absichten des Zeugnisschreibens

Das Zeugnis als Spiegel des Unterrichtskonzepts und des Leistungsverständnisses

Sehr anschaulich lassen sich die pädagogischen Absichten mit Hilfe der Idealtypik beschreiben, wie sie von Benner/Ramseger (1985) entwickelt wurden. Sie kommen nach einer Analyse von 450 Zeugnissen zu vier dominanten Merkmalen:

— das normative Zeugnis
— das schöne Zeugnis
— das deskriptive Zeugnis
— das Zeugnis auf dem Weg zum pädagogischen Entwicklungsbericht

■ *Normativ*
ist das Zeugnis, wenn das Kind an von außen gesetzten Anforderungen gemessen wird:
„Die Ziele der Beurteilung — und des Unterrichts — stehen unabhängig vom einzelnen Kind fest. Dieses ist Objekt der Beurteilung ebenso wie Objekt des Unterrichts" (S. 184) Kennzeichnend ist, daß die Lernmöglichkeiten und die Lernanstrengungen des Kindes in der Beurteilung überhaupt nicht zum Ausdruck kommen:

Beispiel für ein normatives Zeugnis

> Hinweise zu den Lernbereichen (Klasse 1)
> Beate hat im Leselernprozeß zufriedenstellende Leistungen erbracht. Sie kann weniger geübte Texte schon bald erlesen. Bei fremden Texten hat sie noch Schwierigkeiten, kann diese aber durch Übungsfleiß überwinden. Buchstabenverbindungen sollte sie

weiter fleißig üben, vielleicht dadurch noch gezielter, daß sie jeweils den Rest des zu lesenden Wortes mit dem Finger zudeckt.
Wortbilder kann sich Beate nach gründlicher Übung einprägen, so daß sie geübte kleine Sätze meist fehlerfrei auswendig schreiben kann. Hier sollte sie in der Übung nicht nachlassen. Im übrigen hat sie ein gutes Schriftbild.
Beate erzählt gern anschaulich und in ganzen Sätzen aus ihrer Erlebniswelt. Sie sollte üben, in ihre Erzählfreude Unterrichtsthemen einzubeziehen und diese dann weitaus gründlicher als bisher anzugehen.
Beate beherrscht nach längerer Übungszeit das Rechnen im Zahlenraum bis 20 relativ sicher, auch den Zehnersprung. Erschwerte Aufgaben aber scheut sie und zieht einfachere Aufgaben vor, die sie meistern kann. Flüchtigkeitsfehler könnte sie bei nochmaliger Überprüfung vermeiden. Es dauert allgemein eine längere Zeit, bis sie sich von der anschaulichen Ebene lösen kann und sich auf die abstrakte Zahlenebene wagt. Daher äußert Beate auch selten Vermutungen und geht lieber einen vorgezeichneten Lösungsweg. Bei logischen Aufgaben hat sie Schwierigkeiten. Sie gibt sich aber auch hier große Mühe.
Beate übt fleißig im schulterhohen Wasser die vorgeschlagenen Übungen und wagt sich schon, in tieferes Wasser zu gehen, wenn man sie hält.
Im Musikunterricht zeigt sie lebhaftes Interesse.

Noch offenkundiger die Empfehlung eines ministeriellen Informationsblattes:

Michael ist offensichtlich zu früh in die Schule gekommen. Er tut sich schwer, mit den Mitschülern Kontakt zu bekommen. Durch besondere Hilfsbereitschaft sucht er Anerkennung zu finden. Gelingt dies nicht, wendet er zuweilen Gewalt an. Er sitzt oft teilnahmslos im Unterricht und ist erschrocken, wenn er aufgerufen wird. Seine Arbeitsdauer ist nur gering. Er merkt sich nur die einfachsten Ganzwörter. In der Mathematik kann er ohne konkrete Hilfe kaum Aufgaben lösen. Im Sachunterricht sind seine Kenntnisse nur gering. Freude und Mut zeigt er nur im Sport. Es besteht die Möglichkeit, daß er das Klassenziel nicht erreichen wird.

Dieser Zeugnistyp ist in der Diktion durch Strenge, Sachlichkeit und „Objektivität" gekennzeichnet. Der amtliche Ton ist vorherrschend; deutlich wird dies durch die vielen Hauptsätze, die in knappem Stil Fakten aneinanderreihen.

Zeugnisse können nicht differenzierter sein als die Unterrichtspraxis selbst

Vielfach werden solche Verhaltensweisen im Bereich „Arbeits- und Sozialverhalten" genannt, die den Lehrer in seinem Unterrichtsablauf stören. Kinder sollen aufmerksam, diszipliniert, fleißig, verträglich sein und zügig arbeiten können. Dabei wird die Verantwortung dafür offensichtlich den Kindern zugeschrieben, denn es wird kein Zusammenhang mit den Unterrichtsbedingungen und mit dem Unterichtskonzept des Lehrers aufgezeigt.
Sie sollten sich beim Zeugnisschreiben die Frage stellen, wie abhängig das beschriebene Verhalten (z. B. „Christina nimmt passiv am Unterricht teil." „Frank ist recht unruhig und kann nicht lange stillsitzen.") von der Unterrichtsgestaltung ist. Die Auswertung von Zeugnissen hat ergeben, daß die Schülerindividualität darin weniger zum Ausdruck kommt als das Unterrichts- und Erziehungsverständnis des Lehrers:

■ *Beschönigend*
ist das Zeugnis, wenn tatsächlich Lernschwierigkeiten, Lernrückstände oder Verhaltensprobleme verschwiegen werden. Es ist meist kurz gefaßt.

Beispiel für ein beschönigendes Zeugnis

Arbeits- und Sozialverhalten (Klasse 2)
Peter war immer aufgeschlossen und fröhlich und konnte seinen Kontakt zu den Mitschülern ausweiten. Er äußerte sich gern und oft, und seine Beiträge waren eine Bereicherung des Unterrichts. Peter muß aber noch lernen, seinen Äußerungsdrang in einer größeren Gruppe zu steuern. In letzter Zeit arbeitet Peter ausdauernder und schneller. Gelentliche Hilfen waren noch notwendig.

Hinweise zu den Lernbereichen:
Auch im Lesen und Schreiben macht Peter in jüngster Zeit Fortschritte. Bekannte Texte liest er fließend und gut betont. Es fällt ihm auch nicht mehr so schwer, unbekannte Texte zu lesen. Geübte Texte kann er fehlerfrei aus der Vorstellung aufschreiben. Es fällt ihm aber noch schwer, bei ungeübten Sätzen Lösungshilfen einzusetzen. Peter beherrscht im wesentlichen den Zahlenraum 1—100 mit allen vier Grundrechenarten und kann auch leichte Sachaufgaben selbständig lösen. Im Sachunterricht arbeitet Peter interessiert mit.

Verständlich, daß der Lehrer bei solchermaßen unverbindlichen Urteilen mit Eltern keinerlei Probleme hat; aber er gibt ihnen damit auch keine Hilfe für das weitere Lernen. „Da die durch diesen Zeugnistyp übermittelten Informationen nicht nur beliebig interpretiert werden können, sondern buchstäblich falsche Tatsachen vorspiegeln, sind sie pädagogisch auch dann unverantwortlich, wenn sie in „guter Absicht“ so verfaßt werden, weil ihr Autor nicht zwischen „Ermutigung“ und „Beschönigung“ zu unterscheiden vermag.“ (S. 190)
Die Eltern hielten Peter für einen guten Schüler. Einige Lehrer schlossen von Peters Zeugnissen auf einen guten, andere auf einen schlechten Leistungsstand. Das bestätigt, daß diesem Typ von Zeugnis keine Informationen entnommen werden können. Die Lehrerin von Peter kannte ihren eigenen Zeugnistext nicht wieder. Peter war, wie sich dann herausstellte, ein leistungsschwacher Schüler.
Diese Ergebnisse sprechen dafür, im Zeugnis Auskunft darüber zu geben, ob das Kind die grundlegenden Anforderungen erreicht hat oder nicht. Dadurch wird verhindert, daß die Eltern die Leistungen ihres Kindes völlig falsch einschätzen. Das kommt den Eltern auch insofern entgegen, als sie doch nach irgendwelchen Normangaben suchen; in der Regel ist das der Vergleich mit den Mitschülern. Die Schule machte sich im übrigen unglaubwürdig, wenn sie die Eltern am Ende über das im unklaren läßt, was sie aufgrund der Richtlinien und Lehrpläne und ihrer Erfahrungen von einem Kind am Ende des Schuljahres in etwa verlangt.

Eltern haben Anspruch auf exakte Informationen über die Lernentwicklung und den Leistungsstand des Kindes

■ *Deskriptiv*
ist das Zeugnis, wenn die Lernentwicklung des Schülers in die Beurteilung mit einfließt. Die Lernprozesse werden in einem solchen Zeugnis präzise nachgezeichnet, ohne den Schüler an unverrückbaren Normen zu messen. „Das deskriptive Zeugnis versucht, ohne zu beschönigen oder zu verurteilen, lediglich zu schildern, was war. Es erstellt eine „Bilanz“, sachlich, nüchtern“ (S. 192).

Beispiel für ein deskriptives Zeugnis

Arbeits- und Sozialverhalten (Klasse 2)
Ulf fand nur zu wenigen Kindern der Klasse und zum Lehrer guten Kontakt. Bei Partner- oder Gruppenarbeit war er bereit, mit anderen zusammenzuarbeiten und ihnen zu helfen, allerdings suchte er sich die Partner am liebsten selbst aus. Ungerechtigkeiten und dem Nichteinhalten von Regeln gegenüber war er sehr empfindlich. Bei darauf folgenden Auseinandersetzungen versuchte er immer wieder, regelnd einzugreifen, konnte sich allerdings, durch seine leicht verletzliche und weinerliche Art seinen Mitschülern nicht immer verständlich machen.
Ulf nahm immer interessiert am Unterricht teil. Er arbeitete meist langsam und vorsichtig. Dadurch konnte er seine Aufgaben anfangs nicht immer fertigstellen. Inzwischen hat er es gelernt, über einen — wenn auch kurzen — Zeitraum hinweg ohne viel Unterbrechungen zu arbeiten. Ulf konnte Sachverhalte und Aufgaben leicht auffassen und hatte häufig eigene Einfälle.

Hinweise zu den Lernbereichen:
Seine Lesefertigkeit hat gute Fortschritte gemacht. Er betont den Sinn richtig, trägt aber den Text noch leicht stockend vor. Er konnte sich zum Text äußern und zeigen, daß er ihn verstanden hat. Inzwischen schreibt er geübte Texte mit nur wenigen Fehlern, doch muß er versuchen, sich beim Diktatschreiben noch besser zu konzentrieren. Beim Worttraining war er zu abgelenkt, um das sichere Einprägen zu üben. Obwohl er

sich zuweilen gewandt ausdrückt, hielt er sich im mündlichen Sprachunterricht häufig zurück. Er mußte dann nachdrücklich aufgefordert werden, sich zusammenhängend zu äußern.
In Sachaufgaben zeigte er gutes mathematisches Verständnis, hatte aber in den rechnerischen Ausführungen der Aufgaben häufig Fehler, weil er zwar mit allen Operationen umgehen kann, aber noch keine Sicherheit erlangt hat. Das Einmaleins müßte auch noch besser gelernt werden.
Im Schwimmunterricht leistet er Überdurchschnittliches.

Das Zeugnis: nicht nur Beurteilung des Kindes, sondern auch Rechenschaftsbericht über die Arbeit des Lehrers

■ *Ein pädagogischer Entwicklungsbericht*
ist das Zeugnis, wenn es — statt über bloße Lernprodukte zu urteilen — die individuelle Entwicklung des Schülers schildert und zugleich die Unterrichtsbemühungen des Lehrers, seine Lernarrangements, mitreflektiert. Schülerbeurteilung wird hier also gleichzeitig — dem pädagogischen Leistungsbegriff entsprechend — zur Lehrerselbstbeurteilung: „Erst in solchen Entwicklungsberichten wird explizit anerkannt, was für alle Zeugnisse gilt: daß sie nämlich nur vordergründig Beurteilungen von Schülerleistungen durch Lehrer sind; der Sache nach, also der in ihnen zur Beurteilung anstehenden Praxis nach, jedoch Rechenschaftsbericht über die vom einzelnen Lehrer entworfene und mit seinen Schülern geleistete pädagogische Arbeit in der Institution Schule darstellen."

Auszug aus dem Zeugnis für Sven (Klasse 2)

Beispiel für ein Zeugnis als pädagogischer Entwicklungsbericht

Projekte/Unterrichtsvorhaben:
Einige Projekte und Vorhaben halten sich durch die Block-I-Zeit hindurch: Leben und Lernen in der Gruppe, auf der Fläche, in der Umgebung der Schule; Frühstück, Orientierung im Tageslauf, Übergang und Neuaufnahme von Schülern. Darüber hinaus gibt es eine Reihe von besonders ausgewählten Projektthemen, die teils in der Stammgruppe, teils zusammen mit allen Kindern und Lehrern der Fläche bearbeitet werden.

Themen von Unterrichtsvorhaben und Projekten waren:
— die Arbeit unserer Eltern
— Kinder in der 3. Welt (Peru)
— Vorbereitungen für eine 3-tägige Fahrt
— Fahrradkurs
— Briefe und Drucke
— Puppen
— die Geschichten vom Sams
— Krieg und Frieden — die Geschichte
von der „Konferenz der Tiere"

Sven hat weiterhin ein großes Interesse an fast allen Sachthemen, die angeboten werden oder zwischen den Kindern besprochen, von ihnen angeregt werden. Er weiß viel, beobachtet sicher, redet gerne mit. Die Entwicklung von Sven's Sprechfertigkeit läßt sich im Bereich des Sach- und Projektunterrichts am besten verfolgen. Hatte er im Vorschuljahr größte Schwierigkeiten überhaupt mitzureden, so lernte er im ersten Schuljahr, ungeachtet der auftretenden Fehler, regelmäßig mitzureden. Heute spricht er unbekümmert und ohne sichtbare Anstrengung. Dies stützt Svens Interesse an Sachen und wird im dritten Schuljahr auch den Umgang mit komplexeren Problemen erleichtern: schließlich kann er jetzt seine sicheren Beobachtungen, anregenden Ideen und lebendigen Fragen auch sprachlich sicher formulieren.

Vorlieben, besondere Fertigkeiten und Fähigkeiten
Sven braucht regelmäßig viel Bewegung. Seine ganze Liebe gilt dem Fußball, dem Sport im weiteren Sinne. Er ist sehr wendig, hat beim Sport sehr viel Ausdauer, geht hier oft bis knapp an die Grenze seiner körperlichen Leistungsfähigkeit. — Sven kann inzwischen auch schwimmen; er hat sein „Seepferdchen" gemacht und sich fürs nächste Schuljahr den „Freischwimmer" vorgenommen. . .

(Laborschule Bielefeld 1982, s. 113 ff.)

Diese vier Zeugnistypen sind Ausdruck des jeweiligen pädagogischen Konzepts von Unterricht und Leistungsbeurteilung:

Normative und beschönigende Zeugnisaussagen vermeiden

— *Das normative Zeugnis* schreibt, wer am produktorientierten Leistungsverständnis festhalten will.
— *Das beschönigende Zeugnis* schreibt, wer die Eltern nicht exakt informieren und jedem Konflikt mit ihnen aus dem Wege gehen will.
— *Das deskriptive Zeugnis* schreibt, wer den individuellen Lernfortschritt und die Lernbemühungen des Schülers mit in Rechnung stellen will.
— *Das entwicklungsbezogene Zeugnis* schreibt, wer mit der Schülerbeurteilung zugleich sein eigenes Erziehungs- und Unterrichtskonzept mitreflektiert.

Nur die beiden letzten Zeugnistypen entsprechen dem pädagogischen Leistungsbegriff.

Zeugnis

für ______

geboren am ______

Hinweise zum Arbeits- und Sozialverhalten: René verstand sich immer gut mit den anderen Kindern in seiner Klasse. Er arbeitete gern mit ihnen zusammen. Beim Unterrichtsgespräch beteiligte er sich lebhaft und hatte oft gute Ideen, die uns weiterbrachten. Mit Ausdauer arbeitete er an seinen Aufgaben. Bei der Freien Arbeit hatte er oft eigene Ideen, durch die er auch andere Kinder anregte. Nur zum Wegräumen und Abheften hatte er wenig Lust, dadurch waren seine Mappen und sein Arbeitsplatz oft ohne Ordnung. Andere Kinder halfen dann. Aber René muß schon auch selber Ordnung halten.

Hinweise zu Lernbereichen/Fächern: René hat in Lesen, Schreiben und in Mathematik alle wichtigen Ziele der Klasse 1 erreicht. Er nahm sich schon während des Leselehrgangs Lesehefte und las sie zuletzt selbständig durch. Im Morgenkreis las er Gedichte oder eine kleine Geschichte so schön vor, daß wir gerne zuhörten. Er schrieb schon selber Geschichten und Briefe und schmückte sie mit gemalten Bildern. Er sang gerne unsere Lieder. Bei der Freien Arbeit arbeitete er besonders lange am Sachunterichtsthema: Frühlingsblumen. Die Entwicklung seiner Tulpen hielt er so ausführlich in Wort und Bild fest, daß alle davon lernen konnten.

Bemerkungen: ______

______ nimmt ab ______ am Unterricht

der Klasse ______ teil. Konferenzbeschluß vom ______

Düsseldorf, den ______

______ (Siegel) ______
Klassenlehrer(in) Schulleiter(in)

Wiederbeginn des Unterrichts: ______ Kenntnis genommen: ______
Erziehungsberechtigte

Einerseits darf also das Zeugnis kein Mängelkatalog sein und schon gar nicht als „Abrechnung“ verstanden werden. Es soll weder alle noch so geringen Schwächen auflisten, noch gar vernichtende Urteile mit Endgültigkeitscharakter fällen. Andererseits darf das Zeugnis auch kein Leistungsbericht sein, der den Eltern — und Kindern — falsche Tatsachen vorspiegelt. Lob, Ermutigung, Verstärkung müssen in der Sache begründet sein, ansonsten wirken sie inflatorisch und verfehlen die eigentlich beabsichtigte Wirkung. Ihnen darf auf keinen Fall unterstellt werden: „Das sagt sie nur, weil . . .“ oder „Bei dem ist die Aussage nichts wert.“ Die Wirkung von Lob und Ermutigung ist letztlich davon abhängig, ob Sie selbst als glaubwürdige(r) und kompetente(r) Fachfrau(-mann) gelten.
Unter dem Gesichtspunkt der Ermutigung sollte im Zeugnis der Erfolg gewürdigt werden und der Mißerfolg auf Verständnis stoßen. Auch unter diesem Gesichtspunkt stehen solche Zeugnisse, die als normativ oder als beschönigend bezeichnet werden können, in Widerspruch zum pädagogischen Leistungsbegriff.

7.2 Das Zeugnis: Bericht für die Eltern oder Brief an das Kind

Die Zeugnisse über Kinder werden für die Eltern geschrieben, aber selbstverständlich auch für die Kinder selbst. Also müssen sie für Eltern und für Kinder lesbar sein. Zeugnisse, die Kinder und Eltern nicht verstehen, sind ohne Informationswert — und bleiben ohne Konsequenzen für Erziehung und Unterricht. Sie müssen deshalb verständlich, klar und einfach in der Darstellung sein. Diese Anforderungen gelten nicht nur für das Zeugnis ohne Zensuren. Gerade auch beim Zeugnis mit Zensuren steigt der Informationsgehalt erst mit der Qualität der zusätzlichen Hinweise.
Beim Zeugnisschreiben sollten Sie stets auch berücksichtigen, daß die Leser des Zeugnisses — Eltern und Kinder — keine detaillierten Kenntnisse über den Auftrag der Grundschule haben. Fachausdrücke, Lehrplandetails oder Hinweise „zwischen den Zeilen“ bringen kein Mehr an Information, sie bauen hingegen nur unnötige Sprachbarrieren auf, rufen Verständigungsschwierigkeiten hervor und führen zu Mißverständnissen. So werden die wenig informativen Zensuren lediglich durch ebenso wenig informative Texte ersetzt. Zweifellos kann man — wie die folgenden Beispiele zeigen — mit freien Formulierungen ähnlichen Schaden anrichten wie mit Zensuren. Deshalb empfehlen wir:

Was Sie vermeiden sollten, damit Zeugnisse verständlich, leserfreundlich, ermutigend sind: ein Katalog von Vorschlägen

— Keine Fachausdrücke verwenden! Meistens sind sie Theorien entnommen, die für Eltern nicht nachvollziehbar sind. Beispiele: „frustriert“, „neurotisch“, „Legastheniker“.
— Keine pauschalierende Bewertung vornehmen! Sie verhindern eine gezielte Hilfe. Beispiele: „ist normal begabt“, „fehlt ein ausgeprägter Gerechtigkeitssinn“.
— Keine diskriminierenden Formulierungen benutzen! Sie ersticken das sachliche Zusammenwirken von Elternhaus und Schule; sie spiegeln auch meist das Persönlichkeitsbild des Lehrers. Beispiele: „verbissen“, „faul“, „Egoist“, „Meckerer“, „primitiv“, „Mit seinen Klassenkameraden hat er viele Streitigkeiten durch seine Launenhaftigkeit und Reizbarkeit. Dabei läßt er sich einfach gehen, wenn nicht gerade sein großes Geltungsstreben ihn dazu treibt, sich Anerkennung auf falschem Wege zu verschaffen.“ Dann wären Kopfzensuren doch gnädiger, oder?
— Keine Vergleiche mit Mitschülern formulieren! Sie widersprechen dem Konzept der Ermutigung und Förderung. Beispiele: „Karin stört mehr als andere“, „Anja schreibt besser als die Hälfte der Klasse“.
— Keine Abwertung von Anstrengung oder Hilfestellung. Das wäre ein Eigentor der Schule, die doch Anstrengungen würdigen und Hilfestellung geben muß.

„Nur durch große Mühen erreichte Jan das Ziel.“ „Anja brauchte beim Kleinen 1x1 viele Hilfen.“

— Keine abschließenden, endgültigen Urteile fällen! Sie drücken pädagogischen Pessimismus aus und schreiben Verhaltenszüge fest, statt Entwicklungen aufzuzeigen. Beispiele: „er ist nicht bereit“, „nie“, „immer“. Die Vorläufigkeit aller Urteile wird durch das Inperfekt angezeigt.
— Keine negativen Prognosen stellen! Sie entbehren in der Regel der empirischen Grundlage, wirken entmutigend und erzeugen Resignation. Beispiele: „Bei seiner geringen vitalen Robustheit wird seine Ausdauer immer begrenzt bleiben“.
— Keine betulichen und schulterklopfenden Formulierungen verwenden! Sie bleiben pauschal und geben keine echte Hilfestellung. Beispiele: „Bravo — nur weiter so!“ „Ohne Fleiß kein Preis, aber gut Ding will Weile haben!“.
— Keine Charakterbeschreibung geben! Denn im Zeugnis sollen nicht alle Aspekte der Persönlichkeit erfaßt werden. Beispiele: „brav“, „ehrlich“, „agressiv“, „schüchtern“. Diese Eigenschaften erscheinen dem Leser als sehr beständig.
— Keine feinsinnigen Abstufungen vornehmen! Sie können vom Leser nicht richtig eingeordnet werden. Beispiele: Überwiegend, meistens, in der Regel, manchmal, zeitweise, teilweise, oft nicht.

■ *Zeugnisausgabe*

Das Kind hat einen Anspruch darauf, an dem Informationsprozeß (= Zeugnis) teilzunehmen, von dem es doch selbst so sehr betroffen ist. Kinder sollten deshalb in die Zeugnisausgabe einbezogen werden. Dies kann auf verschiedenen Wegen geschehen:

Vier Möglichkeiten, das Kind einzubeziehen

— Der Lehrer gibt das Zeugnis im Rahmen eines Gesprächs aus, das er mit Eltern und Kind gemeinsam führt.
— Der Lehrer liest dem Kind das Zeugnis in der Klasse leise vor (z. B. während der Freien Arbeit) und spricht mit ihm darüber.
— Der Lehrer schreibt zusätzlich zum Zeugnis einen Brief an das Kind.
— Der Lehrer schreibt das Zeugnis in der Du-Form.

In allen Fällen wird das Kind in den Lehrer-Eltern-Kontakt einbezogen. Es lernt auf diese Weise die Erwachsenen als Partner kennen, die ihm beim Lernen helfen wollen und an seiner Weiterentwicklung Anteil nehmen. Gleichzeitig hilft dieses Vorgehen dem Kind, sich selbst behutsam einzuschätzen und Verantwortung für sein Lernen zu übernehmen.
Gerade beim Zeugnis ohne Zensuren liegt es nahe, die unmittelbare Anrede des Kindes zu wählen. So kann der amtliche, unpersönliche Charakter des Zeugnisses in einen persönlichen Zeugnis-Brief umgewandelt werden. Zwangsläufig werden hierbei auch die Aussagen klarer und verständlicher, denn bereits beim Schreiben denkt man an das Kind als den Adressaten. Erfahrungsgemäß wählen viele Lehrer bei Briefen häufig dad Präsens. Dabei sollte stets mitbedacht werden, daß durch die Wahl dieser Zeitform nicht Eigenschaften festgeschrieben werden dürfen.

Zeugnisse in Briefform: Beispiele

Lieber Andreas,
Du hast in diesem Jahr gerne in der Klasse gelebt. Mit vielen Ideen hast Du Deinen Gruppenkameraden geholfen und sie erfreut. Manchmal hast Du aber vergessen, daß außer Dir auch noch andere Kinder gute Einfälle haben. Trotzdem hast Du aber einen guten Kontakt zu Deinen Klassenkameraden, denn Du hast gelernt, daß in unserer Klasse jeder Rücksicht auf den anderen nehmen muß, wenn wir miteinander lernen wollen.

Deine Arbeiten in der Gruppe oder allein hast Du immer schnell und ordentlich erledigt. So hast Du viel Zeit für die Beschäftigung in den Spielecken gehabt oder hast anderen Kindern, die Deine Hilfe brauchten, geholfen.
Lesen konntest Du schon, als Du ins erste Schuljahr kamst. Nun kannst Du aber auch Schreibschrift lesen und schreiben. Die Sätze,die Du Dir ansiehst, kannst Du flink und fehlerlos aufschreiben. Beim Vorlesen macht es uns allen Spaß, Dir zuzuhören, weil Du gut betonst. Im Mathematikunterricht verstehst Du immer gleich Deine Aufgaben und hast keine Schwierigkeiten in der Mengenlehre, bei Aufgaben im Zahlenraum von 1 bis 20 oder mit Zehnerzahlen zu rechnen. Oft überrascht Du uns mit sehr schwierigen ausgedachten Aufgaben. Du bist ein flinker Fußballspieler und turnst gerne. Bei Partner- und Gruppenübungen muß Du noch genauer hinsehen.

Liebe Heike,
in diesem Schuljahr hast Du viel dazugelernt. Du bist sehr hilfsbereit und erwartest auch, daß die Klassenkameraden Dir helfen. Das Warten in der Meldekette oder beim Kreisgespräch fällt Dir manchmal noch sehr schwer. Du weißt doch, daß andere Kinder auch viel zu erzählen und zu bemerken haben. Da muß man schon mal verzichten. Du bist sehr aufmerksam, wenn Du eine Aufgabe erklärt bekommst. Meistens arbeitest Du ordentlich und sauber an deinem Platz. Mit dem Lesen geht es noch recht langsam voran. Du kennst zwar viele Buchstaben, das Erlesen neuer Wörter mußt Du aber noch fleißig üben. Beim Aufschreiben von geübten kleinen Diktaten mußt Du dich weiter so schön anstrengen. Dann wirst Du auch die Sätze richtig schreiben lernen. Deine Schrift ist schwungvoll und sauber. Das gilt auch für Deine Bilder, die farbig und bunt sind und oft in der Klasse hängen. Die Aufgaben im Zahlenraum von 1 bis 20 löst Du schon oft ohne Zahlenstreifen. Im Rechnen mit Zehnern geht es gut voran. Die Mengenlehre-Übungen hast Du mit Hilfe auch geschafft. Mit viel Fleiß schaffen wir zusammen auch das nächste Jahr!

„Das besondere Zeugnis" — ein Zeugnis außerhalb des offiziellen Termins

Städtische Gemeinschaftsgrundschule Jahnstraße
Klasse 2

Das besondere Zeugnis für:

Iris

Iris ist eine gute Theaterspielerin, sie hat in unserem Spiel eine Köchin gespielt. In der Freien Arbeit hat sie ein lustiges Witzebuch geschrieben. Sie singt gerne im [illegible] mit.

E. Becker
Klassenlehrerin

Düsseldorf, 30. Januar 1987

Zeugnis

für ______________________________

geboren am ______________________________

Liebe Stefanie!

Hinweise zum Arbeits- und Sozialverhalten:

Seit einem halben Jahr gehst Du nun in unsere zweite Klasse, und Du hast schon einige Kinder gefunden, mit denen Du gerne spielst und gerne arbeitest. Am liebsten arbeitest Du mit Sabine zusammen. Aber Eure Zusammenarbeit hat in den letzten Wochen nicht mehr so gut geklappt. Ihr habt über alles Mögliche geredet und dabei die Arbeit vergessen. Ich mußte Euch dann auseinandersetzen. Ihr möchtet aber gerne wieder zusammensitzen. Ob wir das bald wieder versuchen sollen?
An die Arbeit am Wochenplan hast Du Dich schnell gewöhnt.

Hinweise zu Lernbereichen/Fächern:

Du schreibst oft kleine Geschichten, die ich immer gerne gelesen habe. Bei Deinen Schreibübungen machtest Du manchmal Rechtschreibfehler, die gar nicht nötig sind: Du vergaßt ein Wort, schriebst nach dem Punkt nicht groß weiter oder ließest die Pünktchen beim ä oder ü weg. Solche Fehler kannst Du aber selber finden, wenn Du am Schluß noch einmal gut kontrollierst. Deine Mathematikarbeiten machtest Du sehr ordentlich. Das 1x1 hattest Du gut gelernt, das Plus- und Minusrechnen mit Zehnerzahlen klappte schon recht gut. Besonders gerne maltest Du. In unserer Klasse und auf dem Flur hängen einige schöne Bilder von Dir. Im nächsten Jahr solltest Du versuchen, Dein Seepferdchen - Schwimmabzeichen zu schaffen.

Bemerkungen: ______________________________

Bis zum ersten Schultag in der 3. Klasse.

Peter, Du hast in diesem Schuljahr eifrig mitgearbeitet. Beim Lesen hast Du in letzter Zeit gute Fortschritte gemacht. Du kennst alle Buchstaben und kannst Texte mit bekannten Wörtern gut vorlesen. Ich freue mich, daß du Dich auch bemühst, fremde Wörter zu erlesen. Mit ein wenig Übung wird Dir das sicherlich auch bald ohne Hilfe gelingen.
Mit den Arbeitsblättern kommst Du meistens gut allein zurecht. Beim Schreiben gibst Du dir sehr viel Mühe. Es macht Freude, Deine Hefte anzusehen.
Im Mathematikunterricht arbeitest Du stets fleißig mit, machmal bist Du allerdings etwas zu laut dabei. Du kannst schon ohne Stäbe Plus- und Minusaufgaben im Zahlenraum bis 20 sicher rechnen und auch die Probeaufgaben ohne Mühe finden. Die Übungen mit Mengen legst Du ganz prima.
Ich freue mich immer, wenn Du Dich bemühst, selbständig zu arbeiten. Das klappt schon recht gut. Versuche nun noch, dabei mit Deinen Aufgaben etwas schneller fertig zu werden.
Mit einem Partner kannst Du gut zusammenarbeiten. Manchmal lenkt Ihr Euch aber gegenseitig von der Aufgabe ab. Du merkst dann nicht, daß Du die anderen Kinder störst. Vielleicht kannst Du im nächsten Schuljahr mehr darauf achten?
Wenn Du mit mehreren Kindern in einer Gruppe arbeitest, bringst Du oft gute Ideen ein. Bloß mußt Du daran denken, daß die anderen Kinder auch gute Einfälle haben und man sich einigen muß, wie eine Aufgabe nun gelöst werden soll. Dabei kann nicht nur einer bestimmen.
Du turnst und singst gern. Deine Bilder malst Du mit viel Sorgfalt. Besonders viel Phantasie zeigst Du beim Bauen.
Im Kreis kannst Du sehr anschaulich erzählen und hast zu vielen Sachthemen gute Beiträge gebracht. Leider konntest Du nicht immer alles berichten, was du wußtest, weil andere Kinder auch noch erzählen wollten. Das mußt Du verstehen, Peter, und darfst nicht ärgerlich werden darüber.
In letzter Zeit hat Du besser die Kreisregeln beachtet; darüber habe ich mich gefreut.
Ich hoffe, daß Du im nächsten Jahr ebenso gut mitarbeitest und weiterhin anderen Kindern hilfst. Du hast oft gezeigt, daß Du das kannst.

7.3 Das Zeugnis: Leistungsbilanz über Kinder — und über Lehrer

Aus den vielen Informationen, die Sie über das Schuljahr hinweg gesammelt haben, müssen Sie für das Zeugnis zusammenfassen. Sie können das, was Sie beobachtet, aufgeschrieben oder als Lernergebnisse vor sich liegen haben, nicht einfach willkürlich aneinanderreihen. Wir dürfen Verhaltens- und Lernprozesse nicht einfach generalisieren, wie man auch ja nicht aus Klassenarbeiten schlicht den Zensurendurchschnitt errechnen darf.

■ *Zum Arbeits- und Sozialverhalten*

Um im Zeugnis zusammenfassende Aussagen zu machen, werden in aller Regel Eigenschaftsbegriffe benutzt. Man verwendet sie wie in der Alltagssprache.
So besteht die Gefahr, daß Sie dem Kind aufgrund beobachteten Verhaltens oft vorschnell bestimmte Eigenschaften zuschreiben. Die alltägliche Verwendung solcher Kurzformeln macht die Problematik deutlich:

Eigenschaftsbegriffe sind „Kurzformeln“ für Menschen

— Ein Lehrer teilt dem Kollegen mit, Jens sei „rüpelhaft“. Mit seiner Stellungnahme zu diesem Kind hat der Lehrer vielleicht eine Vielzahl von Verhaltensweisen in diesem Eigenschaftswort zusammengefaßt. Auf diese Weise wird die Verständigung (zwischen zwei Lehrern) über Mitmenschen (hier: über den Schüler Jens) vereinfacht.
— Ist das Kind erst einmal als „rüpelhaft“ etikettiert, erwartet der Kollege weitere Verhaltensweisen, die dieser Kurzformel entsprechen.

Vorsicht bei der Verwendung von Eigenschaftsbegriffen im Zeugnis

Sie müssen sich der Gefahr bewußt sein, daß man allzu schnell generalisiert, ungeprüft Kurzformeln über Kinder von anderen übernimmt und Kinder dann auch durch die entsprechende Brille wahrnimmt. Hinzu kommt, daß das Zuschreiben von Eigenschaften abhängt

— von der jeweiligen Situation: Derselbe Lehrer mag das gleiche Verhalten des „rüpelhaften" Kindes in verschiedenen Situationen verschieden einschätzen.
— von der Rollenerwartung: Was für den einen „rüpelhaft" ist, mag für den anderen „burschikos" sein.
— von der sozialen Beziehung: In einem partnerschaftlich - wertschätzenden Klima werden erst gar keine ver-urteilenden Eigenschaftsbegriffe verwendet.

Auf jeden Fall sollten Eigenschaftswörter nicht so verwendet werden, als würde man einfache Zuordnungen beschreiben: Wie Papier die Farbe „weiß" hat, so zeigt der Schüler das Verhalten „rüpelhaft". Solch schlichtes Zuordnen entspräche einem Verständnis von Eigenschaften als „Anlage", als Disposition.
Gerade deshalb sollten Sie gerade der Versuchung widersprechen, aus Formulierungshilfen und Merkmallisten vorgegebene Wendungen einfach zu übernehmen — nur um für die Klasse möglichst verschiedene Formulierungen zur Verfügung zu haben.

Arbeits- und Sozialverhalten im Zeugnis: Gesichtspunkte für die Auswahl

Sie sollten — ohne jeden Drang zu Vollständigkeit und Totalerfassung — nur zu jenen Beobachtungsfeldern im Bereich Arbeits- und Sozialverhalten Aussagen machen, die Sie für Unterricht und Erziehung in der Schule für besonders wichtig halten und die in Ihrem Unterricht tatsächlich eine Rolle spielen, etwa:

— weil Sie bestimmte Verhaltensweisen zum Gelingen von Unterricht für unerläßlich halten;
— weil Sie der Auffassung sind, daß sie zum erwünschten Schulerfolg wesentlich beitragen;
— weil sie dem Erziehungsauftrag gemäß im Unterricht zu fördern sind.

In der Verwendung der Eigenschaftsbegriffe wird deutlich, welches berufliche Selbstverständnis ein Lehrer hat: der Lehrer als bloßer Wissensvermittler; oder der Lehrer als Erzieher, Berater. Dementsprechend ist die Vorstellung von Erziehung und Unterricht: Striktes Befolgen gesetzter Regeln bei lehrerzentriertem Vorgehen; oder Einsicht in gemeinsam verabredete, sinnvolle Ordnungsformen bei schülerorientiertem Vorgehen. In diesem Sinne spiegelt die Bilanz über die Leistungen des Kindes immer auch die Arbeit des Lehrers wider:

Wenn Sie beurteilen, ob ein Kind selbständig arbeitet, müssen Sie sich gleichzeitig fragen: Welche Möglichkeiten (Zeit, Material) habe ich ihm dazu eingeräumt? Wie habe ich es dazu angeleitet? Und wenn man beurteilt, wie ein Kind sich am Unterricht beteiligt hat, muß man sich gleichzeitig fragen: Habe ich Gelegenheit gegeben, daß die Kinder sinnvoll mitarbeiten können? Oder ist vielleicht die Beteiligung aufgrund des lehrerzentrierten Vorgehens so gering, weil eh nur wenige — die sogenannte Steuerungsgruppe — drankommen können?
Aus 1840 Beurteilungen zum Verhaltensbereich können SCHEERER/SCHMIED/TARNAI (1985, S. 189) das Bild des „guten Schülers" herausdestillieren — ein Bild, das uns recht eindrucksvoll den Zusammenhang von Schülerbeurteilung und Unterrichtspraxis vor Augen führt:

Die Beurteilung des Kindes ist ein Urteil über den Lehrer

> „Er/sie ist gut integriert und umgänglich, bedarf nicht der ständigen Zuwendung der Lehrerin, beteiligt sich am Unterricht mit relevanten Beiträgen, ist aber sonst ruhig. Er/sie arbeitet selbständig, ausdauernd, sorgfältig und ohne sich ablenken zu lassen an den gestellten Aufgaben. Ein solcher Schüler ist der ideale „Partner" in einem Unterricht, der durch Lehrervortrag, Klassengespräch und Einzelarbeit gekennzeichnet ist. Dies stellt offensichtlich das ideale Arbeitsverhalten in den Augen der Klassenlehrerin

für die vorherrschende und angestrebte Unterrichtsform dar. Inwieweit diese Auffassung auch den Vorstellungen von einer kindgerechten Schule entspricht, muß zur Diskussion gestellt werden."

Unser Verfahrensvorschlag:

[1] Sie machen sich noch einmal die Erziehungsziele bewußt (Durchsicht der Kategorien zum Arbeits- und Sozialverhalten).

[2] Dann sehen Sie Ihre Aufzeichnungen durch und vergegenwärtigen sich die Entwicklung des Kindes im vergangenen Schuljahr:

Arbeits- und Sozialverhalten im Zeugnis: Prüfkatalog für das Formulieren

- Was verdient hervorgehoben zu werden?
- In welcher Hinsicht hat sich das Kind besondere Mühe gegeben?
- Worüber wird das Kind sich besonders freuen, wenn ich es auf dem Zeugnis vermerke?
- In welchen Punkten kann ich das Kind besonders loben, bestätigen, verstärken?
- Wo sollte ich aber auch dem Kind deutlich machen, daß es hinter seinen Möglichkeiten selbst zurückgeblieben ist?
- In welcher Hinsicht muß ich Kritik äußern und kann ich das auch auf dem Zeugnis, ohne zu verurteilen, ohne zu verletzten?
- Worin kann ich dem Kind Mut machen und ihm zeigen, daß ich mich mit ihm gemeinsam weiter anstrengen muß?
- Habe ich auch meinen eigenen Unterricht mit in die Beurteilung des Kindes (teilweise) eingebracht?

[3] Zeigt das Verhalten bestimmte Schwächen, dann entscheiden Sie zunächst, ob Sie sie ausklammern und dem Gespräch mit den Eltern vorbehalten oder ob Sie sie ins Zeugnis aufnehmen. Das Aufarbeiten dieser Schwächen muß dann als gemeinsamens Anliegen von Schule und Elternhaus deutlich werden.

Beispiele aus Zeugnissen

MARC beteiligte sich immer rege am Unterricht. Oft brachte er die gemeinsame Arbeit durch eigene Ideen, durch Hilfsbereitschaft und gute Zusammenarbeit in der Gruppe weiter.
Bei seinen schriftlichen Arbeiten könnte er sich gewiß mehr Ruhe nehmen, um sie auch mit Sorgfalt zu erledigen.

JÜRGEN beteiligte sich meistens lebhaft und seine Beiträge gestalteten den Unterricht bereichernd mit. Er zeigte eine welchselnde Ausdauer, und manchmal fiel es ihm schwer, sich über einen längeren Zeitraum zu konzentrieren und nicht ablenken zu lassen. Seine Arbeiten führte er langsam aber sachgerecht und sorgfältig aus.
Seine anfängliche Zurückhaltung zu den Mitschülern wandelte sich im Laufe des Schuljahres zugunsten einer großen Kontaktfreudigkeit. Er pflegte in den letzten Monaten einen ungezwungenen und unvoreingenommenen Umgang mit allen Klassenkameraden. Es bereitete ihm Freude, in Partner- und Gruppenarbeiten Hilfen zu geben und empfangen zu können.

MARTINA, Du hast meistens versucht, mit Deinen Klassenkameraden gut auszukommen. Im Kreisgespräch zeigtest Du großen Äußerungsdrang, konntest aber noch nicht so recht auf die Erzählungen Deiner Mitschüler eingehen. Du hast Dich lebhaft am Unterricht beteiligt. Deine schriftlichen Arbeiten hast Du teils unter Anleitung, teils selbständig, meistens sorgfältig angefertig. Du hast mit großem Eifer zuhause alles erfolgreich nachgeholt, was Du durch Deine Kur versäumt hast.

SOFIA, Du bist mit Deinen Kassenkameraden gut ausgekommen. Bei Streitigkeiten hast Du Dich häufig vermittelnd eingesetzt. Bei Partner- und Gruppenarbeit konntest Du gut mit anderen zusammenarbeiten. Du hast Dich meistens lebhaft am Unterricht beteiligt. Alle Dir übertragenen Aufgaben hast Du sehr sorgfältig und selbständig ausgeführt.

■ *Zu den Unterrichtsfächern*

Keine Totalerfassung im Zeugnis . . .

In früheren Jahren konnten Eltern auf dem Zeugnis der Klasse 1 etwa lesen: „Jörg hat einen befriedigenden Anfang gemacht". In einem Satz wurden alle Informationen über die Entwicklung des Kindes und über den Lernstand zusammengefaßt. Entsprechend war der Informationswert der Zeugnisaussage für das Kind und für die Eltern gering — man wußte nur: Es gibt vermutlich Kinder, die einen besseren oder einen schlechteren Anfang gemacht hatten.

. . . aber auch nicht nur Deutsch und Mathematik beurteilen

Sie müssen nicht zu jedem einzelnen Fach im Zeugnis Stellung nehmen. Würden Sie jedoch andererseits nur zu Sprache/Deutsch und Mathematik Aussagen machen, erhielte mit der Favorisierung der „Kulturtechniken" die alte Vorstellung von „Hauptfächern" und „Nebenfächern" wieder neuen Auftrieb. Dem Vorwurf der „Verkopfung", der einseitigen Intellektualisierung und des produktorientierten Leistungsverständnisses wäre nur schwer etwas entgegenzuhalten.

Wir raten Ihnen deshalb davon ab, zu speziellen Lernzielen Aussagen zu machen, und empfehlen zur Vermeidung von Mißverständnissen:

Eltern nicht durch Details verunsichern

— keine Lehrplandetails
  Beispiel: „Rafaela kann geübte Texte fließend lesen." Die Eltern mögen hierüber erfreut sein, der Lehrer jedoch wollte kritisch zum Ausdruck bringen, daß sie eigentlich auch ungeübte Texte lesen können müßte. Die Eltern werden also durch den indirekten Hinweis auf ein Lerndifizit im unklaren gelassen, ja sogar falsch informiert.
— keine fachdidaktischen Details
  Beispiel: „Christian kann Rechengesetze zu vorteilhaftem Rechnen nutzen." Die Eltern können den Stellenwert dieser Aussage (Ist das etwas Positives? Und wenn ja, warum?) nicht einschätzen.
— keine geringfügigen Details
  Beispiel: „Heinrichs Ausdrucksweise ist gewandt, er verhaspelt sich aber im Übereifer, er erzählt umständlich." Das Gesamtbild der Leistung wird verzerrt, wenn weniger bedeutsame Einzelheiten buchhälterisch aufgelistet werden.

Es widerspräche dem pädagogischen Konzept der Leistungsbewertung in der Grundschule, würden Sie aus den Ergebnissen der Klassenarbeiten den Durchschnitt errechnen und die so gewonnene Zensur in das Zeugnisformular übertragen. Dieses Vorgehen wäre nicht nur unpädagogisch, weil es der Komplexität der erbrachten Schülerleistung nicht gerecht werden kann, es wäre auch rechtswidrig, weil alle im Unterricht erbrachten Leistungen beurteilt werden müssen.

Beurteilungsgrundlage ist mehr als das, was leicht abprüfbar ist

Wir haben deshalb hier getrennt nach Lernbereichen zusammengestellt, welche Aspekte über Klassenarbeitsergebnisse und Lernerfolgskontrollen hinaus Sie berücksichtigen müssen, um eine Zensur ermitteln zu können, die dem einzelnen Kind gerecht wird. Dabei ist dem selbstkritischen Lehrer klar: Das fachdidaktische Konzept des Lehrers hat einen starken Einfluß auf die Zensur des Schülers.

Lesen:

Lesen ist mehr als Lesetechnik. In die Beurteilung fließen mit ein: die Bereitschaft zum Lesen; das verständliche Vorlesen; das sprechgestaltende Lesen; das sinnerfassende Lesen; die Fähigkeiten, aus einem Text Informationen zu entnehmen, über ihn nachzudenken, ihn aufgrund bestimmter Aspekte oder Fragestellung zu untersuchen. Beurteilungsgrundlagen dürfen also nicht für das Zeugnisschreiben angesetzte „Vorlese-Stunden" sein.

Rechtschreiben:

Rechtschreiben ist mehr als das Beherrschen des Grundwortschatzes. In die Beurteilung fließen mit ein: die Fähigkeit, das Wörterbuch zu benutzen; die Fähigkeit zur Selbstkontrolle (z. B. anhand einer Wortliste den eigenen Text vergleichen) und zur Fremdkontrolle (z. B. nach dem Partnerdiktat andere Texte nachsehen); die Fähigkeit, elementare Rechtschreibregeln anwenden zu können. Beurteilungsgrundlagen können also nicht die wenigen Klassendiktate sein; mehr noch zählt die tägliche Rechtschreibleistung, die der Lehrer bei täglichen Partnerdiktaten, Kurzdiktaten oder beim Aufschreiben und Abschreiben beobachtet.

Sprachgebrauch:
Aufsatz ist mehr als Nacherzählen und Aufschreiben nach vorgegebenen Regeln. Die wenigen Klassenaufsätze erfassen nur ein begrenztes Spektrum an möglichen Textsorten. Was durch diese Aufsätze nicht abgedeckt ist, muß dennoch bewertet werden. In die Beurteilung fließen mit ein: Das tägliche freie Aufschreiben in realen Situationen aus realen Anlässen und an reale Adressanten: Einladungen, Dankschreiben; Schreiben um jemanden zu trösten, zu erfreuen, zu unterhalten; kreatives Schreiben (nicht gebundene Spaßtexte). Auch in anderen Lernbereichen gibt es viele Schreibgelegenheiten, die das Bild von der Leistungsfähigkeit des Schülers abrunden: die Notizen bei der Beobachtung eines Experimentes; die selbst verfaßten Merksätze am Ende eines gemeinsamen Vorhabens.
Besonders problematisch ist die Bewertung des mündlichen Sprachgebrauchs. Noch weniger als im Aufsatzunterricht gibt es hier eine direkte „Lernstoff"-Bezogenheit. Schüler bringen hier sehr unterschiedliche Voraussetzungen für die in der Grundschule geforderten Leistungen mit. Deshalb ist die Orientierung an den grundlegenden Lehrzielen und am persönlichen Lernfortschritt des Schülers entscheidend; denn nur so kann verhindert werden, daß nur die Vorleistungen des Elternhauses bewertet werden.
Hier geht es auch nicht um die „Beteiligung am Unterricht": Wer sich viel meldet, bekommt eine gute Zensur. Vielmehr müssen die Sprecherstrategien, die im Unterricht erarbeitet und durch Unterricht gefördert worden sind, bewertet werden: das Vortragen eines Anliegens, das Erzählen eines Erlebnisses, das Erklären eines Bildes oder eines Versuchsablaufs, die mündliche Leistung bei den Kommunikationsanlässen in Partner- und Gruppenarbeit. Die gesprochene Sprache der Schüler darf nicht an einer ästhetisch- poetischen Sprachnormideologie gemessen werden.

Mathematik
Mathematik ist mehr als Rechenfertigkeit. In der Beurteilung fließen mit ein: Verständnis, Anwendung, Vertrautheit mit mathematischen Zusammenhängen. In den Klassenarbeiten wird oft nur „Mathamatik als Produkt" erfaßt, das Bekannte, das Eingeübte; dabei spielt das Mathematisieren („Mathematik als Prozeß") nur eine untergeordnete Rolle. Das kann im Unterricht am handelnden Kind beobachtet werden: wie es neue Lösungswege sucht und begründet, in Sachaufgaben die mathematischen Zusammenhänge erschließt; wie es mathematische Aussagen auf ihre Richtigkeit hin überprüft; wie es Zahlen vergleicht; durch Gegenrechnung kontrolliert.

Sachunterricht
Sachunterricht ist mehr als das Vermitteln von Fakten. In der Beurteilung muß mit einfließen, wieweit Schüler gelernt haben, Experimente zu planen, durchzuführen und auszuwerten; Karten zu lesen und Schaubilder zu verstehen; Skizzen und Tabellen anzufertigen; sich im Fahrplan und mit dem Stadtplan zurechtzufinden; zu beobachten; gezielte Fragen zu stellen und im Lexikon nachzuschlagen.
Ob und wieweit Schüler die inhaltlichen und prozeßbezogenen Anforderungen beherrschen, das läßt sich an der täglichen Arbeit der Schüler im Unterricht und an ihren Arbeitsprodukten ablesen.

Sport:

Sport ist mehr als Laufen, Springen, Turnen — und das möglichst gut. Da der einzelne Schüler in den fünf verschiedenen Sportbereichen (Leichtathletik, Geräteturnen, Gymnastik/Tanz, Schwimmen, Spiele) sehr unterschiedliche Leistungen erbringen kann, liegt es auch hier nahe, im Zensuren-Zeugnis spezielle Fähigkeiten und Fertigkeiten zusätzlich zu nennen. Die Bewertung darf weder die gesetzten Ziele als Maßstab nehmen, noch sich an einer sozialbezogenen Norm orientieren. Im Sport wird also besonders augenfällig, was auch für die anderen Lernbereiche gilt: Es zählt die individuell erbrachte Leistung. In die Bewertung fließt also mit ein: Anstrengungsbereitschaft, Einsatzfreude, der individuelle Leistungsfortschritt und die tatsächlich erbrachte Leistung; Beherrschung, das richtige Verhalten zum Spiel-Gegner. Beurteilungsgrundlage ist also nicht eine von außen gesetzte Leistungsnorm.

Musik und Kunst

Musik und Kunst sind mehr als nur Singen und Malen. In die Bewertung fließt wie beim Sport auch entscheidend das Mittun, die Anstrengungsbereitschaft mit ein: das bewußte Wahrnehmen-können, das Erkennen und Beschreiben, Verstehen von Hörbarem, das Probieren, Improvisieren, das Singen und Spielen, das Reagieren mit Bewegungen und Gesten; das Herstellen für andere oder mit anderen (das Zeichnen, das Umgehen mit Farbe und das Malen, das Plastizieren, das Herstellen von etwas).

Die Zensuren in diesen Lernbereichen sind wie beim Sport und beim Religionsunterricht nach wie vor besonders umstritten. Im Grundsatz sind die Bedenken jedoch keine anderen als die gegen die Aufsatzzensur etwa. Deshalb wäre es auch falsch und irreführend, wollte man nur in den sog. musischen Fächern auf Zensuren verzichten. Dies würde die eigentlichen Bedenken gegen die Zensuren verschleiern und in der Öffentlichkeit die Meinung verstärken, die Fächer ohne Zensuren seien die „unwichtigsten" Fächer.

Unser Verfahrensvorschlag

Notwendige Aussagen zu den grundlegenden Anforderungen

[1] Sie stellen anhand Ihrer Notizen in den Lernbegleitbögen fest, in welchen Lernbereichen der Schüler die grundlegenden Lehrziele erreicht hat und in welchen nicht. Aufgrund dieser Feststellung sollten sie im Zeugnis an einer Stelle etwa formulieren:

N. hat die grundlegenden Ziele dieses Schuljahres (in den/allen Lernbereichen . . .) erreicht.

N. hat die grundlegenden Ziele dieses Schuljahres in den Lernbereichen . . . leider noch nicht erreicht. Er/Sie wird deshalb im kommenden Jahr in . . . zusätzlich gefördert. (Ich werde deshalb mit N. im nächsten Jahr ganz gezielt daran arbeiten, daß . . .)

. . . und zusätzliche Angaben über die grundlegenden Anforderungen hinaus: Prüfliste

[2] Dann stellen Sie aufgrund Ihrer Notizen zusammen, welche besonderen Qualifikationen, aber auch welche Lernprobleme Sie im Zeugnis festhalten wollen. Beispiele für zusätzliche Angaben:

— Welche besonderen Kenntnisse, Fähigkeiten oder Fertigkeiten sollte ich hervorheben?

z. B. Im Sachunterricht war Silvie Spezialistin im Bereich: Haustiere.

— Wo hat das Kind besondere Neigungen und Interessen?

z. B. Immer wenn wir über Kinderbücher sprechen oder daraus vorlesen, ist Elke mit besonderem Interesse dabei. Sie sitzt auch gern in der Leseecke und liest dort, wann immer sie kann.

— Habe ich mich auch nicht nur auf Lesen, Schreiben und Rechnen im engeren Sinne beschränkt?
  Wenn Du malst oder etwas baust, dann gelingen Dir ganz besonders schöne Werke, die wir und auch die Kinder anderer Klassen oft bestaunt haben.
— Hat das Kind gravierende Lerndefizite, die genannt werden müssen? Wenn ja, wie will ich im nächsten Jahr mit dem Kind daran arbeiten?
  z. B. Bei den ersten Reihen des Kleinen 1 x 1 ist N. noch sehr unsicher. Wir müssen im nächsten Schuljahr intensiv diese Reihen üben, bis N. sie sicher beherrscht.
— Wie kann ich Mut machen?
  z. B. Zwar hast Du noch große Schwierigkeiten, die geübten Wörter fehlerlos aufzuschreiben. Ich bin aber zuversichtlich, daß Du es noch schaffen wirst, wenn wir uns darauf besonders konzentrieren.
— Welche konkreten Vorschläge für das Weiterlernen kann ich geben?
  z. B. Du kannst so lebendige Geschichten schreiben. Wir sollten das im nächsten Jahr nicht vernachlässigen. Vielleicht fängst Du ein Geschichtenbuch an.

7.4 Zensuren auf dem Zeugnis

Zensuren auf dem Zeugnis durch zusätzliche Hinweise ergänzen — oder durch einen Brief an das Kind

Die Fragwürdigkeit der Zensurengebung macht zwangsläufig auch das Zensurenzeugnis fragwürdig. Das Zensurenproblem verschärft sich gar beim Zeugnisschreiben, weil hier mehrere, wie auch immer zustandegekommene Zensuren zu einer einzigen, oftmals ausschlaggebenden Zensur zusammengefaßt werden müssen.
Das Zensurenzeugnis vernachlässigt darüberhinaus all das, was sich noch weniger objektiv messen läßt. Kooperationsfähigkeit, soziale Sensibilität, besondere Interessen oder Fertigkeiten. Insgesamt suggeriert dieses Zeugnis Präzision und unterstellt, Objektivität sei der einzige Maßstab der Bewertung.
Umso wichtiger ist es, daß Sie in einer Rubrik für „Hinweise zu den Lernbereichen" oder „Bemerkungen" die Zensuren ergänzen, erläutern und die Anstrengung des Kindes würdigen. Geschieht das nicht, verliert das Zensuren-Zeugnis nicht nur seine Informations-, sondern auch seine Beratungsfunktion.
Solche zusätzlichen Hinweise erfüllen eine wichtige Funktion, denn:

Beispiele für zusätzliche Hinweise

— Zensuren sind pauschal; sie fassen die unterschiedlichsten Anforderungen innerhalb eines Lernbereichs zusammen. In den Hinweisen hingegen können einzelne Leistungsaspekte differenzierter beschrieben werden. Beispiel:
  Mündlicher Sprachgebrauch: befriedigend. Ergänzung durch freien Text: Jens erfand im Erzählkreis gern Spaßgeschichten; sie waren besonders pfiffig.
— Zensuren sind nicht individuell aussagekräftig. Durch die Hinweise hingegen können Lernanstrengungen und persönliche Lernfortschritte gewürdigt werden. Beispiel:
  Mathematik: befriedigend. Erläuterung durch freien Text: Du hast Dich in den letzten Monaten sehr angestrengt. Darüber freue ich mich. Wenn wir jetzt noch etwas das Kopfrechnen trainieren, wirst Du schneller mit den Aufgaben fertig.
— Zensuren sind nicht genug informativ. Durch die Hinweise hingegen können besondere Fähigkeiten, Neigungen und Interessen, aber auch Schwierigkeiten und Schwächen im Sinne individueller Förderung und Beratung genannt werden. Beispiel:
  Rechtschreiben: ausreichend. Ergänzung durch freien Text: Du kannst jetzt auch längere Texte fehlerlos abschreiben. Beim Diktat brauchst Du noch sehr

viel Hilfe, damit Du nicht zu viele Fehler machst. Wenn Du Dir aber in der nächsten Zeit Mühe gibst und täglich ein bißchen übst, kannst Du auch die wichtigsten Wörter richtig schreiben.

Um die Zensur zu ermitteln, sind folgende Schritte erforderlich:

Arbeitsschritte: von der Klassenarbeit zum Zensurenzeugnis

— Lernbegleitbögen durchsehen (Ergebnisse der Klassenarbeiten, der Lernkontrollen und sonstige Arbeitsprodukte), keinen Durchschnitt errechnen.

— Zensur ermitteln, orientiert an den grundlegenden Anforderungen, unter Berücksichtigung aller Lernkontrollen, der mündlichen und praktischen Leistungen sowie des individuellen Lernfortschritts.

— Prüfen, zu welchen Lernbereichen zusätzliche Aussagen sinnvoll sind.

Zeugnis

für ____________________

geboren am ____________________

Hinweise zum Arbeits- und Sozialverhalten: Saki war immer fröhlich und gerne in der Schule. Bei Gesprächen erzählte er lebhaft und zur Freude aller Zuhörer. Bei Aufgaben, die er alleine zu machen hatte, trödelte er aber immer noch viel. Dadurch hatte er oft seine Wochenaufgaben nicht geschafft. Im nächsten Schuljahr werden wir ein eigenes Arbeitsprogramm mit Saki zusammenstellen. Es kann aber nur klappen, wenn Saki mitmacht.

Lernbereiche/Fächer:

Religionslehre	nicht teilgenommen	Sachunterricht	gut
Sprache		Mathematik	befriedigend
– mündl. Sprachgebrauch	gut	Sport	gut
– Lesen	gut	Musik	gut
– schriftl. Sprachgebrauch	—	Kunst/Textilgestaltung	gut
– Rechtschreiben	ausreichend	Schrift	befriedigend

Hinweise zu Lernbereichen/Fächern: Saki schrieb gerne Geschichten. Auf das Rechtschreiben achtete er aber zu wenig, durch sein Trödeln kam das Üben auch viel zu kurz. Aber das wird ja hoffentlich besser.

Im Sachunterricht erarbeitete Saki mit einigen anderen Kindern ein Katzenbuch mit vielen Bildern und Geschichten, das wir alle toll fanden.

Bemerkungen: ____________________

./.

____________________ nimmt ab ____________________ am Unterricht

der Klasse ____________________ teil. Konferenzbeschluß vom ____________________

Düsseldorf, den ____________________

____________________ (Siegel) ____________________

Klassenlehrer(in) Schulleiter(in)

Wiederbeginn des Unterrichts: ____________________ Kenntnis genommen: ____________________

Erziehungsberechtigte

8. *Ohne Zensuren in den Klassen 3 und 4*

In den letzten Jahren hat es im Bereich der Leistungsbewertung einen erfreulichen Durchbruch gegeben: In immer mehr Bundesländern können die Schülerleistungen jetzt auch in den Klassen 3 und 4 ohne Anwendung der Notenstufen beurteilt werden.

Gewiß, es gibt hierfür noch recht unterschiedliche Verfahrensregelungen; und einigen Bundesländern gelingt es weiterhin, in ihren Landesgrenzen diesen pädagogischen Durchbruch zu verhindern.

In Klasse 3 und 4 ohne Noten: neue Fragen

Der Verzicht auf Zensuren in den Klassen 3 und 4 wirft Fragen auf, die sich in den ersten beiden Klassen noch nicht in dieser Form stellten:

— Wie läßt sich die Spannung zwischen individueller Entwicklung einerseits und wachsender Normorientierung andererseits lösen?
— Wie sehen Lernkontrollen und Klassenarbeiten aus, die an den grundlegenden Anforderungen orientiert sind?
— Genügt es noch, eine freie Beurteilung unter diese Arbeiten zu setzen, oder ist eine stärkere Objektivierung erforderlich?
— Muß das Zeugnis nicht eindeutigere Aussagen und Aussagen zu jedem einzelnen Fach machen?
— Kann eine Nichtversetzung auch mit einem Zeugnis ohne Zensuren „legitimiert" werden?

Das pädagogische Beurteilungskonzept, für die beiden ersten Klassen nicht mehr in Frage gestellt, muß durch eine kompetente Praxis in den beiden folgenden Klassen gestärkt werden. Schließlich wird — in bezug auf das Ziel einer zensurfreien Grundschule — nichts erfolgreicher sein als eine erfolgreiche, das heißt überzeugende Handhabung der Leistungsbeurteilung.

8.1 Länderspezifische Regelungen

Die Übersicht auf den Seiten 170 und 171 macht deutlich, daß zwar immer noch nicht alle Bundesländer dem über 20 Jahre alten Votum der Kultusminister gefolgt sind, auf die Anwendung der Notenstufen in den Klassen 1 und 2 zu verzichten. Die Länder, in denen die Kinder Zensuren bereits in der Klasse 2 erhalten, sind: Baden-Württemberg, Berlin, Sachsen, Mecklenburg-Vorpommern und Sachsen-Anhalt. In einigen Ländern werden dabei sogar Verhalten und Mitarbeit im Unterricht zensiert.

Ausweitung über Klasse 2 hinaus: in 10 von 16 Bundesländern

Doch mehr und mehr gerät inzwischen das lange Zeit als unverrückbar geltende Zensurendogma für die Klassen 3 und 4 ins Wanken. Inzwischen sind es immerhin zehn Bundesländer, die für die Klasse 3 (und teilweise auch schon für die Klasse 4) die Leistungsbeurteilung ohne Zensuren in Kraft gesetzt haben — wenn auch teilweise nur als freiwillige Alternative zur Zensurengebung oder im Rahmen von Ausnahmegenehmigungen (z. B. in Form von Schulversuchen).

SCHLESWIG-HOLSTEIN hat jetzt die Nase vorn. Hier ist die zensurenfreie Leistungsbeurteilung auf die Klasse 3 verbindlich ausgedehnt worden. Auch die alte HAMBURGER Regelung verdient nach wie vor Beachtung: In den Klassen 3 und 4 werden die Leistungen „nach Mehrheitsentscheidung der Erziehungsberechtigten und bei Stimmengleichheit nach Entscheidung der Klassenkonferenz durch Berichte oder Noten" bewertet. Die überstimmte Mehrheit der Eltern ist an die Mehrheitsentscheidung gebunden. Es gibt also kein Nebeneinander von Berichts- und Zensurenzeugnissen in einer Klasse. Mit der Mehrheitsentscheidung der Eltern ist hier auch die Klassenkonferenz gebunden; diese kann nur bei Stimmengleichheit entscheiden.

Wie in Hamburg können sich jetzt auch die Grundschulen BRANDENBURGS dazu entscheiden, in den Klassen 3 und 4 auf Zensuren zu verzichten. Voraussetzung ist hier, daß die Schulkonferenz dies beschließt.

In HESSEN können in der Klasse 3 Zensuren durch schriftliche Aussagen zum Leistungsstand ersetzt werden; darüber entscheidet die Schulkonferenz.

Mehr Profil für die einzelne Schule:

In BREMEN entscheidet zu Beginn der Klasse 3 die Klassenkonferenz, ob in den Klassen 3 und 4 Lernentwicklungsberichte oder Notenzeugnisse erteilt werden. Die Mehrheit der anwesenden Eltern gibt den Ausschlag. Allerdings kann eine Entscheidung für den Lernentwicklungsbericht nicht gegen das Votum des Klassenlehrers getroffen werden.

Eltern sowie Lehrerinen und Lehrer entscheiden selbst

In SACHSEN ist es den Schulen freigestellt, in Klasse 3 auf Zensuren in den Fächern außer Deutsch, Mathematik und Werken zu verzichten. Die Entscheidung trifft hier der Schulleiter in Absprache mit der Fachkonferenz.

In NORDRHEIN-WESTFALEN nehmen derzeit ca. 20 Grundschulen an einem entsprechenden Schulversuch teil. Hier kann in den Klassen 3 und 4 auf die Anwendung der Notenstufen verzichtet werden. Es ist jedoch inzwischen eine Regelung angekündigt, nach der dann die Schulkonferenz sich in Klasse 3 für das Berichtszeugnis entscheiden kann.

In NIEDERSACHSEN können diejenigen Grundschulen notenfreie Zeugnisse erteilen, die an dem Schulversuch „Volle Halbzeitschule" teilnehmen. Im SAARLAND wird ein Schulversuch zum Thema „Berichtszeugnisse" durchgeführt. Er ist in quantitativer Hinsicht nicht begrenzt; allerdings machen nur wenige der ingesamt 275 Grundschulen des Landes von diesem Angebot Gebrauch.

Daß in der Bevölkerung der Bundesrepublik die Zustimmung zu einer Leistungsbeurteilung ohne Zensuren insgesamt wächst, belegt die jüngste Umfrage des „Instituts für Schulentwicklungsforschung" der Universität Dortmund (ROLFF 1992, S. 55). Demzufolge befürwortet eine deutliche Mehrheit, nämlich insgesamt 59 % der Bevölkerung in den alten Bundesländern, daß „zumindest in den ersten drei Jahren der Grundschule" auf Zensuren verzichtet werden kann. In den neuen Bundesländern ist die Einstellung zu diesem Thema allerdings eher ablehnend, wie die folgende Übersicht zeigt:

	West	Ost
zustimmend	59 %	35 %
unentschieden	15 %	13 %
ablehnend	26 %	52 %

Mit zunehmender Erfahrung nehmen die Vorbehalte ab

Vor allem in Hamburg hat sich gezeigt: Wo praktische Erfahrungen mit der zensurenfreien Beurteilung gemacht werden, dort wächst auch die Zustimmung kontinuierlich. In Hamburg (Schuljahr 1991/92) haben sich bereits 49,8 % der Grundschulen für Berichtszeugnisse in der Klasse 3 entschieden. In der Klasse 4 wird immerhin noch in 23,2 % der Grundschulen auf Zensuren verzichtet. Wo Grundschulen nicht mit Haupt- und Realschulen organisatorisch zusammengefaßt sind, ist die Zustimmung zu den Berichtszeugnissen noch größer (Klasse 3: 70,9 %, Klasse 4: 46,3 %).

Beachtlich ist auch die Entwicklung in (West-) Berlin. In Klasse 3 (und auch in der Klasse 4) können Schulen dann auf Zensuren verzichten, wenn sie sich bereits in der Klasse 2 entsprechend entschieden haben. Darüber hinaus setzt der Beschluß der Klassenkonferenz zugunsten der verbalen Beurteilung voraus, daß der Klassenlehrer und zwei Drittel der Erziehungsberechtigten zustimmen. Nach einem Bericht der Berliner Behörde ist der Grad der Zustimmung zu einer zensurenfreien Leistungsbeurteilung hier wie folgt:

in Klasse 2: ca. 50 %
in Klasse 3: ca. 15 %
in Klasse 4: ca. 3 %

Wo die Grundschule selbst entscheiden kann, ob sie mit oder ohne Zensuren beurteilen will, dort ist das Kollegium natürlich weitaus stärker herausgefordert, mit den Eltern — und übrigens auch mit sich selbst — sich in eine pädagogische Diskussion einzulassen, fachlich zu überzeugen und schließlich zu einer allgemein akzeptierten Beurteilungspraxis zu kommen.

8.2 Leistungsbeurteilung ohne Zensuren in den Lernbereichen und Fächern

Die Hinweise in Kapitel 5 gelten für die Klassen 3 und 4 auch, wenn keine Zensuren erteilt werden (ausgenommen natürlich die Hinweise zum Zensieren).
Einige Punkte seien erinnert und auf die Gegebenheit zensurenfreier Leistungsbeurteilung in den Klassen 3 und 4 hin pointiert:

■ *Schritt 1: Leistungsanforderungen definieren*

Neben dem individualbezogenen Maßstab tritt in den Klassen 3 und 4 offenkundiger der anforderungsbezogene: Die Kinder lernen Anforderungen kennen, die für ihre Klassenstufe gelten und die ihnen als Lernaufgabe gestellt sind. Nur werden diese allgemeinen Anforderungen von Ihnen als der verantwortlichen Lehrkraft so differenziert, daß sie bei einiger Anstrengung — und wo nötig mit zusätzlicher Förderung — für die Kinder auch erreichbar sind.

Orientierung an den grundlegenden Anforderungen ...

Beispiel Rechtschreiben: In einem thematisch gebundenen Unterricht werden bestimmte Grundwortschatz-Wörter für alle Kinder zum rechtschriftlichen Lernwortschatz; möglicherweise wird eines dieser Wörter auch als Modellwort für einen bestimmten Rechtschreibfall genutzt, um andere ähnlich geschriebene Wörter zu erarbeiten.
Diese Grundwortschatz-Wörter und der besondere Rechtschreibfall sind die Inhalte der *grundlegenden Anforderungen,* der Anforderungen also, die Sie als Grundlage für erfolgreiches Weiterlernen festlegten. Sie zu bewältigen, ist Aufgabe der Rechtschreibübungen, der Fördermaßnahmen für schwächere Rechtschreiber usw.
Über die grundlegenden Anforderungen hinaus werden *weitere Ziele* angestrebt: Die Kinder lernen Wörter im Umfeld der Grundwortschatz-Wörter richtig zu schreiben, z. B. Wörter der Wortfamilie, verwandte Wörter, Wörter mit inhaltlichem Bezug; die Kinder lernen z. B. bei freieren Texten für ihr eigenes Schreiben wichtige Wörter richtig zu schreiben; sie arbeiten an einem eigenen Fehlerschwerpunkt mit individuellen Übungen; sie finden in eigenen und in anderen Texten Fehler; sie verwenden ein Wörterbuch usw.

... darüber hinaus: weitere Ziele

Für einzelne, besonders rechtschreibschwache Kinder, die zur Zeit auch die grundlegenden Anforderungen noch überfordern würden, stellen Sie *individuelle Förderziele* auf. Das können durch eine Reduzierung der Grundwortschatz-Wörter verringerte grundlegende Anforderungen sein; aber auch individuelle Lernprogramme können erforderlich sein. Diese Kinder brauchen offenbar mehr Zeit, um an den Anforderungen für die Klasse gemessen zu werden; der individualbezogene Maßstab muß für sie zunächst noch Vorrang haben.

... eventuell zusätzlich: individuelle Förderziele

Auf lange Sicht gesehen, muß aber das Erreichen der grundlegenden Anforderungen von allen Kindern ein Ziel der Grundschule sein.

differenzierte Anforderungen:

grundlegende Ziele (für Kinder der Klasse)	Grundlagen, die erfolgreiches weiteres Lernen möglich machen
weitere Ziele	individuelle Ziele über die Grundlagen hinaus; komplexe Anforderungen; Ziele, die aus besonderen Interessen und Fähigkeiten der Kinder erwachsen
individuelle Förderziele (für besonderen individuellen Bedarf)	Ziele unterhalb der grundlegenden Anforderungen, die auf Grund des individuellen Förderbedarfs zunächst vorrangig sind

Anforderungen müssen im Unterricht revidierbar sein

Sind die Anforderungen von Ihnen definiert, dann werden sie im Verlauf des Unterrichts womöglich korrigiert werden müssen: Kinder mögen leistungsfähiger oder -schwächer sein als von Ihnen angenommen; der Unterricht läßt sich nicht, wie von Ihnen beabsichtigt, realisieren: z. B. weil Stunden ausfallen. Oder die Kinder selbst bringen neue Gesichtspunkte, Themen, Probleme, Ziele „ins Spiel". Anforderungen müssen also immer für Veränderungen offen bleiben.

■ *Schritte 2, 3 und 4: Leistungen prüfen — feststellen — beurteilen*

Die Vorrangstellung von normierten Klassenarbeiten in den Bereichen Rechtschreiben, Schriftlicher Sprachgebrauch, Mathematik haben wir schon im Kapitel 5 in Frage gestellt. Sie ist nunmehr, bei Verzicht auf Zensuren und einer konsequenteren Pädagogisierung der Leistungsbeurteilung, auch nicht mehr haltbar.

Wege weg von normierten Klassenarbeiten

Als eine Alternative entwickelten wir die differenzierten Klassenarbeiten (siehe Kap. 5) mit mehreren Varianten. Hier seien zwei „Modelle" vorgestellt, die nach unseren Erfahrungen für die weitere Praxisentwicklung besonders interessant sind:

differenzierte schriftliche Arbeiten:

	Modell a: Arbeiten mit diff. Anforderungsstruktur	*Modell b:* Arbeiten mit individuellem Zuschnitt
Rechtschreiben	Stufendiktat: Grundtext — erweiterter Text (Beispiel in Kap. 8.3)	individuelle Rechtschreibleistung mit verschiedenen Arbeitsformen, wie freier Text, Selbst- und Partnerdiktat
Schriftlicher Sprachgebrauch	differenzierte Schreibhinweise	eigene Texte der Kinder mit Entwurf und Überarbeitungen (Beispiel in Kap. 8.4)
Mathematik	Aufgabenteil mit grundlegenden Anforderungen und Aufgabenteil mit weiterreichenden Anforderungen	individuelle Aufgabenbearbeitungen

Natürlich sind schriftliche Arbeiten immer nur ein Ausschnitt aus dem Spektrum dessen, was Kinder in einem Lernbereich leisten. Die Beobachtung der täglichen Arbeit, der Anstrengungen und Ergebnisse, der Mißerfolge und Erfolge sind unentbehrliche Ergänzungen, oft Korrektive. Sie machen eigentlich den Kern dessen aus, was als aktuelle Leistung der Kinder beobachtbar und feststellbar ist. Da das verführerisch schlichte Notizmittel der Zensur nun gänzlich ausfällt, sind — allerdings nunmehr offenkundig — die regelmäßigen Notizen über die Leistungsentwicklung der Kinder nötig (Beispiel: Kapitel 8.5). Dies gilt für die Bereiche mit schriftlichen Arbeiten, umso mehr natürlich auch für alle anderen Lernbereiche.

unverzichtbar: Aufzeichnungen über die Lernentwicklung jedes Kindes

8.3 Beispiel Rechtschreiben — Stufendiktat Klasse 4

Im Rahmen einer Unterrichtseinheit zum Thema Übergang in die weiterführenden Schulen, in der auch ein Erinnerungsbuch geschrieben wurde, übten die Kinder u. a. sechzehn neue Grundwortschatz-Wörter. Um diese Wörter weiter zu üben und um den Lernerfolg der Kinder festzustellen, wurde das folgende Arbeitsblatt entworfen:

Differenziertes Lehrerdiktat: ein Beispiel

2 Schule hier und anderswo 

Differenziertes Diktat 2

(1) 35 Worte

jetzt
später
genau
erinnern
Fehler
Inhalt
Ausdruck
Rechtschreibung

.... und ....
Wir können uns noch ....
an vieles ....
Wir halten es in einem Buch fest. Dabei helfen wir uns,
um keine ....
im .... und ....
oder in der .... zu machen.

(2) 36 Worte

versetzt
anders
Stundenplan
Fächer
verschiedenen
später
Erinnerungen
weiß

Wenn ich .... werde,
gehe ich in eine andere Schule.
Dort ist vieles .... :
der ...., die ....,
die ....Lehrerinnen und Lehrer.
Wenn ich ....
unsere .... nachlese,
dann .... ich wieder, wie es war.

(3) erweiterter Text 33 Worte

In unserer Grundschule kennen wir uns gut aus
und fühlen uns wohl.
Wie es in der neuen Schule und Klasse sein wird,
wissen wir noch nicht.
Aber das geht ja allen so.

(4) ergänzende Aufgabe

Daran erinnere ich mich gerne

Individuelles Training mit dem Arbeitsblatt: Die Textteile 1 und 2 wurden kopiert und an der Schnittstelle getrennt. Die Teile lagen in der Materialecke aus. Die Kinder übten während der Wochenplanarbeit selbständig. Sie trugen die Grundwortschatz-Wörter vom linken Rand in die Lücken ein, schrieben den Text als Selbst- und Partnerdiktat und meldeten sich, wenn sie ihn als Lehrerdiktat schreiben wollten.

Differenzierte Diktate:

Differenziertes Lehrerdiktat: Die Lehrerin diktierte den Text gruppenweise. Nach 14 Tagen haben alle Kinder das Diktat geschrieben. Vor dem Diktat entschieden sie nach Beratung, ob sie nur das vorgeübte Diktat oder auch einen unbekannten Erweiterungstext (Teil 3) schreiben wollten. Die ergänzende Aufgabe (Teil 4) wurde allen Kindern gestellt. Der gesamte Text machte folgende differenzierte Anforderungsstruktur möglich:

mit grundlegenden und mit weiteren Anforderungen ...

Grundlegende Anforderung: In Teil 1 und 2 alle Grundwortschatz-Wörter richtig geschrieben und kaum Fehler im übrigen Text

Weitere Anforderungen: Über die grundlegenden Anforderungen hinaus auch den unbekannten Textteil 3 geschrieben und dabei (fast) alles in richtiger Rechtschreibung

Eine weitere Anforderung *für alle Kinder* ist der Teil 4 mit einer ergänzenden Aufgabe. Als Regel gilt: Nur Wörter aufschreiben, die ich sicher schreiben kann.

... sowie mit individuellen Förderzielen

Individuelle Förderziele: Zwei Kinder der Klasse erhalten nur den Ausschnitt mit dem Lückentext und schreiben die Grundwortschatz-Wörter in die Lücken.

8.4 Beispiel Aufsatz — eigene Texte der Kinder

In einer Klasse 3 schrieben die Kinder selten nach vorgegebenen Themen. Vielmehr wählten sie aus Schreibanregungen aus, ließen sich durch Schreibanlässe motivieren oder fanden eigene Themen, über die sie schreiben mochten. In der

Individuelle Aufsätze: erste Entwürfe mit Überarbeitungshinweisen ...

1 Entwurf

Bernadette: **Das Huhn, das keine Eier legte**

Es war einmal ein Bauer,er hatte ein Huhn. Das hieß Ilse. ~~Sie~~ Es konnte keine Eier legen, der Bauer mochte dieses Huhn nicht und beschloß, es zu schlachten. Als erstes war die Frau dagegen, aber dann sagte sie :"Okay!"
Aber der Bauer sagte:"Wir warten lieber noch einen Monat ab. Vielleicht legt Ilse noch Eier."-"Na gut", sagte die Frau. Dann war es Abend und sie gingen ins Bett.Am nächsten Morgen guckte die Bäuerin in den Stall, aber Ilse hatte noch kein Ei gelegt. Und die Frau sagte es ihrem Mann. "Laß sie uns schlachten." Aber der Mann sagte: "Nicht so schnell, vielleicht legt sie noch." Und die Frau sagte:"Pah, die legt doch keine Eier, aber na gut." Und sie ließ dem Huhn noch Zeit. Und so lief es den ganzen Monat. Dann war es soweit. Der Bauer kam mit seiner Axt und wollte das Huhn schlachten. Aber vor Angst legte das Huhn sofort ein Ei. Und deswegen blieb das Huhn am Leben.

sagte, sagte, sagte, ...

} schön: Pah, aber na gut

Liebe Bernadette
gleich die Überschrift hat mich neugierig gemacht auf Deine Geschichte. Ich finde es witzig, über ein Huhn mit Namen Ilse zu lesen. Es ist Dir auch gut gelungen zu beschreiben, wie erst der Bauer, später die Bäuerin keine Geduld mit dem Tier hatten. Dadurch steigt die Spannung bis zum schnellen Schluß.
Spannungskurve:

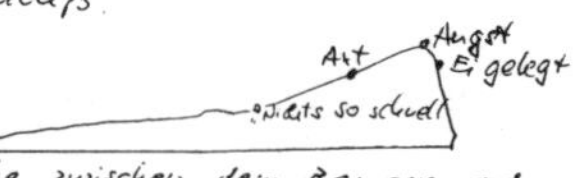

Die kurzen Gespräche zwischen dem Bauern und seiner Frau sind Dir gut gelungen. Die Erzählzeit hast Du eingehalten.
In der Schreibkonferenz bleibt Dir nicht viel zu tun. Die Wiederholungen von sagte, sagte, ... würde ich ändern. Benutze unsere Wortfeld-Tafel „sagen".

VON.. JOHANNES

Eine spannende Geschichte von Lukyloock

Es war an einem schönen Morgen da wachte
Lukyloock auf,
da hat Lukyloock seinen Hut aufgesetzt. Da kam
ein Schuß
an seinen Hut.
Lukyloock springt (sprang) auf Jonny, der Feind war weg
Lukyoock
hat den Feind gesucht. Da hat Lukyloock den Feind
gesehen er war hinter dem Stein. Lukyloock hat den
Stein angeschossen da hat Jonny "hü hü a"
geschrien,
da hat der Feind sich erschrocken. Da ging die Kugel
in die Schulter.
Der Feind ging von den Stein weg. Lukyloock hat den
Feind gefesselt.
Da ging Lukyloock und der Feind zum Arzt.
Der Arzt hat Lukyloock die Kugel rausgeholt.
Lukyloock hat geschrien so laut, daß die Fenster
kaputtgegangen sind.
Da sagte der Arzt zu Lukyloock: "Die Rechnung geht
auf dich." ENDE

?

?

Da hat, da hat, da hat.

Da ging.

Da ging.

Da ging ...

schön beschrieben!

Spannungskurve: geschrien

Lieber Johannes,

Deine Überschrift hatte mich sehr neugierig gemacht
Aber auf die Spannung mußte ich vergeblich warten.
Am besten gefällt mir der Schluß, wie er so laut geschrien
hat, und was der Arzt zu ihm sagte, das fand ich
gut erzählt.
Am Anfang wacht er auf, setzt den Hut auf (im Bett?)
und dann wird auch schon geballert. Das kann man alles
gar nicht verstehen. Da fehlt zuviel! – Die vielen Wieder-
holungen sorgen auch für Langeweile. Du weißt doch,
auf Da, da kannst Du eigentlich verzichten. Laß es weg.
Beim Überarbeiten benutze bitte die Wortfeld-Tafel „gehen".

Alexandra

Der Mäuseschreck

Es war einmal eine
Frau, die wohnte mit
ihrer Tochter in einem
wunderschönen Haus.
Eines Tages ging die
Mutter in den Keller.
Im Keller sprang sie
plötzlich auf einen Stuhl,
denn sie saß eine Maus.
Da rief die Mutter: „Ojee, eine Maus!"
Und sie rannte, so schnell sie konnte
die Treppe nach oben, dabei hat sie
einen Schuh verloren.
Endlich ist sie oben angekommen.
Die Tochter fragte: „Mama, darf ich eine
Maus als Haustier haben?"
Da meinte die Mutter: „Nein nicht
noch mehr Mäuse!"

Alexandra, nach der Überarbeitung gefällt mir Deine
Geschichte viel besser: Das Haus ist „wunderschön", die Frau
springt „plötzlich" auf den Stuhl; sie sagt nicht, sondern
schreit „Ojee!" Und die Tochter kann jetzt auch richtig
sprechen. Sie rannte, so schnell sie konnte sollte auf
die Wandtafel kommen! Warum ist das Mädchen immer
noch namenlos? Ich bin sicher, die anderen finden
Deine Geschichte jetzt auch lustig.

... überarbeitete Fassung

Regel entwarfen sie zuerst ihren Text, häufig schrieben sie ihn dabei in den Computer — zwei Geräte stehen während der Freien Arbeit zur Verfügung. Rechtschreibfehler wurden durch das Korrekturprogramm oder vom Lehrer beseitigt. Der Lehrer sah den Entwurf durch, machte Randbemerkungen, kommentierte und gab Hinweise für die Schreibkonferenz. Dort überarbeiteten die Kinder in kleinen Gruppen ihre Texte.
Manchmal kommentierte der Lehrer auch zusätzlich die überarbeitete Fassung. Besonders gelungene Textstellen oder Ausdrücke wurden übrigens, oft nach Entscheidung der Kinder, auf größeren Blockblättern herausgestellt und aufgehängt.
Wir dokumentieren aus der Arbeit dieser Klasse zwei Textentwürfe von Bernadette und Johannes und eine überarbeitete Fassung von Alexandra.

8.5 Notizen zur Leistungsentwicklung — Beispiel Mathematik

Die beiden Kinder Tim und Maria besuchten dieselbe Klasse 4. Sie schrieben zu unterschiedlichen Zeiten und in unterschiedlicher Anzahl Leistungskontrollen. Schon in den Rückmeldungen an die beiden Kinder unter ihren Arbeiten werden die Lernentwicklungen deutlich, aber auch wie sehr sich die Lehrerin bemühte, für das Kind und für sich Arbeitsperspektiven zu klären.

Kommentare unter Leistungskontrollen im Fach Mathematik, Klasse 4

Beispiel Tim

Ermutigende Kommentare:

23. 9.:

Tim, in dieser Wiederholungsarbeit zeigst Du, daß Du in den Ferien das schriftliche Addieren und Subtrahieren nicht verlernt hast. Leider hast Du das kleine 1x1 fast ganz vergessen. Wir werden es wieder gemeinsam üben, bevor wir etwas Neues dazunehmen. Damit es etwas schneller geht, solltest Du jeden Tag eine Reihe zu Hause üben. Vielleicht kann Dich mal jemand abhören?

Erfolge bestätigen, Schwächen nennen und Hilfen aufzeigen ...

11. 11.:

Prima, Tim, Du hast im Unterricht gut aufgepaßt. Die Zahlen bis Zehntausend kannst Du nach Diktat schreiben, Du kannst sie ordnen und zerlegen. Beim Ergänzen bist Du noch unsicher, ebenso beim Multiplizieren. Das liegt wahrscheinlich daran, daß Du die 1x1-Reihen noch nicht alle beherrschst.

15. 12.:

Tim, Du hast in dieser Arbeit wieder Schwierigkeiten beim Malnehmen und Teilen gehabt. Zum Teilen braucht man eben auch das kleine 1x1. Du bist zwar sehr fleißig und übst mit allem Material, das zur Verfügung steht, aber es klappt immer noch nicht so richtig. Wenn Du willst, kannst Du ein paar Wochen dienstags in der 5. und 6. Stunde bei mir zusätzlich arbeiten.
Bei den Textaufgaben hast Du keine sinnvolle Frage stellen können. Das nächste Mal gebe ich Dir die Frage vor, vielleicht kannst Du sie dann lösen.

16. 3.:

... sich mit dem Kind über Erfolge freuen

Tim, das hast Du toll gemacht. Du hast gezeigt, daß Du das kleine 1x1 jetzt wirklich kannst. Selbst in der schriftlichen Multiplikation mit mehreren Zahlen hast Du es richtig angewendet. Sogar an die Aufgaben zum schriftlichen Dividieren hast Du Dich herangewagt. Zwei davon sind völlig richtig. Ich freue mich mit Dir.

7. 5.:
Tim, Du machst gute Fortschritte. Das liegt daran, daß Du so fleißig bist und nicht aufhörst zu üben. Die 1x1-Reihen kannst Du fast im Schlaf. Schriftliches Multiplizieren und Dividieren hast Du auch verstanden. Manchmal unterlaufen Dir allerdings Rechenfehler. Das Umrechnen von cm, m und km müssen wir noch einmal wiederholen. Die Textaufgabe hast Du mit vorgegebener Frage lösen können. Prima!

Kommentare unter Leistungskontrollen im Fach Mathematik, Klasse 4a

Beispiel Maria

15. 9.:
Maria, Du hast aus dem 3. Schuljahr nichts vergessen. Alle Wiederholungsaufgaben hast Du gekonnt. Das „Kleine 1x1'' beherrscht Du sicher, das ist ein gutes Rüstzeug. Dein Start im 4. Schuljahr war schon sehr erfolgreich.

6. 11.:
Maria, Du hast im Unterricht gut aufgepaßt, und die Zahlen bis 10000 kannst Du nach Diktat richtig schreiben. Beim Ergänzen mußt Du aufpassen, daß Du die Tausender und Zehntausender nicht verwechselst. Wir werden das noch einmal am Zahlenstrahl üben.

2. 12.:
Maria, Du hast auch diesmal wieder die meisten Aufgaben richtig gelöst. In den vier Grundrechenarten rechnest Du sicher mit Zahlen bis 1 Million. Auch das Lösen von Textaufgaben bereitet Dir offensichtlich keine Schwierigkeiten. Das Runden und Ergänzen solltest Du noch einmal wiederholen. Vor allem mußt Du genau lesen, ob dort halbieren oder verdoppeln steht.

20. 1.:
Hallo, Maria, das war zwar eine schwere Arbeit, aber Du darfst Dir ruhig etwas mehr zutrauen und zügig weiterrechnen. Du rechnest zuverlässiger als Du selbst glaubst. Bevor Du eine Aufgabe zum zweiten Mal kontrollierst, rechne lieber erst die anderen Aufgaben fertig. Wenn Du dann noch Zeit hast, kannst Du die fertigen Aufgaben noch einmal nachrechnen.

... anspornen und Mut machen

11. 2.:
Maria, Du hast meinen Rat befolgt. Jetzt merkst Du, daß Du eine sichere Rechnerin bist. In den 30 Minuten hast Du sehr viele Aufgaben geschafft, und die sind alle richtig. Beim nächsten Mal schaffst Du vielleicht alle Aufgaben.

17. 2.:
Was sagst Du nun, Maria? In dieser Arbeit, wo es darum ging, möglichst viele Aufgaben zu lösen, hast Du gezeigt, daß Du schnell *und* richtig arbeiten kannst. Toll gemacht!

8. 3.:
Maria, heute hattest Du 30 Minuten Zeit und warst schon nach 15 Minuten fertig. Dabei hast Du Dich nur einmal verrechnet. Du hast tolle Fortschritte gemacht, was das Arbeitstempo angeht. Richtig gerechnet hast Du ja schon immer.

10. 3.:
Bei den Rechenaufgaben hast Du wieder alles richtig gemacht, Maria. Die Textaufgabe hast Du nicht ganz aufmerksam gelesen, sonst wäre Dir sicher aufgefallen, daß der Schulbus nicht nur zur Schule hinfährt, sondern auch zurück.

18. 3.:
Maria, Du hast wieder ordentlich und übersichtlich gearbeitet und meine Ratschläge umgesetzt. Du wirst immer selbständiger und sicherer.

3. 5.:
Maria, Du bist eine tolle und selbständige Rechnerin! Du hast fast alle Aufgaben richtig gelöst. Die Umrechnung von Gewichten mußt Du noch einmal wiederholen. Du hast zwei Rechenfehler gemacht, die Du aber selber finden wirst.

Ergänzend zu den Rückmeldungen unter die Lernkontrollen notierte sich die Lehrerin in ihrem pädagogischen Tagebuch, was sie an Lernentwicklung bei den Kindern beobachten, feststellen und beurteilen konnte. Wir dokumentieren im folgenden die Notizen über Tim im Mathematikunterricht, die mit den oben schon abgedruckten Kommentaren die Lernentwicklung von Tim im Bereich Mathematik kennzeichnen.
Diese Kommentare und Notizen waren Grundlage für die Zeugnisaussagen zum Bereich Mathematik.

Fortschrittsbeschreibung Mathematik

Beispiel: Tim, Klasse 4

Kommentare und persönliche Notizen:

Grundlage für die Zeugnisaussagen

1. 9: T. hat in den Sommerferien wahrscheinlich die 1x1-Reihen nicht wiederholt. Er kann nur noch die 2er und 5er-Reihe. Täglich üben; vorher keine neuen Rechenoperationen!

8. 9.: Schriftliche Addition und Subtraktion hat T. behalten. Offensichtlich verstanden.

18. 9.: T. arbeitet sehr langsam und unsicher. Differenzierte Übungen zum kleinen 1x1 anbieten. Überschlagsrechnungen kann er nicht ausführen. Beispiel: Einkauf spielen.

22. 9.: Wiederholungsarbeit 3. Klasse: Hier ist er auch in den Bereichen Addition und Subtraktion unsicher. Wahrscheinlich durch Testsituation. Leistungskontrollen für Tim in anderen Situationen durchführen.

12. 10.: T. braucht für die Erweiterung des Zahlenraumes viel Zeit. Wenn ich mit ihm alleine arbeite, behält er mehr als in einer Gruppe. Er benutzt gerne das Montessori-Material.

28. 10.: T. lernt vorzugsweise handelnd. Er kann große Zahlen bis zum Zehntausenderraum am Zahlenstrahl zeigen.

30. 10.: T. kann Zahlennachbarn benennen, Zahlen bis Zehntausend lesen und schreiben.

3. 11.: Bei der Erweiterung auf Hunderttausend braucht T. wieder die persönliche Zuwendung. Dann versucht er, die Zahlen zu lesen.

9. 11.: T. erlangt zusehends Sicherheit beim Rechnen mit großen Zahlen, auch bis Hunderttausend.

11. 11.: T. ist immer noch sehr unsicher beim kleinen 1x1, obwohl er das zur Verfügung stehende Übungsmaterial nutzt.

13. 11.: Bei der Erweiterung des Zahlenraumes auf 1 Million treten wieder die gleichen Schwierigkeiten wie vorher auf. Angst vor Mißerfolg??? Bei persönlicher Zuwendung macht er Fortschritte.

2. 12.: Neben Multiplikations- und Divisionsübungen nun auch Übungen zum Ergänzen anbieten.

16. 12.: T. wird zu Hause nicht abgefragt. Alleine ist er überfordert. Angebot, Dienstag, 5./6. Std. in der Schule zu bleiben. Bei Texten Frage vorgeben!

18. 12.: T. will das Angebot annehmen.

11. 1.: T. arbeitet gerne, obwohl er so wenig Erfolg hat. Er sagt, daß er sich auf den Dienstag freut.

20. 1.: T. nimmt mich dienstags sehr in Anspruch. Er mag nicht alleine arbeiten. Trotz ungünstiger Zeit (5./6. Std.) arbeitet er sehr aufmerksam und konzentriert, wenn ich bei ihm bin.

10. 2.: Ich muß gar nicht mit T. arbeiten, nur im selben Raum sein.

15. 3.: T. hat große Fortschritte gemacht. Schriftliche Multiplikation mit mehreren Zahlen hat er verstanden. Er kann alle Reihen des kleinen 1x1 auswendig.
T. möchte trotzdem dienstags weiter bei mir bleiben.

6. 5.: T. wagt sich an schriftliche Divisionen. Die Technik der schriftlichen Rechenverfahren ist ihm nun geläufig.
Die Umrechnung von Größen kann er nicht anwenden. Mehr Zeit für T. zum handelnden Lernen einräumen.

8.6 Neue Anforderungen an das Zeugnisschreiben

Die Zeugnisse für die Klassen 1 und 2 geben nicht zu allen Fächern im einzelnen Auskunft (s. S. 140 ff.). Für die Klassen 3 und 4 müssen sie allerdings detaillierter sein. Hier treten nämlich neue — pädagogische und rechtliche — Gesichtspunkte hinzu, die wir im folgenden vorstellen.

In *pädagogischer* Hinsicht beziehen sich die Zeugnisse auf den besonderen Stellenwert des grundlegenden Lernens, das in allen relevanten Bereichen der Grundschularbeit erreicht werden muß; der Anforderungsbezug in den Lernprozessen und bei der Leistungsbewertung tritt zwangsläufig in den Vordergrund. In *schulrechtlicher* Sicht stehen Entscheidungen an, die Sie — je nach Rechtslage in den Bundesländern — notwendigerweise zu treffen haben: Versetzung oder Nichtversetzung; Eignung für eine bestimmte weiterführende Schule oder Nichteignung.

Detaillierte Informationen für die Eltern:

in Bezug auf die Lernentwicklung ...

Gerade angesichts solcher Entscheidungen, die maßgeblich in Elternrechte eingreifen, steigt natürlich auch bei den Eltern der Bedarf an detaillierten Informationen — und zwar nicht nur in bezug auf die individuelle Lernentwicklung des Kindes, sondern zunehmend auch in bezug auf die anforderungsbezogenen Leistungen.

... und die Anforderungen des Lehrplans

Aussagen zu den Fächern/Lernbereichen

In den Klassen 3 und 4 gibt es in den meisten Bundesländern — wohl wegen des steigenden Informationsbedürfnisses — jeweils zwei Zeugnisse. Wer zweimal im Jahr detaillierte Aussagen zu allen Fächern macht, müßte eigentlich zweimal im Jahr zwei bis drei Seiten pro Kind schreiben. Dies ist ein hoher Aufwand. Da Aussagen zu *allen* Fächern aber unverzichtbar sind, schlagen wir folgenden Weg vor:

Schwerpunkt im Zwischenzeugnis:

Deutsch und Mathematik, besondere Leistungen, besondere Probleme

Im *Halbjahreszeugnis* (soweit es verpflichtend ist) sollte das Schwergewicht auf diejenigen Bereiche gelegt werden, die besondere Bedeutung für das weitere schulische Lernen haben, also auf Deutsch und Mathematik. In den anderen Fächern können Sie sich gegebenenfalls auf besondere Leistungen und Interessen oder auf besondere Probleme beschränken.

Zum Schuljahrsende: Jahresziel erreicht?

Wenn Sie *Versetzungszeugnisse* schreiben, kommt es auf ein prägnantes „Urteil" an. Die beiden wichtigsten Fragen, auf die Sie eine Antwort geben müssen, lauten:
— Hat das Kind das „Ziel" der Klasse erreicht?
Damit hängt die folgende Frage zusammen:
— Kann es — wenn auch mit besonderer Förderung — in der nächsthöheren Klasse sinnvoll mitarbeiten?

Pädagogische Prüffragen: auch an die Zeugnisse in den Klassen 3 und 4

Darüber hinaus gelten — vom Anspruch des pädagogischen Leistungsbegriffs her — als weitere unabdingbare Prüffragen an das Zeugnis:
— Wird der individuelle Lernprozeß deutlich?
— Wird das Kind zum weiteren Lernen ermutigt?
— Wird deutlich, daß das Kind selbständiger geworden ist?
— Kommt zum Ausdruck, daß Lernen im sozialen Zusammenhang geschieht?

Aussagen zu den grundlegenden Anforderungen:
Zu Schulbeginn wird die *individuelle Bezugsnorm* zunächst und vorrangig zugrundegelegt. Nur dadurch wird ermöglicht, daß jedes Kind die für seine Persönlichkeitsentwicklung wichtige Erfahrung erfolgreichen Lernens machen kann. Die *anforderungsbezogene* Norm leitet zusätzlich das Handeln der Lehrerin und des Lehrers insoweit, als bei jedem Kind das Erreichen der grundlegenden Ziele gesichert werden muß. Doch die in den Lehrplänen formulierten Anforderungen treffen das Kind noch nicht als Maßstab seiner Leistungen. Erst wenn — gegen Ende der beiden ersten Schuljahre — ein Grundbestand an Wissen und Können gesichert ist, wenn sich Erfolgszuversicht und Leistungsbereitschaft stabilisiert haben, tritt zu der individuellen die anforderungsbezogene Norm stärker hinzu (S. 20 ff.).

Klasse 3: individualbezogen *und* anforderungsbezogen

Im Bereich der grundlegenden Anforderungen müssen alle Kinder Sicherheit erlangen. Tragfähige und ausbaufähige Grundlagen für weiteres Lernen und Leisten lassen sich allerdings nur über individuelles Lernen vermitteln. Die einen müssen weit über die grundlegenden Anforderungen hinaus gefördert — und herausgefordert — werden, während andere — unter Einsatz allen pädagogischen und methodischen Könnens — gezielt und vor allem ohne permanente Vergleiche und Aburteilungen so weit zu fördern sind, daß sie am Ende der Grundschulzeit die Grundlagen für weiterführendes Lernen beherrschen, mit Freude lernen und noch bereit sind, sich auch anzustrengen und etwas zu leisten. Ziel des individuellen Lernens ist also nicht eine für alle gemeinsame „Decke", sondern der gemeinsame Boden.

Klasse 4: vorrangig anforderungsbezogen

Für jedes Fach — insbesondere aber für die Bereiche Deutsch und Mathematik — muß den Eltern also unmißverständlich mitgeteilt werden, was die Grundlagen in bezug auf die Kenntnisse, aber auch in bezug auf das Lernverhalten (Arbeitsverhalten und Arbeitstechniken) sind; schließlich: ob ihr Kind diese grundlegenden Kenntnisse und Fertigkeiten beherrscht, ob es dahinter zurückbleibt oder auch — gemessen an seinen Möglichkeiten — mehr leisten sollte. Diese Grundregeln sind in aller Regel in den Richtlinien und Lehrplänen festgelegt, allerdings auf einem allgemeinen Niveau, so daß sie landesweit gelten können. Ihre Aufgabe als Lehrerin oder Lehrer ist es nun, die verbindlichen Ziele und Inhalte in eigener pädagogischer Verantwortung für Ihre Klasse auszugestalten.

Aussagen im Zusammenhang mit Versetzung und Übergang:
Über Sinn und Unsinn des Sitzenbleibens läßt sich trefflich streiten. Offensichtlich wird aber der mit dem Sitzenbleiben verbundene Zweck in den meisten Fällen wohl nicht erreicht. Je konsequenter die Lehrgänge als individuelle Lerngänge für Kinder angelegt sind, umso weniger ist ein solches Verwaltungshandeln vonnöten. In den meisten Fällen wäre es durchaus möglich, die langsam und nur

sehr schwer lernenden Kinder so zu fördern, daß sie bis zum Ende der Grundschulzeit die grundlegenden Anforderungen — wenn auch mit gewissen Abstrichen — erreicht haben. Voraussetzung ist dafür allerdings, daß sie nicht permanent durch stoffliche Überforderung und belastende Vergleichssituationen in ihrem individuellen Lernweg verunsichert werden. Im Einzelfall kann dann immer noch ein „Rücktritt" in die niedrigere Klasse angebracht sein — dann aber im Laufe eines Schuljahres zu einem sorgfältig gewählten Zeitpunkt. Übrigens ist ein Ausweg aus diesem pädagogischen Dilemma die jahrgangsübergreifende Lerngruppe (z. B. mit Kindern der Klassen 1 bis 4).

Pädagogische Alternative zur Nichtversetzung: der „Rücktritt"

Wie läßt sich nun eine Nichtversetzung, wenn sie denn für erforderlich gehalten wird, bei Beachtung des pädagogischen Leistungsbegriffs begründen?

Drei Fünfen auf dem Zeugnis sind nur für einen oberflächlichen Betrachter unverfänglicher als ein entsprechendes Berichtszeugnis. Doch nur im Berichtszeugnis läßt sich in einer für das Kind — und für die Eltern — nachvollziehbaren und akzeptablen Form eine Nichtversetzung begründen: daß nämlich das Kind die grundlegenden Anforderungen bei weitem nicht erfüllt hat, also über so wenig tragfähige Grundlagen verfügt, daß ein sinnvolles Weiterlernen in der nächsthöheren Klasse und in dieser Lerngruppe ausgeschlossen ist.

Gutachtliche Aussagen für den Übergang in die weiterführenden Schulen:

In der Klasse 4 spielt das Halbjahreszeugnis der meisten Bundesländer eine besondere Rolle, weil sich zu diesem Zeitpunkt die Frage des Übergangs in die weiterführenden Schulen entscheidet. In einigen Bundesländern muß hierfür sogar ein gesondertes Gutachten erstellt werden, aufgrund dessen ein Kind zum Besuch der gewünschten Schule als geeignet oder nicht geeignet beurteilt wird. In den Ländern ohne Vetorecht der Schule ist auf jeden Fall eine Empfehlung für die bevorstehende Wahl der Eltern erforderlich.

besondere Bedeutung der allgemeinen kognitiven und nichtkognitiven Fähigkeiten

Grundlagen für eine Eignungsaussage wie für eine Empfehlung wird in jedem Falle das Halbjahreszeugnis sein. Deshalb sollten Sie hier ausführlicher auch auf die allgemeinen Fähigkeiten, auf das Lernverhalten und die Leistungsbereitschaft eingehen, weil diese Faktoren für das weitere schulische Lernen bekanntlich aussagekräftiger sind als Urteile über den aktuellen Lernstand (S. 180 ff.).

In der Übersicht auf Seite 158 haben wir die Schwerpunkte der Bewertungsaspekte bei zensurenfreien Zeugnissen von der Klasse 1 bis zu Klasse 4 noch einmal zusammenfassend dargestellt.

Entwicklung der Schwerpunkte bei zensurfreien Zeugnissen von Klasse 1 bis Klasse 4

Von Klasse 1 bis Klasse 4:

kontinuierliche Entwicklung von der individualbezogenen zur anforderungsbezogenen Bewertungsnorm

	Termin	Inhalte	Bewertungsnorm
Klasse 1	ein Zeugnis zum Schuljahresende	Hinweise auf Entwicklungen und Leistungen des Kindes; Auswahl von Bereichen, immer aber Deutsch/Sprache und Mathematik	vorrangig individualbezogen
Klasse 2	ein Zeugnis zum Schuljahresende	Hinweise auf Entwicklungen und Leistungen des Kindes; Auswahl von Bereichen, immer aber Deutsch/Sprache und Mathematik	vorrangig individualbezogen
Klasse 3	falls vorgeschrieben: Halbjahreszeugnis	konkrete Hinweise zum Arbeits- und Sozialverhalten, zu den Lernbereichen Deutsch/Sprache, Mathematik, Sachunterricht, ausgewählte Hinweise zu den übrigen Bereichen	individual- und anforderungsbezogen
	Jahresabschluß-zeugnis	konkrete Hinweise zum Lernverhalten; zu allen Lernbereichen	individual- und anforderungsbezogen
Klasse 4	Halbjahreszeugnis	konkrete Hinweise zum Arbeits- und Sozialverhalten, ausführlicher in bezug auf Aussagen zum Lern- und Leistungsverhalten, soweit es bei Übergangsentscheidungen herangezogen wird; konkrete Hinweise zu Deutsch/Sprache, Mathematik und Sachunterricht, ausgewählte Hinweise zu den übrigen Bereichen	Berücksichtigung der individuellen Lernmöglichkeiten/-anstrengungen/-fortschritte; vorrangig anforderungsbezogen
	Abschlußzeugnis der Grundschule	Aussagen dazu, inwieweit die grundlegenden und weitere Anforderungen der Grundschule zum Arbeits- und Sozialverhalten und zu den Fächern/Lernbereichen erreicht sind; Hinweise auf besondere Förderaspekte	vorrangig anforderungsbezogen

8.7 Zeugnisbeispiele im Vergleich

Um unser pädagogisches Anliegen zu verdeutlichen, analysieren und vergleichen wir im folgenden einige Zeugnisausschnitte, die wir Zeugnissen der Klassen 3 und 4 aus verschiedenen Bundesländern entnommen haben.

Beispiel 1: Mathematik

Zweimal Mathematik

> Petra hat die schriftlichen Rechenverfahren der Addition und Subtraktion verstanden. Aufgaben der halbschriftlichen Multiplikation und Division löst sie nun auch selbständig. Sie hat eine größere Sicherheit im Einmaleins auch mit Zehnerzahlen bekommen. Bei komplexen Aufgaben und Sachaufgaben holt sie sich manchmal Hilfen. Petra hat ihre Leistungen im mathematischen Bereich durch gewissenhaftes Arbeiten und Üben steigern können.

> Bärbel hat die schriftlichen Rechenverfahren der Addition und Subtraktion mit und ohne Über- bzw. Unterschreitung verstanden. Die halbschriftliche Multiplikation und Division rechnet sie sehr langsam. Dies liegt wohl daran, daß Bärbel die Einmaleinsreihen nicht sicher beherrscht und oft noch Anschauungsmaterial ("Rechenmaschine") benutzen muß. Aufgaben mit mehreren Rechenoperationen löst sie nur mit Hilfen. Das gleiche gilt auch für Sachaufgaben. Bärbel muß die Einmaleinsreihen mehr üben.

Die Zeugnisaussagen wären sicherlich noch informativer, wenn die Lehrerin ergänzend feststellte, ob und inwieweit Bärbel die grundlegenden Anforderungen erfüllt. Für die Eltern ergeben sich sonst zwangsläufig Verständnisschwierigkeiten: Sie können nicht abschätzen, wie eine bestimmte Anforderung zu gewichten ist. Genügt es z. B., nur etwas zu „verstehen“? Welche Fähigkeiten werden über die bloße Beherrschung der Operationen hinaus erwartet? Sind die schriftlichen Rechenverfahren das einzige Ziel der Klasse 3? Die richtige Einordnung dessen, was im Zeugnis steht oder was nicht beurteilt ist, können Eltern allenfalls bei genauer Kenntnis des Lehrplans vornehmen. Hier wäre z. B. ein Hinweis darauf, daß Bärbel die grundlegenden Aufgaben lösen (oder noch nicht lösen) kann, ein aus Elternsicht wünschenswert klares Urteil.

Welche „Botschaft“ können Eltern dem Zeugnis entnehmen?

Vergleicht man die Aussagen über Petra und Bärbel, die in einer Klasse sind, stellt sich die Frage: Hat Bärbel mehr als Petra „verstanden“? Die eine löst die halbschriftlichen Aufgaben „selbständig“, die andere rechnet „sehr langsam“, weil sie das 1x1 noch nicht sicher beherrscht; doch kann sie deswegen nicht auch selbständig arbeiten? Bei bestimmten Aufgabentypen braucht Bärbel Hilfen, auch Petra holt sich manchmal Hilfen. Sollen Eltern als Tadel verstehen, daß ihre Kinder in der Schule nachfragen? Was fehlt, damit beide noch selbständiger werden? Worin müssen sie im nächsten Schuljahr noch gezielt gefördert werden?

Nur eine einzige „Botschaft“ könnte bei den Eltern unmißverständlich ankommen: Es muß noch geübt werden. Doch in eine solche gewiß wichtige Empfehlung sollte sich die Lehrerin selbst mit einbringen. Was werden wir im nächsten Schuljahr gemeinsam tun, damit das Kind bereitwilliger und erfolgreich übt.

Beispiel 2: Rechtschreiben
Eindeutige Aussagen werden in den folgenden Zeugnisbeispielen zum Rechtschreiben (Klasse 3, 2. Halbj.) gemacht. In den beiden ersten Fällen wird die Rechtschreibleistung nicht nur als Diktat-Leistung beurteilt. Im Wörterbuch nachschlagen können, Regeln anwenden und sich selbst kontrollieren können, sind wichtige Leistungen, um rechtschreibsicher zu werden.

Zweimal Rechtschreiben

Im Bereich der Rechtschreibung gebrauchte Ben den Grundwortschatz sicher und schrieb Diktate mit nur einem oder zwei Fehlern. Probleme bereiteten ihm die Unterscheidung von langen und kurzen Vokalen sowie Verdopplung und Dehnung, was beim freien Schreiben deutlich wurde. Viele Fehler kann er durch Nachschlagen im Wörterbuch vermeiden. Seine Schrift war flüssig und klar gegliedert, teilweise ungleichmäßig (eng-breit, Rechts- und Linksneigung, steile Schrift).

In unseren geübten Diktaten hast Du von insgesamt 19 mitgeschriebenen in 15 Diktaten alle Wörter richtig geschrieben. Auch in ungeübten Texten bist Du erstaunlich sicher. In Deinen Geschichten erzählst Du anschaulich und genau Deine Gedanken. Du findest treffende Ausdrücke, um Situationen darzustellen. In Deinem Ponyheft hast Du sorgfältig Bilder gesammelt und zusammengestellt, ausführliche Texte und Bildunterschriften selbst geschrieben und mit liebevollen, ausdrucksstarken Zeichnungen gestaltet. Schriftliche Arbeiten führst Du sauber, übersichtlich geordnet und mit einer stets ausgewogenen, schönen Handschrift aus.

Beispiel 3: Sachunterricht
Wie sich Aussagen zu den Unterrichtsinhalten mit Hinweisen zur Selbständigkeit und zum Arbeiten im sozialen Zusammenhang miteinander verknüpfen lassen, wird an einem Beispiel zum Sachunterricht (Klasse 4) dokumentiert.

Nicht nur zu inhaltlichen Anforderungen Stellung nehmen ...

An den Themen des Sachunterrichts arbeitete Benjamin wieder interessiert und engagiert mit. Er führte Versuche selbständig durch, konnte die Ergebnisse mündlich und schriftlich formulieren, Sachtexte informationsgewinnend lesen, Tabellen auswerten, selber Sachtexte schreiben. Beim Thema "Wald" interessierte er sich sehr für die "Vernetzung" innerhalb dieser Lebensgemeinschaft, befaßte sich mit dem Nutzen und der Gefährdung des Waldes, nahm an allen praktischen Versuchen lebhaft teil und hielt seine Kenntnisse auch schriftlich fest. Beim Thema "Indianer" beschäftigte Benjamin sich auf vielfältige Weise mit den Umweltbedingungen und den sich daraus ergebenden Lebensformen verschiedener Indianerstämme. Er gewann Einsichten in die Konflikte, die mit der Kolonialisierung Amerikas auftraten. Auch beim Thema "Müll" arbeitete Benjamin aktiv mit bei der

Beschäftigung mit Möglichkeiten, Abfall zu sortieren und zu vermeiden. Seine Gesprächsbeiträge förderten das Bewußtmachen der sich im Laufe der Zeit verändernden Lebens- und Arbeitsverhältnisse und das damit zusammenhängende, zunehmende Abfallbeseitigungsproblem. Bei allen Gruppenarbeiten fiel Benjamin durch sein kooperatives Verhalten auf.

... auch zu den Erziehungszielen wie Selbständigkeit, Zuverlässigkeit, soziales Verhalten

Beispiel 4: Zeugnis für die Klasse 3
Das Beispiel haben wir einer Arbeitshilfe entnommen, die die Behörde für Schule, Jugend und Berufsbildung in Hamburg (1991, S. 49) herausgegeben hat. In diesem Zeugnis werden jetzt — zum Schuljahrsende — zu allen Fächern, wenn auch nicht mit derselben Ausführlichkeit, Aussagen gemacht. Die Stärken des Kindes werden plastisch beschrieben, die Schwächen dabei nicht ausgespart. Durch ein solches Zeugnis in Briefform (Du-Anrede) fühlt sich das Kind — als der eigentliche Adressat — angesprochen. Es wirkt sehr persönlich und überhaupt nicht formal. Wenn das Zeugnis auch zu einigen Bereichen (z. B. Rechtschreiben, Kunst) allzu pauschale Aussagen macht, so entsteht insgesamt doch ein lebendiges Bild, das gewiß eine gute Grundlage für das Gespräch mit dem Kind und dann auch mit den Eltern darstellt.

E., Du hast Dich in diesem Schuljahr aus gesundheitlichen Gründen häufig nicht richtig wohl gefühlt. Wir haben den Eindruck, daß es Dir nach der Mandeloperation wirklich besser geht. Du kommst mit schulischen Dingen besser zurecht. Mit dem Wochenplan kannst Du selbständiger arbeiten. Bei der Auswahl der Aufgaben bevorzugst Du solche, die Dir viel freien Raum zum eigenen Gestalten geben. Dann arbeitest Du mit Begeisterung und großem Einsatz, der auch die anderen antreibt. Deine Idee mit dem Bienentheater wurde mit Freude von allen aufgenommen. Es war eine gelungene, mitreißende Aufführung.

Zeugnisbeispiel mit Du-Anrede

Auch bei der mündlichen Erarbeitung eines Themas kannst Du Dich aktiv beteiligen und mit guten Beiträgen das Gespräch bereichern. Bei allen Klassengesprächen setzt Du Dich mit den Problemen anderer auseinander und sagst frei und offen Deine Meinung.
Deine schriftlichen Arbeiten haben sich in der letzten Zeit erheblich verbessert. Deine Schreibschrift ist zügiger, gleichmäßiger und auch schon sauberer geworden.
In unseren geübten Diktaten schreibst Du jetzt schon viel mehr Wörter richtig und zeigst, daß Du die Rechtschreibregeln besser behalten und anwenden kannst. Deine Geschichten sind phantasievoll, zeigen eigene Vorstellungen und sind erfreulich ausführlich geworden. Unser "Pferdethema" hat Dich besonders angesprochen. In Deinem Ponyheft hast Du mit viel Freude Bilder, Texte und Fotos zusammengestellt und beschriftet.
Beim Lesen bist Du ein guter Zuhörer und selbst ein sicherer Vorleser, der mit Verstand den Text erliest und dabei auch laut vorliest.
Fragen zum Text kannst Du problemlos beantworten und auch das Gelesene treffend nacherzählen. An der Buchausleihe hast Du Dich gern beteiligt.
Bei den Sachunterrrichtsthemen sprechen Dich Tierthemen

(Bienen, Pferde) mehr an, aber auch die Experimente mit Wasser, Luft und Schatten hast Du interessiert verfolgt. Die Quizaufgaben konntest Du zum größten Teil richtig lösen und hast damit gezeigt, daß Du die Zusammenhänge verstanden hast.
In Mathematik kannst Du jetzt schriftlich addieren und Aufgaben aus dem kleinen Einmaleins schon recht sicher lösen. Bei der schriftlichen Subtraktion, beim Teilen und Rechnen mit größeren Zahlen hast Du noch Schwierigkeiten. Mit Hilfe kommst Du aber zum richtigen Ergebnis. Beim selbständigen Arbeiten für Mathematik fehlt Dir leider häufig noch die nötige Ausdauer und Konzentration. So hast Du in Deinem Aufgabenheft "Malnehmen und Teilen" kaum gearbeitet und nur wenige Aufgaben gelöst.
Zum Erlernen einiger Techniken (Sticken, Häkeln) mußten wir Dich überreden. Das hat sich gelohnt, denn Du kannst es jetzt. Bei dem Modell für den Ponyhof arbeitest Du mit vielen eigenen Ideen.
Deine Bilder im Kunstunterricht gestaltest Du mit viel Schwung und Phantasie. Auf "Englisch durch Musik" freust Du Dich immer und machst eifrig mit. Die neuen Lieder und Wörter kannst Du schnell behalten.
Im Sportunterricht machst Du gut mit und bist mit viel Freude dabei, obwohl Dir manche Aufgaben nicht leichtfallen. Es lohnt sich, daß Du Dich anstrengst. Du hast beim Sommersportfest eine Siegerurkunde erreicht. Hoffentlich wirst Du im 4. Schuljahr regelmäßig mitschwimmen. In dieser Klasse konntest Du aus gesundheitlichen Gründen leider meistens nicht teilnehmen.
Deine Hausaufgaben fertigst Du regelmäßig und zunehmend sorgfältiger an. Wir freuen uns sehr, daß Du Dir dafür nun mehr Zeit nimmst.

Beispiel 5: „Abschluß"-Zeugnisse

Das folgende Zeugnis (Klasse 4, 2. Halbj.) zeichnet ein sehr informatives Bild von einer Schülerin. Sie hatte in den ersten Schuljahren Lernprobleme; von den Sonderpädagogen wurde sie als „schwer lernbehindert" eingestuft, doch die Klassenlehrerin ließ dem Kind viel Zeit und stärkte dessen Zuversicht (BAMBACH 1993, S. 12).

Jahrgang 4 (1. und 2. Halbjahr)

Liebe Marion,
Du hast von allen "Silber"-Kindern die wenigsten Fehler bei der Radfahrprüfung gemacht und hast die schriftliche Verkehrsprüfung gleich beim ersten Mal bestanden! Du hast den Kopfsprung gelernt, kannst über einen Bock springen und an ein weit entferntes Trapez fliegen: Du kannst Theaterstücke erfinden und schöne Geschichten schreiben und vorlesen! Und seit zwei Wochen magst Du nun auch gern rechnen, weil Du ganz plötzlich verstanden hast, wie man mit großen Zahlen malnehmen kann, und gemerkt hast, daß das Rechnen nicht so scheußlich schwer ist, wie Du gedacht hast.

Zeugnisbeispiel: Entwicklungsbericht

Weißt Du noch, wie bange Du warst beim Übergang vom Haus 1 ins Haus 2? Wie Du Dich gefürchtet hast vorm Lesen- und Rechnen- und Schreibschriftlernen und ich

Dir versprechen mußte, daß ich neben Dir sitzen werde zum Helfen? Nun bist Du in diesen zwei Jahren zu einem wirklich großen Schulmädchen geworden, das sehr, sehr viel gelernt hat und so fabelhaft arbeiten kann, wie nur wenige andere Kinder in der Gruppe. Deinen eigenen Erwachsenen brauchst Du im 4. Schuljahr nur noch für das Rechnen, und auch das hast Du alleine schaffen wollen, sobald Du die Aufgaben und Lösungswege verstanden hattest.
Du hast anhand der Rechenstäbe die Mal- und Geteiltaufgaben des kleinen Einmaleins verstanden und kannst sie auch recht gut auswendig; Du weißt, wie man Zahlen zerlegt, um leichter über Zehner und Hunderter plus und minus rechnen zu können, und seit neuestem kannst Du auch die Technik, mit der Erwachsene große Zahlen schriftlich zusammenrechnen und halbschriftlich malnehmen. Ich werde Deinen neuen Lehrern sagen, daß Du mit Zahlen- und Rechenzeichen leichter zurechtkommst, wenn Du Dir Rechengeschichten dazu vorstellen kannst. Du mußt mit dem "Little Professor" kopfrechnen, so oft Du kannst, bis Du die Mal- und Geteiltaufgaben des kleinen Einmaleins und die Zehnerübergänge mit plus und minus "im Schlaf" auswendig kannst. Das Rechnen mit großen Zahlen ist - wie Du gemerkt hast, - leicht, wenn man mit kleinen Zahlen sicher rechnen kann.
Das Lesen ist jetzt ganz ohne Mühe für Dich, auch wenn Du im Lexikon liest; Du kannst gut vorlesen und traust es Dich auch vor den Besuchern und im Café Pustekuchen. Schreibschrift kannst Du seit einem Jahr sicher und in gutem Tempo schreiben. Du hast mehrere Hefte mit eigenen Geschichten gefüllt, in denen hübsche Einfälle stecken und denen man anmerkt, daß Du Dich um passende Wörter und gut klingende Sätze bemühst.
Rechtschreibung hast Du mit vielen Programmen geübt und dabei kaum Fehler gemacht, weil Du sehr sorgfältig arbeitest und auf der Seite oben oder davor nachgeschaut hast, wenn Du unsicher warst, wie ein Wort geschrieben wird, das Du üben solltest. Leider kannst Du Dir die Schreibweise der Wörter, die Du geübt hast, schlecht merken. Ich glaube, das liegt nicht nur am schwachen Gedächtnis, sondern auch daran, daß die Wörter in Deinem Kopf etwas anders klingen, als sie geschrieben werden. Wenn Du keine Angst mehr vorm Krankenhaus hast, dann sollte untersucht werden, ob Deine Nase und Ohren ganz in Ordnung sind.
Bewundernswert finde ich, wie Du gelernt hast, ganz klar zu sprechen. Weißt Du noch, wie wir früher manchmal schwer verstehen konnten, was Du sagtest? Schreiben tust Du manche Wörter noch so, wie Du sie früher gesprochen hast (mit einigen fehlenden oder anders klingenden Lauten), aber verblüffenderweise kannst Du alles, was Du auf Deine Weise aufgeschrieben hast, genauso klar und flüssig vorlesen wie das, was ich Dir richtig daneben geschrieben habe.
Anfangs konntest nur Du Deine Geschichten lesen (Du

hattest sie in großen Druckbuchstaben aufgeschrieben), und nur, solange Du Dich erinnertest, was Du hattest schreiben wollen. Jetzt schreibst Du in schöner Schreibschrift so, daß jeder es lesen kann, der sich ein wenig Mühe gibt, denn Du schreibst nun für alle Laute im Wort einen richtigen Buchstaben, und nur noch bei selten vorkommenden Wörtern kommst Du mit den Lauten durcheinander. Du hast also einen großen Fortschritt gemacht auf dem Weg zum richtigen Schreiben und brauchst nicht traurig zu sein, daß die Diktate der Gruppe noch zu schwer für Dich sind. Für Ben sind sie es auch - Ihr beide braucht eben noch ein oder zwei Jahre, bis Ihr schwere Diktate könnt. Wichtig ist aber, daß Du weiterhin viel übst und Dir genau einprägst, wie die Wörter im Übungsheft oder den Wörterlisten aussehen.
Ich fand es großartig, daß Du bei den langen Tests durchgehalten hast; sie waren so schwer, daß ich Sorge hatte, Du würdest aufgeben, so wie Du es früher bei Aufgaben getan hast, die Dir zu schwer vorkamen. Meine Sorge war nicht nötig, Du hast sehr gut zugehört, als ich die Testaufgaben erklärte, hast konzentriert daran gearbeitet, so gut Du konntest, und auf diese Weise hast Du die Hälfte der Aufgaben richtig gelöst.

Gegen Ende der Grundschulzeit hat Marion „über die Freude am Erfolg ... die Lust der Anstrengung“ entdeckt. Zwar werden noch vorhandene Schwächen mitgeteilt, aber gleichzeitig ermutigt die Lehrerin das Kind, indem sie berichtet, was es bereits an Problemen bewältigt hat.

Zum Vergleich nun ein Zeugnis (ebenfalls Klasse 4, 2. Halbj.), das die Eltern ebenfalls über den Lernstand und über die im Laufe des Schuljahres erbrachten Leistungen umfassend informiert. Es unterscheidet sich von dem Zeugnis für Marion vor allem durch die Hinweise auf alle Fächer, durch die konsequente Berücksichtigung des Arbeitsverhaltens, aber auch durch den etwas distanzierter wirkenden Gebrauch der 3. Person statt der persönlichen Anrede. Hier kommt stärker noch die Vielgestaltigkeit der Unterrichtsarbeit und dementsprechend auch die ganze Breite der kognitiven, praktischen und der sozialen Leistungen zum Ausdruck.

Zeugnis Klasse 4 (2. Halbjahr)

Klasse 4 d

Arbeits- und Sozialverhalten

Zeugnisbeispiel: alle Fächer, alle Aspekte

Ela nahm stets interessiert und aufmerksam am Unterricht teil. Sie nahm Themen zum Anlaß, eigene Ideen zu entwickeln, die sie aber eher in ihren Heften als in der mündlichen Arbeit der Klasse ausdrückte.
Ela arbeitete einzeln sehr sorgfältig und genau. In Gruppen- und Partnerarbeit konnte sie Lernziele und -wege schnell durchschauen und mit den PartnerInnen Ideen verabreden und interessante Ergebnisse verwirklichen.

Ela hat in der Freiarbeit alle Arbeitsformen und Lernangebote selbständig und zielorientiert genutzt. Außerdem fertigte sie selbst Arbeitsmaterialien für die Freiarbeit an.
Ela hat in der integrativen Klassengemeinschaft all ihre MitschülerInnen ernstgenommen und mit Verantwortung und Fantasie in ihr Spielen, Denken, Handeln und Arbeiten mit einbezogen.

Sachunterricht

Ela zeigte sich an Sachthemen aufmerksam interessiert und beteiligte sich am Gespräch mit sachbezogenen, sinnvollen Beiträgen.
Sie hat Verständnis gezeigt für all die erdgeschichtlichen Entwicklungen der Landschaften im Kreis Paderborn und den Zusammenhang zu den hier heute lebenden Pflanzen, Tieren und Menschen. Ela hat zahlreiche Pflanzen gesammelt, gepreßt und mit Hilfe von Bestimmungsbüchern erkannt und beschrieben.
Ela kann Städte, Flüsse, Berge und andere Informationen auf der Landkarte von Nordrhein-Westfalen finden und zuordnen.
Ela hat sich selbständig aus Prospekten und Lehrbüchern Wissen über eine große Stadt und über ein Großlandschaft (Münsterland) angeeignet. Sie wählte wichtige Informationen aus, um sie frei und sicher der Klasse vorzutragen. Sie gewann durch Experimente Einsicht in die Gesetzmäßigkeiten von Stromkreis, Schaltungen und elektrischer Leitfähigkeit verschiedener Materialien.

Religion

Ela hat selbständig zu Themenschwerpunkten über die Zeit und Umwelt von Jesus mit verschiedenen Religionsbüchern gearbeitet. Sie hat sich betreffen lassen von den Taten und Worten Jesu und seiner Jünger, sowie von seinem Leidensweg, von Tod und Auferstehung.
Sie hat biblische Geschichten mit dem Kartentheater erlebt und teilweise nachgespielt.
Ela hat sich religiös-menschlichen Fragen geöffnet bei den Themen Freundschaft, Anderssein, Lüge und Wahrheit, Vertrauen und Mut.

Musik

Ela hat sich mit der Entstehung von Tönen auseinandergesetzt und verschiedene Blas-, Zupf-, Streich- und Schlaginstrumente in Aussehen, Bau, Funktion und Klang kennengelernt. Sie hat hörend einzelne Musikgattungen erfahren sowie tanzend und malend innere musikalische Beweglichkeit entfaltet.

Sprache/Literatur

Ela war für die Arbeit am Theaterstück "Mellin, die dem Drachen befiehlt" von Kirsten Boie der Klasse eine zuverlässige und tragende Stütze, besonders wenn es darum ging, Ergebnisse schriftlich auszuarbeiten und zu einem runden Abschluß zu bringen. Zu Beginn der jeweiligen Arbeit mit der Literaturvorlage beteiligte sich Ela eher zurückhaltend und nachdenklich. Ihre Ergebnisse zeigten aber eine intensive Auseinandersetzung, wobei sie die inhaltlichen Schwerpunkte in der Tiefe erkannte und in spontanen Spielszenen, schriftlichen Dialogen, Darstellung im Comic, in einer Rolle auf der Bühne treffend ausdrücken konnte. Ela war auch in der Lage, das gesamte Stück von 9 Szenen zu überblicken und sowohl nach verabredeten Plänen Bühne und Kulissen umzubauen, als auch auf unerwartete Geschehnisse spontan im Sinne des Gesamtstückes improvisierend zu reagieren.

Lesen

Ela kann fließend und gut betont lesen. Sie muß darauf achten, Nachsilben nicht zu verschlucken.

Schriftlicher Sprachgebrauch/Grammatik

Ela kann mit reichem Wortschatz und großer Geschicklichkeit im Satzbau Geschichten und Texte schreiben. Sie gebraucht viele Orts- und Zeitangaben, wörtliche Rede, lebendige Verben und farbige Adjektive, um einen gelungenen Spannungsbogen zu erreichen. Sie kann Satzglieder bestimmen und umstellen, Haupt- und Nebensätze gebrauchen und die vier Fälle von Satzergänzungen richtig erfragen. Ela hat ein Detektiv-/Grammatikspiel zu den vier Fällen entwickelt.

Rechtschreiben

Ela beherrscht den erarbeiteten Grundwortschatz im allgemeinen sicher.

Kunst

Ela konnte sich beim Malen/Zeichnen an vorgegebene Themen halten und Techniken gezielt einsetzen.
Mit dem Werkstoff "Papier" erprobte sie gestalterische Möglichkeiten (Papiercollagen, Weben und Flechten, Falten von Papier, Bau von Papierkörben). Sie setzte sich intensiv mit den verschiedenen Themenstellungen auseinander und arbeitete sorgfältig.
Mit Freude erlernte Ela das Schöpfen von Papier. Sie konnte den Arbeitsplatz vorbereiten und notwendige Ar-

beitsschritte selbständig ausführen. Im Rahmen einer Theateraufführung hat Ela textile Materialien liebevoll und ideenreich gestaltet. Im Umgang mit Nadel und Faden zeigte sie sich geschickt und konnte selbständig Knöpfe zur Verzierung annähen.

Mathematik

Ela beteiligte sich aufgeschlossen am Mathematikunterricht und bereicherte diesen durch ihr umfassendes Sachwissen und zahlreiches der Klasse zur Verfügung gestelltes Informationsmaterial.
Sie beherrscht die schriftlichen Rechenverfahren (einschließlich der Division durch zweistellige Zahlen) sowie der dazugehörigen Überschlagsrechnungen und Proben (einschließlich Quersummenprobe) und rechnet Aufgaben sehr sicher. Die Lösung von Sachaufgaben mit den Größen Geld, Länge, Gewicht, Zeitspannen, Geschwindigkeit, das Umrechnen von Einheiten bereiteten ihr keine Schwierigkeiten. Ela entwickelte zahlreiche realistische Rechengeschichten, die ihre fundierten mathematischen Kenntnisse verdeutlichen und interessante Problemstellungen beinhalten.
Lösungsmengen in Gleichungen und Ungleichungen bestimmte Ela durch systematisches Probieren.
Geometrische Grundbegriffe wie Strecke, Streckenzug, Gerade, parallel, senkrecht, rechter Winkel verwendete sie sehr sicher. Quadrat und Rechteck zeichnete sie nach vorgegebenen Maßen mit Geodreieck, Lineal, Bleistift sorgfältig und genau. Geometrische Körper (z. B. Quader, Würfel, Zylinder) beschrieb sie differenziert. Ela fertigte selbständig eine genaue Grundrißzeichnung des Schulgebäudes nach zuvor mit einfachen Hilfsmitteln (Zollstock) gewonnenen Maßen an. Ausdauernd und sorgfältig wirkte sie beim Bau eines maßstabgetreuen Modells des Schulgebäudes mit.

Sport

Ela beteiligte sich aktiv und einsatzbereit an allen sportlichen Aktivitäten.
Im Rahmen der Unterrichtsreihe Fußball lernte Ela Grundtechniken wie Ballführen, Torschuß, Passen kennen und führte diese Übungen zunehmend geschickt aus. In Ballspielen setzte sich Ela engagiert für ihre Mannschaft ein. Zielstrebig versuchte Ela ihre Leistungen im Bereich der Leichtathletik zu verbessern. Sie lief ausdauernd und schnell.
Ela nahm freudig und geschickt an allen Übungen und Spielen im Schwimmunterricht teil. Sie konnte lange Strecken tauchen.

Beispiel 5: Ein Eigenzeugnis

Eine Berliner Lehrerin kam auf die Idee, die Kinder am Ende der Klasse 3 ihr eigenes Zeugnis schreiben zu lassen (FROST 1990, S. 8). Bekanntlich gehen Kinder in aller Regel mit sich selbst sehr kritisch um.

Wie die Lehrerin berichtet, machten die von ihr selbst geschriebenen Zeugnisse den Kindern deutlich, daß ihre Selbsteinschätzungen keineswegs gravierend von

Uckermark - Grundschule

Zeugnis

Beispiel für ein Eigenzeugnis (Klasse 3)

Mein Sozialverhalten

Ich bin anderen Kindern gegenüber sehr lustig und manchmal sehr nett. Manchmal bin ich auch frech und stänkere. Ich habe viele Freunde in der Klasse. Ich mag sie und die mögen mich. Sie geben mir oft mal was zum Essen und spielen mit mir. ... und auch die anderen Kinder helfen mir oft beim Rechnen und Schreiben. Ich helfe auch ... und Frau ...

Ich kann schon gut mit einem Partner arbeiten. Mit ... nicht so gut, manchmal sind wir zu laut.

Ich streite mich nicht so oft, nur mit ... öfter. Meistens vertragen wir uns schnell wieder.

Ich habe schon das Tafelamt und das Bücheramt gemacht. Ich bin nicht immer zuverlässig.

Mein Arbeitsverhalten

Mir macht das Lernen Spaß. Am liebsten mag ich schreiben und lesen. Ich komme gerne zur Schule.

Ich melde mich nicht oft, weil meine Hand sonst einschläft und weil ich nicht viel zu erzählen habe.

Ich kann selbständig arbeiten. Ich brauche meine Lehrer nicht mehr so oft. Meistens arbeite ich langsam. Ich bin meistens sehr laut und abgelenkt. Meine Pflichtaufgaben habe ich meistens fertig. Ich mache meine Hausaufgaben jeden Tag und gebe sie immer pünktlich ab.

Deutsch

Lesen: Ich lese noch stockend, aber ich kann schon ein ganzes Monsterheft allein lesen. Ich verstehe auch, was ich lese.

Rechtschreiben: Abschreiben kann ich schon richtig. Beim Diktieren mache ich Fehler. Ich kriege kurze Diktate mit 10 Wörtern und mache manchmal 2 oder 6 Fehler.

der Fremdbeurteilung abweichen — zweifellos auch ein Ergebnis kontinuierlicher Erziehungsarbeit in Richtung Selbständigkeit, Selbstkontrolle und Kritikfähigkeit. Ein nachahmenswertes Vorgehen, können uns Kinder doch als kritische und vor allem als gerechtigkeitsliebende Menschen auch Vorbild sein oder zumindest nachdenklich stimmen.

Kinder beurteilen sich selbst: Bestätigung oder Korrektur des Lehrerurteils?

Geschichtenschreiben: Ich diktiere den Lehrern meine Geschichte. Nachher schreibe ich sie ins Heft. Meine Geschichten sind meistens spannend und lustig.

Handschrift: Schreibschrift kann ich schon gut schreiben, aber manchmal vergesse ich, wie man das g, m und n schreibt.

Sachkunde:

Ich finde Sachkunde schön. Am meisten interessiere ich mich für Tiere. Ich habe mich nicht so oft gemeldet, weil ich auch nicht so viel weiß.

Rechnen:

Beim Einmaleins bin ich unsicher, aber ich kann schon die 1er, 2er und 10er-Reihe. Die 3er-Reihe kann ich schon ein bißchen. Ich kann gut bis 100 zählen. Mit der Rechenmaschine kann ich alle Plus-und Minusaufgaben rauskriegen.

Bildende Kunst:

Ich male sehr gerne. Am liebsten male ich mit Filzern.
Basteln tue ich nicht gerne, weil ich es nicht kann, und weil ich davon keine Ahnung habe. Tonarbeit finde ich gut.

Musik/Theater

Musik gefällt mir gar nicht, es ist zu langweilig. Beim Theaterspielen bin ich gut. Ich höre meistens auf das, was Herr ··· sagt. Manchmal habe ich gute Ideen.

Sport:

Ich turne gerne. Wenn ich mich umgezogen habe, dann setz ich mich gleich auf die Bank, und ich tobe nicht rum.
Frau ··· lobt mich. Trampolin kann ich am besten turnen, Bockspringen finde ich auch ganz gut.
Ich helfe manchmal mit beim Abbau.

Dieses Zeugnis über mich selbst habe ich Frau ··· diktiert.

Ich habe es noch einmal durchgelesen.

Berlin, den 10.7.1985

(Unterschrift)

Übersicht über die Zeugnisregelung in den Bundesländern

	Klasse 1, 2. Halbjahr	Klasse 2	Klasse 3
Baden-Württemberg	*ohne Zensuren* Schulbericht: Verhaltensbereich, Arbeits bereich	1. Halbjahr: *ohne Zensuren* wie Klasse 1 2. Halbjahr: *mit Zensuren* in Deutsch und Mathematik; ansonsten: wie Klasse 1	*mit Zensuren*
Bayern	*ohne Zensuren* Bericht mit Beobachtungen insbesondere zum sozialen Verhalten, Lernverhalten, Leistungsstand (auch zum 1. Halbjahr)	1. Halbjahr: *ohne Zensuren* wie Klasse 1 2. Halbjahr: *ohne Zensuren* in Deutsch, Mathematik, Heimat- und Sachkunde; ansonsten: wie Klasse 1	*mit Zensuren*
Berlin	*ohne Zensuren* Zeugnis mit Gesamtbeurteilung	2. Halbjahr: *mit oder ohne Zensuren* Beschluß der Klassenkonferenz wenn Klassenlehrer und Mehrheit der Eltern zustimmen	*mit oder ohne Zensuren (auch in Klasse 4)* Voraussetzung: in der voraufgegangenen Klassenstufe bereits verbale Beurteilung
Brandenburg	*ohne Zensuren* Gesamtbeurteilung: schriftliche Information zur Lernentwicklung. Hinweise zu Lernbereichen/ Fächern	2. Halbjahr: *ohne Zensuren* wie Klasse 1	*mit oder ohne Zensuren (auch in Klasse 4)*
Bremen	*ohne Zensuren* Lernentwicklungsbericht	2. Halbjahr: *ohne Zensuren* wie Klasse 1	*mit oder ohne Zensuren (auch in Klasse 4)*
Hamburg	*ohne Zensuren* Allgemeiner Bericht über das Arbeits- und Sozialverhalten und über die Leistungen	2. Halbjahr: *ohne Zensuren* wie Klasse 1	*mit oder ohne Zensuren (auch in Klasse 4)*
Hessen	*ohne Zensuren* Allgemeine Beurteilung: Lernentwicklung, Arbeits- und Lernverhalten, besondere Fähigkeiten und Schwächen, soziales Verhalten, Bildungswille, Mitarbeit	2. Halbjahr: *ohne Zensuren* wie Klasse 1	*mit oder ohne Zensuren*
Mecklenburg-Vorpommern	*ohne Zensuren* verbale Einschätzung der Lernentwicklung: Lernergebnisse, Lernbemühungen, Entwicklungsfortschritte im Lern-, Arbeits- und Sozialverhalten (auch zum 1. Halbjahr)	1. Halbjahr: *ohne Zensuren* wie Klasse 1 2. Halbjahr: *mit Zensuren* Noten in den einzelnen Fächern; darüber hinaus: Einschätzung des Lern-, Arbeits- und Sozialverhaltens	*mit Zensuren*
Niedersachsen	*ohne Zensuren* Beschreibung der Lernstände in den Lehrgängen. Allgemeine Beurteilung des Arbeitsverhaltens, der Interessen, Fähigkeiten und Fertigkeiten	2. Halbjahr: *ohne Zensuren* wie Klasse 1	*mit Zensuren* im Schulversuch: *ohne Zensuren*

	Klasse 1, 2. Halbjahr	Klasse 2	Klasse 3
Nordrhein-Westfalen	*ohne Zensuren* Hinweise zum Arbeits- und Sozialverhalten. Hinweise zu Lernbereichen/Fächern	2. Halbjahr: *ohne Zensuren* wie Klasse 1	*mit oder ohne Zensuren* (geplant, z. Zt. noch Schulversuch)
Rheinland-Pfalz	*ohne Zensuren* Gesamtbeurteilung: Lernverhalten, Lernbereitschaft und Lernentwicklung, besondere Interessen, Fähigkeiten und Schwierigkeiten, soziales Verhalten	1. Halbjahr: *ohne Zensuren* wie Klasse 1 2. Halbjahr: *ohne Zensuren* wie Klasse 1	*mit Zensuren*
Saarland	*ohne Zensuren* Bericht über die Entwicklung des Arbeits- und Sozialverhaltens sowie der Leistungen	1. Halbjahr: *ohne Zensuren* wie Klasse 1 2. Halbjahr: *mit Zensuren* in Deutsch (Gesamtnote sowie Einzelnote für mündliche Darstellung, Lesen und Rechtschreiben) und Mathematik; ansonsten: wie Klasse 1	*mit Zensuren* im Schulversuch: *ohne Zensuren*
Sachsen	*ohne Zensuren* Schulbericht mit sachlichen Feststellungen zum Verhaltensbereich, Arbeitsbereich und zum Lernbereich	1. Halbjahr: *ohne Zensuren* wie Klasse 1 2. Halbjahr: *mit Zensuren* Schulbericht mit Zensuren in Deutsch, Mathematik und Werken; ansonsten: wie Klasse 1	*mit oder ohne Zensuren* (außer Deutsch, Mathematik und Werken)
Sachsen-Anhalt	*ohne Zensuren* Bericht zum Arbeits- und Sozial verhalten und über die Leistungen (auch zum 1. Halbjahr)	1. Halbjahr: *ohne Zensuren* wie Klasse 1, darüber hinaus: Einschätzung über den Leistungsstand 2. Halbjahr: *mit Zensuren* in den Fächern: Lesen, Rechtschreibung/Sprachbetrachtung, mündlicher/schriftlicher Sprachgebrauch, Mathematik, Heimat- und Sachunterricht; ansonsten: wie Klasse 2, 1. Halbjahr	*mit Zensuren*
Schleswig-Holstein	*ohne Zensuren* Zusammenfassender Bericht über die Lernentwickung und den Leistungsstand unter Einbeziehung des Arbeits- und Sozialverhaltens in der Schule (auch zum 1. Halbjahr)	1. Halbjahr: *ohne Zensuren* wie Klasse 1 2. Halbjahr: *ohne Zensuren* Einbeziehung der Leistung in den unterrichteten Fächern; ansonsten: wie Klasse 1	*ohne Zensuren*
Thüringen	*ohne Zensuren* Beschreibung der Leistungen in einem Wortgutachten	1. Halbjahr: *ohne Zensuren* wie Klasse 1 2. Halbjahr: *mit Zensuren* Zeugnis mit Bewertung der gesamten Leistungen. Bemerkungen über Anlagen, Mitarbeit und Verhalten	*mit Zensuren*

9.
Gutachten für den Übergang in weiterführende Schulen schreiben

Für die einen ist die Grundschule immer noch die Stolperstufe Nr. 1 unseres Bildungswesens — wie sich an der Hürde nach Klasse 4 zeige. Die anderen fordern eine schärfere Auslese am Ende der Grundschulzeit — ein bestimmter Zensurendurchschnitt solle den Ausschlag für eine der weiterführenden Schulen geben.
So unterschiedlich wie die Forderungen sind auch die Bestimmungen in den verschiedenen Bundesländern. Auf einen Nenner gebracht: Nach Süden hin werden die Hürden auf dem Weg in die Realschule und das Gymnasium höher — zumindest was die formalen Regelungen betrifft. Der Hürdenlauf unterliegt also eher geografischen Gesetzmäßigkeiten als parteipolitischen Erwägungen:

Von Bundesland zu Bundesland: unterschiedliches Elternrecht

Hamburg und Bremen, aber auch Schleswig-Holstein und Niedersachsen respektieren den Elternwillen uneingeschränkt. Dagegen hat in Bayern und in Baden-Württemberg, aber auch in Hessen und Nordrhein-Westfalen das letzte Wort beim Übergang in die weiterführenden Schulen die Grundschule.
Insgesamt sechs Länder halten am „Vetorecht" der Grundschule fest (Bayern, Baden-Württemberg, Hessen, Nordrhein-Westfalen, Rheinland-Pfalz und Saarland). Anders als die Kinder aus Kiel oder Hamburg können die aus Bielefeld oder Mannheim gegen den Willen der Grundschullehrer nicht in eine Realschule oder in ein Gymnasium aufgenommen werden. Wenn die Eltern hier auf ihrem Willen (Realschule oder Gymnasium für ein Kind) bestehen, gibt es nur noch eine Chance: den Probeunterricht für ihr Kind.
In welchem Bundesland Sie auch tätig sind, die Eltern erwarten von Ihnen in dieser für den weiteren Bildungsweg so entscheidenden Phase auf jeden Fall eine Beratung und auch eine Empfehlung, und — in den sechs genannten Bundesländern — müssen Sie letztlich auch eine pädagogisch verantwortbare Entscheidung treffen. — Wir geben Ihnen dazu einige Hilfen.

■ Von der Schwierigkeit, Schulerfolg vorherzusagen

Auf Seite 37 ff haben wir gezeigt, daß es für die Leistungsbeurteilung keine einheitlichen Maßstäbe gibt. Und jedermann weiß auch, daß es nicht einmal innerhalb derselben Schulform überall einheitliche Leistungsanforderungen gibt; der Unterschied zwischen einem Gymnasium und einer Realschule in der Nachbarschaft kann geringer sein als der Unterschied zwischen verschiedenen Gymnasien am Ort. Läßt sich dann Schulerfolg überhaupt vorhersagen?

Bedingungsfaktoren für zukünftigen Schulerfolg:

Wir haben auf S. 36 ff die Bedingungsfaktoren von Schulleistung und damit auch von Schulerfolg zusammengestellt. Es ist für Sie wichtig, diese Einflußgrößen zu kennen, damit Ihr Urteil nicht etwa allein aufgrund von Testergebnissen oder aufgrund zufälliger Lernergebnisse zustandekommt (vgl. hierzu und zum folgenden CHRISTIANI/HELLER 1981, S. 106 ff).

Intelligenz ...

Verschiedene Bedingungsfaktoren (wie z. B. die Intelligenz) haben für verschiedene Schüler einen unterschiedlichen Vorhersagewert. So kann überdurchschnittliche Intelligenz als Grundlage für eine Schulerfolgsprognose bereits ausreichen (solche Kinder lernen auch trotz des Lehrers), bei den allermeisten Schülern wird der zukünftige Schulerfolg jedoch in viel stärkerem Maße durch die nicht-kognitiven Merkmalsausprägungen bestimmt: z. B. durch Arbeitshaltung, Konzentration, Selbständigkeit, Lern- und Leistungsmotivation, Schul- und Prüfungsangst.

... oder nicht-kognitive Persönlichkeitsmerkmale

Oder nehmen wir den Bedingungsfaktor „Unterrichtsqualität“: Ein schlechter Unterricht wirkt sich auf den Lernfortschritt leistungsstarker Schüler weniger verhängnisvoll aus als auf den Fortschritt durchschnittlicher oder gar schwacher Schüler.

Diese Beispiele zeigen: Die Bedingungsfaktoren (Persönlichkeitsmerkmale einerseits, sozio-kulturelle Determinanten andererseits) hängen wechselseitig voneinander ab. Um so wichtiger ist es deshalb, die nicht-kognitiven Schülermerkmale und die Einflußgrößen der schulischen und familiären Umfeldes sorgfältig zu berücksichtigen:

Welche Faktoren beeinträchtigen (zukünftig) bei diesem Kind die Schulleistung, welche Faktoren wirken sich förderlich aus? Kommt die Schulleistung z. B. nur durch hartnäckiges Drillen im Elternhaus zustande? Oder: Wie sind die Leistungsanforderungen, die Beurteilungsmaßstäbe und die unterschiedliche Qualität der in Frage kommenden weiterführenden Schulen?

■ Grundlage für eine rationale Bildungswegentscheidung

Aus der Komplexität der Bedingungsfaktoren von Schulleistung/Schulerfolg und aus ihrer wechselseitigen Abhängigkeit ergibt sich als Konsequenz: Erst die Analyse der Bedingungsfaktoren, unter denen die Schulleistung zustandekommt oder -kommen wird, sichert die Grundlage für eine Bildungswegentscheidung. Die Bildungswegentscheidung darf also nicht einfach von aktuellen Lernergebnissen, wie sie sich in den Zensuren des ersten Halbjahres der Klasse 4 niederschlagen, abhängig gemacht werden — und erst recht nicht von einer punktuellen Überprüfung.

Entscheidungsgrundlagen: die Lernergebnisse, die Analyse der Lernzielentwicklung, die Kenntnis der jeweiligen Bedingungsfaktoren von Schulleistung

Wir empfehlen Ihnen, in der Klasse 4 die folgenden Beurteilungsverfahren anzuwenden:

— Klassenarbeiten
— Schulleistungstests
— Verhaltensbeobachtung und Leistungseinschätzung.

Diese Aufzählung soll allerdings kein Ansporn dazu sein, das letzte Schuljahr der Grundschule für die Kinder zu einer „Teststrecke“ auszubauen.

□ *Klassenarbeiten*

In den Klassenarbeiten (Diktat, Aufsatz, Mathematikarbeiten) wird der aktuelle Leistungsstand ermittelt. Wie Klassenarbeiten vorbereitet, durchgeführt und ausgewertet werden, haben wir in Kapitel 5 und auf S. 181 ff. gezeigt.

□ *Schulleistungstests*

Diese Tests sind für Sie eine wichtige zusätzliche Orientierungshilfe, denn sie ermöglichen einen überörtlichen Vergleich bei der Leistungsbeurteilung. Außerdem erlauben Schulleistungstests Ihnen Rückschlüsse auf Ihren eigenen Unterricht: Tests können Sie in Ihrem Urteil über ein Kind somit nachdenklich machen.

Tests: zu Ihrer Selbstkontrolle

Selbstverständlich können Sie die Testergebnisse nicht für ein Zeugnisnote werten, denn die Aufgaben sind ja nicht dem tatsächlichen erteilten Unterricht angepaßt, die Leistung nicht aufgrund Ihres Unterrichts zustandegekommen.

Wir halten es für sinnvoll, einen oder zwei der folgenden Tests einzusetzen:

— Mathematische Zusammenhänge 4, von H. Kopka (Beltz)
— Kombinierter Schultest für 4. Klassen (KS 4) von G. Mietzel, Westermann
— Allgemeiner Schulleistungstest für 4. Klassen (AST 4) von F. Fippinger, Beltz.

☐ *Verhaltensbeobachtung und Leistungseinschätzung*

Sie sollten aber auch genau diejenigen Fähigkeits- und Denkaspekte beurteilen, die Sie durch Schülerbeobachtung besser als durch Tests erfassen können: dazu zählen geistige Selbständigkeit und Wendigkeit, Anregbarkeit und Spontaneität des Denkens, Einfallsreichtum und Produktivität, Kritik- und Merkfähigkeit. Eine kontrollierte Beobachtung des Schülerverhaltens, wie wir sie auf S. 56 ff vorgeschlagen haben, ist geeignet, diese nicht-kognitiven Persönlichkeitsmerkmale zu erfassen.

Beobachtungs- und Beurteilungskategorien ...

Für die Beurteilung hat der Kultusminister des Landes Nordrhein-Westfalen eine Arbeitshilfe angeboten.

... zugleich Formulierungshilfen für das Gutachten

Lernverhalten

— Lern und Leistungsmotivation: Ist der Schüler auch bei Schwierigkeiten erfolgszuversichtlich? Hat er besondere Vorlieben, Interessen, Neigungen? Sind die Interessen dauerhaft? . . .
— Aufgabenverständnis: Nimmt der Schüler Informationen schnell auf? Findet er sich in Aufgabenstellungen, auch in neuen zurecht? . . .
— Konzentration: Erledigt er Aufgaben zügig, auch bei Schwierigkeiten? Bleibt er über längere Zeit aufmerksam? . . .
— Verläßlichkeit: Hält er getroffene Vereinbarungen ein, z. B. in bezug auf Arbeitsmaterial, Aufträge, soziale Regeln? Arbeitet er gewissenhaft, übersichtlich? Ist er rücksichtsvoll und hilfsbereit? . . .
— Kontakt und Kooperationsfähigkeit: Ist er gesprächsfähig? Arbeitet er bei kooperativen Arbeitsformen konstruktiv mit? . . .
— Selbständigkeit und Produktivität: Ist er generell oder in Teilbereichen in der Lage, selbständig zu arbeiten? Arbeitet er überlegt und planvoll? Eignet er sich selbst Wissen und Fertigkeiten an? Stellt er Frgen, macht er Vorschläge, entwickelt er Ideen und Initiativen? Bestimmt er im Rahmen gegebener Entscheidungsmöglichkeiten mit? Kann er gelernte Lösungswege auf neue Problem oder andere Sachverhalte übertragen? . . .

Lernfortschritte den Lernbereichen

Der fachliche Leistungsstand der Schüler wird im Halbjahreszeugnis der Klasse 4 durch einzelne Zensuren bewertet. Für die Beratungsgespräche und Gutachten sind darüber hinaus folgende Gesichtspunkte von besonderer Bedeutung:

— Allgemeiner Stand der Lernleistungen: Kann der Leistungsstand global bewertet werden, oder sind differenzierte Aussagen nötig: Leistungsniveau, besondere Stärken, Interessen, ausgeprägte Fähigkeiten und Neigungen bzw. besondere Schwächen, Abneigungen?
— Besondere fachliche Lernentwicklungen: Waren besondere Entwicklungstendenzen im überschaubaren Zeitraum, vor allem der Klasse 4, beobachtbar: Leistungsverbesserung, Leistungsabfall, Leistungsschwankungen — allgemein oder in speziellen Lernbereichen?

☐ *Schulfähigkeitstests*

Diese Tests sollen dazu dienen, die Eignung eines Kindes für eine bestimmte Schulform der Sekundarstufe festzuhalten. Mit Schulfähigkeitstests — auch Schuleignungstests genannt — lassen sich relevante kognitive Persönlichkeitsmerkmale beurteilen. Sie sind weniger auf den konkreten Unterricht bezogen als die Schulleistungstests. In der Literatur werden vor allem diese drei Testverfahren empfohlen:

Unsere Empfehlung: auf Schulfähigkeitstests nach Möglichkeit verzichten

1. Kognitiver Fähigkeits-Test für 4. bis 13. Klassen (KFT 4—13) von K. Heller u. a., Beltz.
2. Leistungs-Prüf-System (LPS) bzw. Prüf-System für Schul- und Bildungsberatung (PSB; Kurzform) von W. Horn, Hogrefe.
3. Aufgaben zum Nachdenken (AzN 4 +) von E. Hylla und B. Kraak; Neubearbeitung von H. Horn und W. Schwarz, Beltz.

In einigen Bundesländern dürfen diese Tests nicht von Grundschullehrern und/oder nur mit Einwilligung der Eltern durchgeführt werden. Sie sollten sich deshalb — bevor Sie sich entschließen, einen dieser Tests durchzuführen — nach der einschlägigen Bestimmung in Ihrem Land erkundigen.
Wir sind der Auffassung, daß man auf Schulfähigkeitstests verzichten sollte, weil man seine Schüler über einen längeren Zeitraum unterrichtet und ihre Stärken und Schwächen kennengelernt hat. Voraussetzung ist aber auch, daß man bewußt gegen die bekannten Beobachtungs- und Beurteilungsfehler anzugehen bereit ist.
Diese Art von „Selbstkontrolle“ oder Selbsttraining macht vielen Lehrern Schwierigkeiten; häufig auch deshalb, weil sie bei den Kollegen keine Unterstützung finden (z. B. durch gegenseitge Hospitation). Deshalb haben auch die Argumente für den Einsatz von Schulfähigkeitstests eine gewisse Berechtigung. Wir finden diese Argumente für Tests auch bei jenen, die ansonsten eher dem subjektiven Beurteilungsverfahren als dem objektiven das Wort reden.
Kleber und Thomann (1984, S. 19) beispielsweise sehen den Vorteil solcher Tests darin, daß die Testergebnisse die Fehler des Lehrerurteils korrigieren können. Die Fehler des Lehrers, so zeigen sie, sind überwiegend systematische Fehler. Diese Fehler haben nämlich den pädagogischen Prozeß über einen längeren Zeitraum mitgestaltet: Der Schüler hat sich schließlich dem Bild, das der Lehrer von ihm hat, immer mehr angepaßt. Fehler des Lehrers können also „schicksalhaft für einzelne Schüler“ sein.
Auch der Test macht Fehler (wenn sich diese Fehler auch nicht auf den einzelnen Schüler „systematisch“ — also in einer intensiven Interaktion — auswirken). Deshalb dürfen Testergebnisse auf keinen Fall die Entscheidung eines Lehrers begründen oder gar ersetzen.

Kein Test
kann den Lehrer
von seiner Verantwortung
entbinden

Die Anwendung eines Tests kann Ihnen also nichts von Ihrer Verantwortung nehmen, die Sie für jeden einzelnen Schüler tragen. Tests erhalten im übrigen einen falschen Stellenwert, wenn Eltern beispielsweise gesagt wird: „Ob Ihr Kind zum Gymnasium kann, das weiß ich jetzt noch nicht. Ich mache das von dem Ergebnis des Tests abhängig.“ Der Test kann nun einmal kein ausschließliches Entscheidungskriterium sein.
Zu ähnlichen Fehleinschätzungen von Tests führt es, wenn den Eltern (oder gar den Kindern) Prozentrangpunkte mitgeteilt werden. Damit würde eine Objektivität des Urteils suggeriert, die der Test nicht vermitteln kann. Wenn dann noch aus einer Tabelle der zugehörige Intelligenzquotient errechnet und den Eltern — gleichsam als „Waffe“ gegen ungerechtfertigten Elternwillen — mitgeteilt wird, ist das Befremden berechtigt. Sie haben zu recht Bedenken dagegen, daß solche Ermittlungen ohne ihr Einverständnis erfolgt sind.
Bei den genannten Beurteilungsverfahren sollten Sie beachten:

Merkliste
für die Beurteilung
beim Übergang

[1] Führen sie alle Verfahren in einer dem Alter des Kindes angemessenen Atmosphäre durch: Geborgenheit und Wärme, nicht aber Bangemachen und Erwartungsdruck.

[2] In Ihr Gesamturteil fließen die Ergebnisse Ihrer kontinuierlichen Schülerbeobachtung (mündlicher Beiträge, die täglichen Arbeitsergebnisse in der Einzelarbeit, in der Freien Arbeit, in Übungsphasen etc.) ein; die Ergebnisse der Klassenarbeiten und sonstigen Lernkontrollen (z. B. Übungs- und Partnerdiktate ohne Benotung) sowie der Schulleistungstests. Es gibt keine in einem mathematischen Verfahren gewonnenen Durchschnittswerte; nur eine angemessene Berücksichtigung der Leistungsergebnisse sowie der diese Leistung bedingenden Faktoren.

Bei Ihrer Entscheidung sollten Sie auch bedenken, daß die Schülerpersönlichkeit keine „konstante Größe" ist, sondern sich gerade in diesem Lebensalter entwickelt und verändert. Eine Prognose des Schulerfolgs ist also bei den meisten Schülern nur für einen sehr begrenzten überschaubaren Zeitraum möglich.

[3] Informieren Sie die Eltern zum Schuljahresbeginn über die Tests, die Sie voraussichtlich durchführen (Zeitpunkt, Testaufbau, Stellenwert); dadurch können Sie den Eltern Spekulationen und Ängste ersparen.

[4] Machen Sie den Eltern auch deutlich, daß es bei der Bildungswegentscheidung keine Notenarithmetik geben kann. Auch ein Testergebnis kann Ihre kontinuierliche Leistungsbeurteilung nicht wertlos machen.

■ Eltern beraten

Kontinuierliche Beratung erleichtert den Konsens mit den Eltern

Zu Ihrer Aufgabe als Berater gehört es, den Eltern für die bevorstehende Bildungswegentscheidung ihres Kindes Orientierungs- und Entscheidungshilfe zu geben. In aller Regel kommen die Eltern und bitten um eine Empfehlung des Lehrers — zumal dann, wenn Eltern ud Lehrer vertrauensvoll zusammenarbeiten und sich gegenseitig schätzen. Je länger und kontinuierlicher sie mit den Eltern im Gespräch sind, um so erfolgreicher ist auch Ihre Hilfestellung.

Wenn abzusehen ist, daß Elternwillen und Lehrerurteil weit auseinanderliegen — oder auch bei Problemfällen — empfiehlt sich frühzeitige Kontaktnahme.

Vorschlag für das Elterngespräch

Kommt es zu einem Beratungsgespräch (das Sie stets in angenehmer Atmosphäre und ohne Zeitdruck führen sollten), dann sollten Sie zunächst die voraussichtliche Lernentwicklung des Kindes in Ihrer Klasse darstellen. Dabei dürfen auch aufgetretene Lern- oder Verhaltensprobleme nicht verschwiegen werden.

— Sie fragen die Eltern, welche Vorstellungen sie über den weiteren Bildungsweg ihres Kindes haben.
— Sie schildern dann die bisherige Lernentwicklung des Kindes und geben Ihre Einschätzung über den zukünftigen Schulerfolg an.
— Danach können Sie auf die Probleme zu sprechen kommen, die sich beim Übergang in die weiterführenden Schulen stellen (z. B. neue Lehrer, andere Mitschüler, Schulweg, Arbeitsbelastung, Elterneinsatz; Entwicklung der Arbeitshaltung, der Lernbereitschaft und der Selbständigkeit unter diesen Bedingungen). Sie sagen, welchen Weg Sie für das Kind am besten halten.
— Mit den Eltern analysieren Sie die Ursachen, wenn es zu erheblichen Diskrepanzen zwischen Ihrer Einschätzung und Ihrer Empfehlung und dem Vorhaben der Eltern kommt.

■ Gutachten erstellen

In fast allen Bundesländern ist vorgesehen, daß die Grundschule ein Gutachten über die Eignung des Kindes erstellt. Was sollte Inhalt eines solchen Gutachtens sein?

Gliederungsgesichtspunkte für das Gutachten

Zunächst sollten Sie Anmerkungen machen zu der bisherigen Entwicklung der Lernleistungen und des Lernverhaltens. Es empfiehlt sich hierbei, alles das anzusprechen, was die aktuelle Leistungssituation und die gegenwärtige Lernentwicklung kennzeichnet. Wenn Sie auch bei der Beurteilung des Kindes besondere Umstände wie Schulwechsel, längerer Unterrichtsausfall oder Krankheit oder familiäre Belastungen berücksichtigen, so sollte dies jedoch nicht im Gutachten ausdrücklich erwähnt werden; sinnvoller sind in jedem Fall persönliche Kontakte mit dem zukünftigen Klassenlehrer.

In jedem Fall sollten Sie auch auf die kognitiven und motivationalen Lernvoraussetzungen des Schülers (Persönlichkeitsmerkmale) eingehen. Diese Lernvoraussetzungen sind wichtig für die Analyse der bisherigen Lernentwicklung, aber auch für die Schulerfolgsprognose.

Die Aspekte, die für die Formulierung von Gutachtentexten in Frage kommen, finden Sie in dem auf Seite 141 zitierten Katalog des Kultusministers von Nordrhein-Westfalen wieder. Ihre Gutachten sind dann besonders aussagekräftig, wenn Sie

— die verschiedenen Beurteilsungsverfahren, mit denen Sie die Schülerleistung erfassen, genutzt haben.
— die gewonnenen Informationen verarbeiten, ohne von starren Richtwerten (z. B. Zensurenarithmetik) abhängig zu sein
— wenn Sie die Leistungsanforderungen und die Lernbedingungen der aufnehmenden Schule genau kennen.

Achten Sie auch darauf, daß alle Aussagen eindeutig formuliert sind. Die Eltern verstehen das Gutachten nur, wenn Sie sich klar und verständlich ausdrücken. Natürlich müssen sie alles, was Sie in Ihrem Gutachten niederschreiben, auch belegen können.

■ Der Übergang — ein Störfaktor kindgemäßen Grundschulunterrichts

Klasse 4: Härtetraining für den Übergang ...

Spätestens ab der Klasse 4, häufig aber schon vorher, schwebt das Übergangsverfahren wie ein Damoklesschwert über Eltern, Lehrern und Kindern.

Die Eltern erwarten für ihre Kinder möglichst hohe Bildungsabschlüsse: nur den wenigsten reicht der Hauptschulabschluß. Mit zunehmender Betroffenheit im Schulalltag zerrinnen die Hoffnungen auf eine erfolgreiche Schulkarriere des Kindes.

Die Kinder tragen bisweilen schwer daran, wenn sie die Eltern in ihren Hoffnungen enttäuschen. Nicht nur, daß durch den „Mißerfolg" ihr Selbstbild erschüttert wird: Sie bekommen die Enttäuschung der Eltern zu spüren, müssen mit zusätzlichem Druck und mit Liebesentzug rechnen.

... oder vielseitige Förderung?

Sie als Lehrerin oder Lehrer stehen dazwischen. Sie sind es, die oder der die Schuld mit daran trägt, daß sich die Bildungserwartungen der Eltern nicht erfüllen. Von Ihnen wird erwartet, daß sie den Druck auf die Kinder verstärken. Als Anwälte der Kinder ist es jedoch Ihre vornehmste Aufgabe, jedes Kind in seiner gesamten Persönlichkeit zu fördern. Einseitigen Drill in Lesen, Schreiben und Rechnen, nur um das Kind über die Hürden zu zwängen — koste es, was es wolle —, lehnen Sie zu recht ab.

Die Konsequenz aus diesem Dilemma wäre, der Forderung zu entsprechen, die die Kommission Anwalt des Kindes aus Baden-Württemberg erhoben hat:

Plädoyer für den Verzicht auf Ausleseverfahren in Klasse 4

> „Wie Erfahrungen gezeigt haben, lassen sich Fehlentscheidungen in der Zuweisung von Kindern zu den unterschiedlichen Schularten auch durch noch so sorgfältige und vereinerte Prüfungen und Aufnahmeverfahren kaum oder gar nicht unter diejenige Quote herabdrücken, die sich — nach eingehenden Beratungsgesprächen — auch durch die Entscheidung der Eltern ergeben würde . . .
> Ein bevorstehendes Ausleseverfahren führt nämlich, je folgenreicher das Abschneiden für den einzelnen Schüler werden kann, um so mehr zu Konzentration auf den zu erwartenden Prüfungsstoff, wobei andere Seiten des Unterrichts, die nicht zu abfragbarem Wissen beitragen, zu kurz kommen. Unter Umständen entsteht sogar — verständlicherweise — bei Eltern, Lehrern und Kindern die Neigung, die sorge um das Bestehen der Prüfung zum Hauptmotiv der Schularbeit werden zu lassen und sich speziell auf etwa zu erwartende Prüfungsanforderungen einzustellen."

So geraten im Zusammenhang mit dem Übergangsverfahren unaufgebbare Grundsätze, wie sie für eine kindgemäße und leistungsfähige Grundschule gelten, unter die Räder.

Wir nennen hier drei Gefahrenpunkte, deren Sie sich gerade in Klasse 4 bewußt sein sollten (vgl. CHRISTIANI 1984):

Durch die Fixierung auf den Übergang geht anspruchsvolles Lernen verloren: drei Beispiele

[1] in Bezug auf die Inhalte: Gelernt wird, *was geprüft wird.*
Eltern sind schon mit bloßer Stoffhuberei zufrieden, wenn nur der Übergangserfolg garantiert wird. Er muß aber auch angesichts des bevorstehenden Übergangs noch Zeit bleiben für den „fruchtbaren Moment" im Bildungsprozeß, für geduldiges Verweilen, für problemlösendes, entdeckendes Lernen. Phantasie und Kreativität, Neugier, Interesse, Spiel und Spaß dürfen nicht auf der Strecke bleiben.

[2] in Bezug auf die Motivation: Gelernt wird, *weil zensiert wird.*
Zensuren wecken Interesse an der Zensur, nicht an der Sache selbst, sie trennen das Kind vom Lerngegenstand. Wo es dann aber um das Erreichen von Punkten oder Durchschnittszensuren geht, vergeht das Lernen, um einer Sache erfolgreich auf den Grund zu gehen.

[3] in Bezug auf das Lernkonzept: Gelernt wird, *wie es erwartet wird.*
Häufig wird als gute Vorbereitung auf die weiterführenden Schulen verstanden, so zu lernen, wie seit altersher bekannt: gleichschrittiger, lehrerzentrierter, verbal ablaufender Frontalunterricht.

Doch solches „Härtetraining" zahlt sich nicht aus. Wer in der Grundschule gelernt hat, selbständig, konzentriert und ausdauernd zu arbeiten und dabei die Freude am Lernen noch nicht verloren hat, der wird in der weiterführenden Schule — auch unter anderen Lernbedingungen — gewiß so weitermachen. Platte Faktenvermittlung und hohler Drill reichen für eine Schulkarriere nicht lange hin.

Lernen durch Besuchen: Ängste und Vorurteile werden abgebaut

Überzeugende Unterrichts- und Erziehungsarbeit, langfristig angelegte Beratung der Eltern und Unterrichtsbesuche helfen bekanntlich am besten, Erwartungsdruck und Nervösität in der Übergangsphase zu verringern.
Aber auch die Kinder sollten Sie auf die Zeit nach der Grundschule vorbereiten. Die Erfahrungsberichte hierzu zeigen, daß man auch bei Kindern Ängste abbauen und dazu beitragen kann, daß sie unbeschwert und mit froher Erwartung auf die neue Herausforderung reagieren — auch ein Beitrag dazu, die Kontinuität des Lernens zu sichern.
BUNK (1984, S. 27) veranstaltete ein „Schülerhearing". Schüler, die im letzten Jahr in die weiterführenden Schulen übergewechselt waren, wurden in die Klasse 4 eingeladen. Hier der Fragenkatalog:

Kinder besuchen weiterführende Schulen und stellen Fragen — Beispiel Oberhausen

1. *Fragen zur Schule:* Wie viele Schüler hat die Schule, wie viele Lehrer? Hat jede Klasse einen Klassenraum? Gibt es eine Turnhalle? Wie sind die Toiletten? Haben die Klassen Vorhänge? Darf man die Klassen mitgestalten?
2. *Fragen zum Stundenplan:* Welche Fächer habt ihr? Wie viele Stunden in der Woche, wie viele am längsten Tag? Ist nachmittags auch Unterricht? Wie viele Pausen gibt es? Gibt es manchmal hitzefrei?
3. *Fragen zu den Lehrern:* Erklären die Lehrer gut? Schimpfen sie oft? Sind sie streng? Geben sie viel Hausaufgaben auf? Geben sie Strafarbeiten? Darf man sitzen, wo man will?
4. *Fragen zu den Mitschülern:* Helfen die anderen Schüler beim Eingewöhnen? Wie sind die Großen zu den Kleinen. Ist auf dem Schulhof eine Aufsicht?
5. *Was bietet die Schule noch:* Gibt es eine Schulzeitung? Werden Ausflüge gemacht? Gibt es ein Schulfest und einen Weihnachtsbasar? Wird Theater gespielt? Kann man Milch bestellen? Gibt es Spielgeräte auf dem Schulhof? Wird im Advent gesungen?
6. *Wie seht ihr nun die frühere Schule?* Was war besser? Wart ihr gut vorbereitet? Welche Tips könnt ihr uns geben?

Die Schüler, die als Experten der jeweiligen weiterführenden Schule Rede und Antwort stehen sollten, wurden vom Klassenlehrer des vierten Schuljahrs in Verbindung mit dem früheren und dem Klassenlehrer der jetzigen Schule ausgewählt. Diese Auswahl wurde nicht der Beliebigkeit überlassen, weil für diese Form der sachlichen Befragung Schüler benötigt wurden.
— die kein gespanntes Verhältnis zur früheren Schule haben,
— die mit der neuen Schule kein Privatfehde austragen wollen,
— die sich gut verbalisieren können,
— die sowohl kritisch als auch redlich urteilen können.
— die das Hearing ernst nehmen und seinen Sinn für die jüngeren Mitschüler einsehen.

Lehrer der Grundschule und der weiterführenden Schulen schauen über den Zaun und lernen die Arbeit der anderen kennen

Zimmer (1984, S. 28) berichtet über die weiterführenden Schulen als „Lernort für Viertkläßler". Schüler der Klasse 4 besuchten ihre zukünftige Schule, nahmen am Unterricht teil und sprachen mit dem Schulleiter. Die Erfahrungen mit der „neuen" Schule wurden in der Klasse ausgetauscht. Was die Kinder erlebten, erfuhren, auch was sie an Kritischem anzumerken hatten, teilten sie ihrer weiterführenden Schule anschließend mit.
„Einmal sehen ist besser als hundertmal hören", dieses chinesische Sprichwort gilt natürlich auch für die Lehrer der Grundschulen und der weiterführenden Schulen.

10. *Wege zum Beurteilungskonzept einer Grundschule*

Jede Schule sollte sich um einen Konsens in den mit der Leistungserziehung und -beurteilung zusammenhängenden Fragen bemühen. Die RUTTER-Studie belegt, was aus der Vielzahl von Einzeluntersuchungen schon bekannt war und was uns als Lehrerinnen und Lehrer durch die tägliche Praxis bewußt ist:

Ein gemeinsames Ethos ist Voraussetzung für erfolgreiche Erziehungs- und Unterrichtsarbeit

Wo in einem Kollegium gemeinsame Wertvorstellungen herrschen und wo man gemeinsam vereinbarten Grundsätzen folgt, dort ist die Schule auch entsprechend wirksamer. Beeinträchtigt wird diese Wirksamkeit immer dann, wenn das Kollegium nicht über einen Mindestbestand an Gemeinsamkeit im pädagogischen Denken und Handeln verfügt; wo sich Lehrerinnen und Lehrer also auch noch um pädagogisch Selbstverständliches streiten (RUTTER u.a. 1980). Ergebnis dieser Studie war unter anderem auch, daß sich eine erfolgreiche Schule von anderen dadurch unterscheidet, daß die Leistungen der Schüler mehr Lob und Anerkennung finden.

Kurz: Was im Zusammenleben einer Schule zum Ausdruck kommt, beeinflußt sehr stark die pädagogische Wirksamkeit. Die Begriffe „Innenleben", oder auch „Schulklima", signalisieren uns dabei, daß es in der Schule um mehr als um Fragen der Lernökonomie geht. (Wieviel Wissen kann ich möglichst effektiv meinen Schülern vermitteln?). Im Sinne einer Lern-Ökologie kommt es zugleich auf die „räumliche Umwelt" der Schule (Schulgebäude, Klassenzimmer, Umfeld) und vor allem auf die „interpersonale Umwelt" an. (Wie arbeitet ein Kollegium zusammen und welche Beziehungen pflegt es zu den Eltern?)

Zu der letzten Frage (Verständigung im Kollegium und mit den Eltern) wollen wir Ihnen in diesem letzten Kapitel Vorschläge in Richtung auf ein konsensfähiges Beurteilungskonzept machen.

10.1 Konsens im Kollegium finden

Auf dem Weg zu einem pädagogischen Profil der Schule

Ob in Ihrer Schule pädagogisch engagiert gearbeitet, ob permanente Schulreform als Bemühen um eine kindgerechtere Schule im schulischen Alltag praktiziert wird, dies hängt wohl weniger davon ab, ob Sie irgendwann einmal an einer mehrtägigen Tagung teilnehmen oder einige Doppelstunden Seminar absolvieren. Zu rasch funktionieren in aller Regel die Assimilationsmechanismen im Alltag der Schule.

Soll die „kindgerechtere Schule" nicht bloß pädagogische Flause bleiben, sondern Leitvorstellung im Alltag sein, dann bedarf es vor allem des pädagogischen Engagements, der Initiative und der Kooperation des Kollegiums. Vermutlich spielen Anstifter hierzu oft eine große Rolle; deshalb kann niemand die Hände in den Schoß legen, nur weil er — noch — keine Mitstreiter findet. Mit anderen Worten: Lehrerfortbildung, die den Unterrichtsalltag wirksam weiterentwickeln hilft, ist vornehmlich eine Aufgabe des Kollegiums selber.

Dies bedeutet für die Konferenzen an der Schule, daß sie sich nicht in Formalismen und organisatorischem Tuttifrutti erschöpfen dürfen, sondern daß sie vermehrt als Gelegenheiten zu gemeinsamer pädagogischer Arbeit genutzt werden.

■ *Fallbesprechungen*

Machen Sie Fallbesprechungen zum routinemäßigen Gesprächsgegenstand von Lehrerkonferenzen: Ein Mitglied des Kollegiums stellt einen ihm wichtigen Fall vor, der dann unter bestimmten Problemstellungen und Fragerichtungen diskutiert werden kann:

Möglichkeiten der Annäherung an ein konsensfähiges Leistungsverständnis

— Wie können wir verhindern, daß dieses Kind in unserer Schule vollends versagt?
— Wie können wir erreichen, daß die Eltern jenes Kindes mit uns an einem Strick ziehen?
— Was müssen wir tun, daß dieses Kind seine Angst vor der Schule verliert?
— Wie kann ich für dieses Kind mit diesen Eltern das Zeugnis formulieren?

Das Kollegium kann sich bei solchen Besprechungen über die pädagogische Anamnese, über die Entwicklung des Kindes in Leistung und Verhalten informieren und sich gegenseitig beraten. Gerade das Bemühen um solidarische Hilfe führt zu Fragestellungen an den vortragenden Lehrer und läßt ein Gespräch über den aktuellen Fall von selbst entstehen.

Fallbesprechungen als Anlaß zu gegenseitiger Beratung

Zweifellos werden dabei Unterschiede in den Betrachtungsweisen, Einstellungen und pädagogischen Wertvorstellungen offenkundig. Dies alles läßt sich natürlich nicht an Ort und Stelle und unter Zeitdruck ausdiskutieren. Deshalb empfiehlt es sich, solche Besprechungen (auch inoffizielle) kontinuierlich einzuplanen.

ARBEITSZIELE:

— kollegiale Beratung zu einem Fall mit dem Versuch, aktuelle pädagogische Probleme anhand einzelner Fälle zu lösen
— Einstieg in die pädagogische Diskussion, um sich in Bezug auf die zentralen Leitideen anzunähern

■ *Konzeption von Klassenarbeiten*

Der Versuch, bestimmte Absprachen über die schriftlichen Arbeiten und Klassenarbeiten zu treffen, ist wohl an jeder Schule ein mehr oder weniger regelmäßiger Tagesordnungspunkt. Ohne Zweifel sind Abstimmungen hierzu innerhalb eines Kollegiums wichtig; sie dürfen jedoch nicht dazu führen, daß Sie sich bis ins letzte Detail hin selbst binden. Auf diese Weise würde nämlich der vom Gesetzgeber und von der Schulaufsicht garantierte pädagogische Freiraum durch das Kollegium selbst beschnitten. Die hier angesprochenen Einzelprobleme lassen sich rein formal und technizistisch abhandeln; und gewiß wird auch ein Konsens über Quantifizierbares zu erzielen sein:

Die Absprache über Klassenarbeiten ist eine zentrale Aufgabe für das Kollegium

Denn was helfen Absprachen über die Anzahl von Arbeiten (etwa nach dem Motto: 6 Arbeiten pro Jahr sind zu wenig, bei 12 kommt man nicht durch: also 8 bis 10 Arbeiten); über Vergleichsarbeiten (z. B. pro Jahr einmal ein standardisierter Rechtsschreib- und Mathematiktest); über Kriterien zur Bewertung (z. B. bei 10 Fehler im Diktat: mangelhaft; oder i-Punkt gilt als ganzer Fehler) sowie über die Art der Berichtigung (z. B. immer im ganzen Satz)?

Absprachen dürfen die pädagogische Freiheit des einzelnen nicht unzumutbar einengen

Solche Absprachen, die ja die Besonderheit einer Klasse außer Acht lassen, können das eigentliche Anliegen pervertieren: Sie führen zu mehr Rivalität zwischen den Lehrern, bringen einzelne Lehrer in Beweisnot oder stellen andere — trotz höheren Einsatzes — als die „schlechteren" Pädagogen bloß.

Der Konsens in den eigentlichen Fragen der Leistungserziehung und -beurteilung stellt sich also keineswegs automatisch ein. In aller Regel stößt man allerdings über Diskussionen, die bloß Formales und Quantitatives betreffen, zu den damit zusammenhängenden pädagogischen Fragestellungen vor, denen ein Kollegium nicht aus dem Weg gehen darf. Sie sollten darauf bestehen, daß die pädagogischen Grundsätze, wie wir sie dargestellt haben, diskutiert werden und daß Ihr Kollegium sich auf eine pädagogische Linie verständigt. Natürlich fällt ein einheitliches Schulkonzept (was nach RUTTER das „Ethos" einer Schule ausmacht) keiner Schule in den Schoß. Es ist — auch das ein Ergebnis der RUTTER-Studie — Ergebnis langwieriger Entwicklungsprozesse, zäher Kleinarbeit, beharrlicher pädagogischer und organisatorischer Anstrengungen.

■ *Zum Arbeits- und Sozialverhalten*

Sie werden um so eher das Instrumentarium der Kategorien und Ziele als Kriterien zu Verhaltensbeobachtung und -beurteilung akzeptieren und anwenden, je mehr Sie selbst an seiner Entwicklung beteiligt waren und je intensiver Sie seine Anwendung im Kollegenteam erprobt und geübt haben. (Wenn wir in diesem Buch Kategorien und Ziele vorgegeben haben, dann nicht mit der Vorstellung, daß sie so zu übernehmen seien; wir wollten vielmehr damit Beispiele geben und Anlaß bieten, sie im Lehrer-Team zu diskutieren und gegebenenfalls zu verändern).

ARBEITSZIELE

— sich das eigene pädagogische Vorverständnis zu der jeweiligen Dimension des Schülerverhaltens bewußt machen
— wenn möglich, zu einem Konsens über die Kriterien zur Verhaltesbeobachtung und -beurteilung kommen; zumindest: die pädagogische Leitvorstellungen auch der Kollegen kennenlernen und darüber diskutieren
— die Ziele der Kategorien auf die Ausgangslage und Entwicklungsmöglichkeiten der jeweiligen Schüler beziehen und entsprechend formulieren
— aus der Erfahrung heraus zu den Kategorien beispielhaft verhaltensnahe Beschreibungen zusammenstellen, die das Verhaltensspektrum der Schüler der jeweiligen Schule markieren
(Dabei sollten verschiedenartige Verhaltensweisen gesucht werden, die
1. dem in einer Kategorie definierten wünschenswerten Verhalten entsprechen und
2. dem in einer Kategorie definierten wünschenswerten Verhalten nicht entsprechen.)

Solche Überlegungen und Ergebnisse dürfen nicht folgenlos bleiben.
Es sollten weitere gemeinsame Erarbeitungen geplant werden:

— zur Überprüfung der Kategorien und Ziele über einen längeren Zeitraum hinweg
— zum Training von Verhaltensbeobachtungen und -beschreibungen,
— zur Beurteilung von Schülerverhalten,
— zur Förderung des Arbeits- und Sozialverhaltens der Kinder in Hinsicht auf das als wünschenswert definierte Verhalten.

■ *Beobachtungs- und Beschreibungstraining*

Annäherung in der Beobachtungs- und Beschreibungspraxis: durch gegenseitiges Hospitieren im Kollegium

Bei jeder Verhaltensbeobachtung und -beschreibung muß man mit Wahrnehmungs- und Formulierungsfehlern rechnen. Dies gilt um so mehr, wenn der Beobachter und Protokollant der Lehrer selbst ist, der während der beobachteten Verhaltensweise zugleich unterrichten muß. Diese Fehlerhaftigkeit des eigenen Beobachtens und Beschreibens müssen Sie sich bewußt machen, nicht als persönlich verschuldete Schwäche, sondern als ein in der Sache liegendes Handicap, das allerdings durch Training zu verringern ist. Dazu kann so verfahren werden:
Die Lehrer hospitieren in einer Klasse, evtl. auch beim Unterricht mit einer kleineren Schülergruppe. Für den Unterricht werden zuvor standardisierte Situationen verabredet (Partnerdiktat, Lösen umfangreicher Aufgaben, Experimente

usw.). Das Verhalten bestimmter Schüler wird beobachtet und im Beobachtungsbogen beschrieben. Die Aufzeichnungen werden diskutiert.

ARBEITSZIELE:
— sich Beobachtungs- und Beschreibungsfehler auch durch eigene Erfahrung bewußt machen
— Beobachten und Beschreiben in Situationen üben, die vom Druck des eigenen Unterrichts frei sind
— Beobachtungsbögen auch als Lehrer-Team handhaben

■ *Festlegung von Lehrzielen*
In Fachkonferenzen werden erarbeitet:
— grundlegende Lehrziele für Lehrgänge, in denen eine Absprache für alle Klassen eines Jahrgangs sinnvoll erscheint
— Vorschläge für zusätzliche Ziele.

Annäherung in der inhaltlichen Arbeit: durch gemeinsame Analyse der Richtlinien und Lehrpläne . . .

1. Die Lehrziele sind in der Regel nicht aus der Literatur unmittelbar zu übernehmen, sondern müssen auf die besonderen schulischen Umstände bezogen werden (benutzte Unterrichtswerke, organisatorische Gegebenheiten des Unterrichts, Entwicklungsstand der Schüler, Umwelterfahrungen der Schüler). Auch die Lehrziele der Richtlinien sind als — verbindliche — Rahmenziele zu verstehen, die durch klassenspezifische grundlegende Lehrziele zu konkretisieren sind.
   Damit ist im übrigen auch der jeweilige Arbeitsplan erstellt.
2. Die verabredeten Lehrziele müssen ständig an der Unterrichtswirklichkeit überprüft werden. (Was ist leistbar? Welche Ziele ergeben sich durch aktuelle Anlässe, durch Veränderungen der schulischen Umstände, durch besondere Interessenlagen der Schüler?) Zum einen müssen Sie also auf dem Freiraum in der Handhabung dieser Ziele bestehen, zum anderen ist die Aktualisierung und Verbesserung der Lehrzielkataloge ständige Aufgabe der Fachkonferenzen.

... und durch Unterscheiden grundlegender und weiterreichender Anforderungen

ARBEITSZIELE:
— für alle Lernbereiche standortbezogene Lehrzielkataloge diskutieren
— für bestimmte Lehrgänge standortbezogene grundlegende Lehrziele abstimmen
— für bestimmte Lehrgänge standortbezogene weiterreichende Qualifikationen zusammenstellen
— die vereinbarten Lehrzielkataloge als „Verabredung auf Widerruf" handhaben

■ *Lernerfolgskontrollen*
Ausgehend von den grundlegenden Lehrzielen können in Fachkonferenzen von einzelnen Lehrern entworfene oder erprobte Lernerfolgskontrollen durchgesprochen und arbeitsteilig neue Lernerfolgskontrollen konstruiert werden. Die Ergebnisse der Lernerfolgskontrollen dürfen nicht zum Vergleich der Unterrichtsqualität der beiteiligten Lehrer mißbraucht werden. Es ist nicht möglich, unterschiedliche Lernergebnisse in zwei Klassen auch bei gleicher Unterrichtsführung auf eine Ursache zurückzuführen; dazu gehen zu viele Faktoren in den Unterricht ein: die verschiedenartigen Schüler, die Klassenzusammensetzung, gruppendynamische Vorgänge in der Klasse, das Ausmaß an Beachtung sozialer Lernvorgänge durch den Lehrer usw.

Durch gemeinsame Lernkontrollen die Klassen nicht gleichschalten

ARBEITSZIELE:
— für bestimmte Fächer den verabredeten Lehrzielen entsprechende Lernerfolgskontollen konstruieren und erproben
— die Lernerfolgskontrollen in kollegialer Zusammenarbeit nutzen
— Absprachen über Durchfühung, Auswertung und Berichtigung treffen

Beispiel
eines Thesenpapiers
für eine
Pädagogische Konferenz

Die einzelnen Thesen
sind auf dem
Hintergrund von
Kap. 1 zu verstehen

Schriftliche Arbeiten und Klassenarbeiten in der Grundschule

[1] *Funktionen:*

Alle schriftlichen Arbeiten und Klassenarbeiten sind wichtige Bestandteile des Unterrichts. Sie dienen

— dem Schüler als Rückmeldung, inwieweit er erfolgreich gelernt hat, und der Ermutigung für das weitere Lernen
— dem Lehrer als Diagnose, welche Mißerfolge/Erfolge sein Unterricht hatte, und der weiteren entsprechend gezielten Unterrichtsplanung
— den Eltern als Orientierung, inwieweit ihr Kind erfolgreich gelernt hat.

Sie dienen nicht dem Schülervergleich (Klassifikation) und nicht der Selektion von Schülern

[2] *begrenzte Aussagekraft:*

Schriftliche Arbeiten können nur einen begrenzten Teil der Schulleistungen überprüfen. In Fächern, in denen komplexere kognitive Leistungen, emotionale Ziele, inhaltlich offene Leistungen Bedeutung haben, müssen schriftliche Arbeiten durch Verhaltensbeobachtungen ergänzt werden (Beispiel: Mathematik).

Die grundlegenden
Anforderungen:
Bezugspunkt
für das Konzipieren
und das Zensieren
von Klassenarbeiten

[3] *Konsequenzen für die Praxis:*

— Für alle Arbeiten wird zunächst festgelegt, was die Kinder zumindest gelernt haben müssen, um am Unterricht mit Erfolg teilnehmen zu können.
— Die Arbeiten werden so konzipiert, daß überprüft werden kann, inwieweit die Kinder diese grundlegenden Anforderungen erreicht haben und inwieweit sie Leistungen erbracht haben, die darüber hinausgehen.
— Die Arbeiten werden erst geschrieben, wenn jeder grundschulfähige Schüler in bezug auf diese grundlegenden Anforderungen hinreichend gefördert wurde.
— Bei der Korrektur der Arbeiten werden die Leistungen des Schülers in bezug auf die Anforderungen festgestellt, und zwar durch ein
Meßurteil: richtig — falsch, erreicht — nicht erreicht
Schätzurteil: Einschätzung, in welchem Grad die Anforderungen erreicht wurden.
— Nach der Leistungsfeststellung werden die Leistungen beurteilt:
Dem Anspruch der Schüler auf Würdigung ihrer individuellen Leistung (Bestätigung, Lob, Ansporn, Zuspruch, Ankündigung von

Hilfe, Tadel) wird am besten ein kurzer Kommentar unter der Arbeit gerecht (gegebenenfalls auch mündlich);
wenn zusätzlich Zensuren erteilt werden, dann werden sie danach vergeben, in welchem Grade die einzelne Arbeit den gesetzten Anforderungen entspricht (anforderungsbezogene Bewertungsnorm, siehe Zensurendefinitionen. Das Niveau „grundlegender Anforderungen" entspricht in etwa der Note „befriedigend".)

— Es ist wünschenswert, daß alle Schüler die grundlegenden Anforderungen erfüllen.
— Fehler-, Punkte- oder Zensurenspiegel werden grundsätzlich nicht unter die Arbeit gesetzt.
— Die Zensurenergebnisse der schriftlichen Arbeiten (und die Zeugniszensuren) stellen nicht die maßgebenden Kriterien für die Übergangsentscheidung in der *Klasse 4* dar. Hierzu sind vorrangig andere diagnostische Instrumente heranzuziehen (Schülerbeobachtung, Schulleistungstests).
Über die unterschiedlichen Funktionen dieser Verfahren werden die Eltern rechtzeitig (vom Beginn der Zensurenerteilung an) informiert.

Zusätzlich:

— Um das Schuljahr nicht zur ständigen Teststrecke werden zu lassen, sollten in allen entsprechenden Lernbereichen nicht mehr als 6 bis 8 Arbeiten pro Schuljahr geschrieben werden (Mathematikarbeiten, Klassendiktate, Klassenaufsätze). Für alle Zeugniszensuren werden die Beobachtungen aus dem laufenden Unterricht zur endgültigen Zensurenfindung hinzugenommen.

4 *Notwendigkeit der Konkretisierungen:*
Diese allgemein gehaltenen Setzungen sind auf die spezielle Eigenheiten der Mathematikarbeiten, der Klassendiktate und der Klassenaufsätze hin zu konretisieren.

ARBEITSZIELE:

— Absprachen über Art und Umfang der Klassenarbeiten
— Erarbeitung von Beispielen differenzierter Diktate, Mathematikarbeiten, Aufsatzarbeiten
— gemeinsam abgestimmte Beurteilung von Klassenarbeiten
— Konsens über die Art der Berichtigung

5 — Pädagogische Mindestanforderungen an Klassenarbeiten (s. S. 30ff)
— Differenzierte Klassenarbeiten, insbesondere Diktate (s. S. 95ff)

Merkliste für Zeugniskonferenzen

■ *Zeugniskonferenzen*

Pädagogische Anamnese, pädagogisches Tagebuch oder Beobachtungsbögen, Zwischenbilanzen und Lernbegleitbögen sind das Basismaterial für die Konferenzen, in denen die Schülerleistungen für das Zeugnis zusammengestellt werden. Dabei sollten Sie für jedes Zeugnis festhalten (Stichwörter genügen, die endgültige Formulierung übernimmt der Klassenlehrer):

[1] Angaben für eine gutachtenmäßige Stellungnahme zum Arbeits- und Sozialverhalten,

[2] Angabe der Fächer, in denen die grundlegenden Lehrziele erreicht wurden, bzw. Mitteilung der erreichten Zensur

[3] Angabe der Fächer, in denen die grundlegenden Lehrziele noch nicht erreicht wurden, bzw. Mitteilung der erreichten Zensur

[4] für besondere Leistungen Angaben über die gezeigten weiterreichenden Qualifikationen für die Rubrik: „Hinweise zu Lernbereichen“

[5] gegebenenfalls:
Beschlußfassung über eine schulische Maßnahme, die für die weitere Schullaufbahn des Kindes bedeutsam ist (Versetzung, Überspringen der Klasse, Wiederholen der Klasse, voraussichtlicher Rücktritt in eine andere Klasse, Überweisung in eine Sonderschule usw.; Formulierung einer entsprechenden Notiz für die Rubrik „Bemerkungen“)

10.2 Verständigung mit Eltern

Wenn die Grundschule ihre Aufgabe als „Kinderschule“ zu erfüllen sucht, wenn sie sich ermutigende Erziehung für alle Kinder ernsthaft vornimmt, dann hat dies zwingende Konsequenzen für den Leistungsbegriff der Grundschule, für ihren Leistungsanspruch, für ihre Art und Weise der Leistungsbewertung.
Selbstverständlich, daß dieses Konzept nur dann wirksam wird, wenn es auch im Elternhaus bekannt ist, bejaht und untertützt wird. Gerade hier aber — so lehrt die Erfahrung — können auch gegenläufige Tendenzen entstehen.
Beispiele:
Eltern möchten (legitimerweise) wissen, wie ihr Kind steht. Gewohnt, dies am Stand im Leistungsgefälle der Klasse abzulesen, verlangen sie einen Fehler- oder Zensurenspiegel. Bleibt er aus, dann fragen sie ihre Kinder aus, wieviele besser, wieviele schlechter abgeschnitten haben. Oder sie vergleichen, ob die Nachbarkinder auch so oft oder so selten Sternchen unter ihre Arbeit mit nach Hause bringen, möglicherweise mit einem Zacken mehr oder weniger. Je nach Ausfall der Informationen setzen sie nun Lob, Tadel oder Bestrafung ein.

Das pädagogische Konzept der Leistungsbeurteilung läßt sich nur *mit* Eltern, nicht *gegen* Eltern realisieren

Gewohnt, Leistungen absolut zu nehmen und sie in Gegenwerte einzutauschen („gute Arbeit — guter Lohn“), werden mit Beginn der Zensierung Tarife festgelegt, z. B. werden in einer dritten Klasse für „sehr gut“ Sätze bis zu fünfzehn Mark gezahlt.
Es liegt auf der Hand, daß durch solche Einstellungen und Praktiken der Leistungsgedanke unserer Grundschule unterlaufen wird. Augenfällig wird dieser Effekt z. B., wenn der Lehrer regelmäßig das geradezu hysterische Gebrüll eines Jungen beobachtet, der „nur“ ein „gut“ erhält, oder die kaum zu bremsende Gruppe von Kindern, die bei der Rückgabe der Arbeit nur ihre Zensur zur Kenntnis nimmt und dann in der Klasse herumrennt, um die Zensuren der Mitschüler, notfalls mit Gewalt, zu erfahren.
Durch diese Beispiele aus dem Alltag der Schule sollen die Eltern nicht (schon gar nicht pauschal) diffamiert werden; das Verhalten der Eltern und der Kinder hat seine Ursachen:

— in den eigenen Schulerfahrungen
— im Bildungssystem, das der Grundschule — entgegen ihren pädagogischen Absichten — schließlich doch die Selektion der Schüler zumutet
— im auf Wettbewerb und Tauschwert aufgebauten Leistungsgedanken, der in unserer Gesellschaft vorherrscht.

Unverzichtbarer Teil Ihrer Elternarbeit sollte es deshalb sein, die Eltern für das Leistungskonzept unserer Grundschule zu gewinnen.
Dies ist nicht immer ohne Reibungen möglich. Auch das lehrt die Erfahrung: Aufstiegsfixierte Eltern aus mittleren und oberen Sozialschichten reden bisweilen eloquent und unter Einsatz ihres Sozialprestiges einer individualistischen und selektierenden Unterichtspraxis das Wort. Manche Lehrer berichten von Klassenpflegschaftssitzungen, auf denen gerade diese selbstbewußt auftretenden Eltern zu Elternvertretern gewählt wurden und nun als Repräsentanten aller Eltern ihren Vorstellungen Nachdruck verleihen. Im internen Lehrerkreis wird auch deutlich, daß dies Rückwirkungen auf die Lehrer haben kann: mancher fühlt sich verunsichert und eingeschüchtert.
Bei allen willkommenen und notwendigen Tendenzen zu vermehrter Mitwirkung der Eltern in der Schule — hier ist eine deutliche Grenze markiert zwischen egoistischen wettbewerbsorientierten, selektierenden Leistungsvorstellungen von Eltern und dem pädagogischen Auftrag der Grundschule. Dazwischen kann nicht gehandelt werden.
Sie sollten von Beginn an beharrlich, geduldig und engagiert das Leistungskonzept der Grundschule vertreten:
— als Lehrer mit dem erzieherischen Auftrag einer „Schule in der Demokratie", bei den Schülern Kooperation und Solidarität zu fördern,
— als Anwalt des Kindes, der die Grundrechte jedes Kindes auf Entfaltung zu respektieren und durchzusetzen hat.

■ *Material für Elterninformationen*
Wir stellen im folgenden erprobte Materialien vor, die Ihnen als Argumentationshilfen, als Vorlage, Anregungen oder Steinbruch für eigene Materialien dienen mögen:

Lernen ohne Zensuren

Unser Vorschlag:
Informationsschrift
für die Eltern
zur zensurenfreien Phase —
oder Konzept
für einen Vortrag
auf dem Elternabend

[1] *Was Schulanfänger alles lernen müssen*
Wenn Kinder in die Schule kommen, dann müssen sie mit vielen neuen Anforderungen fertig werden:
— Sie müssen lernen, in einer großen Gruppe von 25 Kindern zurechtzukommen (eigene Wünsche oft zurückstellen, sich an Regeln des Zusammenlebens halten, mit anderen auskommen, mit anderen gemeinsam etwas erarbeiten); sie müssen lernen, unter Anleitung zu arbeiten und dabei selbständig zu werden (konzentriert, ausdauernd, interessiert, aktiv mitarbeiten, selbständig Aufgaben erledigen).
Dies alles ist das Leistungsfeld: Arbeits- und Sozialverhalten.
— Sie lernen viele Fächer kennen, in manchen müssen sie von Anfang an sehr systematisch arbeiten, z. B. in Lesen, Schreiben, in der Mathematik.
Dies alles ist das Leistungsfeld der verschiedenen Fächer.

[2] *Jedes Kind ist anders*
Jedes Kind ist anders, und jedes Kind bringt andere Voraussetzungen mit in die Schule: das eine kennt schon Buchstaben oder kann schon lesen, das

andere ist echter Leseanfänger. Das eine Kind sprudelt über von Fragen, zu allem und zu jedem, das andere steht eher sprachlos da. Das eine erhält zu Hause jede Hilfe, vielleicht auch mehr als reichlich, um das andere können sich die Eltern kaum kümmern.
Man kann deshalb die Kinder nicht „über einen Kamm scheren".

[3] *Kinder dürfen nicht Rivalen sein*
Wir sehen: die Leistungen der Schüler sind höchst unterschiedlich; die Kinder selber können aber kaum etwas dafür.
Gerade deshalb dürfen wir ihre Leistungen nicht ständig miteinander vergleichen. Denn beim Vergleich bleiben viele Kinder auf der Strecke: sie unterliegen und erleben sich immer wieder als Versager. Welche Auswirkungen das auf ihren Leistungswillen und ihre Lernfreude hat, mag man sich ausmalen. (Im übrigen ist der tägliche Konkurrenzkampf am Arbeitsplatz für Erwachsene Streßfaktor Nummer 1!)

[4] *Lernt das Kind erfolgreich?*
Beim Zensurensystem wird das Kind mit einer „nackten" Ziffer beurteilt — ein „Befriedigend" (= 3) sagt aber nichts darüber aus, ob und wie ein Kind sich angestrengt hat, über seine Freuden und seine Schwierigkeiten beim Lernen, über seine besonderen Interessen und Stärken. Schulanfänger brauchen Beurteilungen, die dem Kind Mut machen, ihm seine Erfolge nennen, ihm aber auch sagen, wo er sich besonders anstrengen muß. Sie sollten als Eltern von Schulanfängern deshalb nicht nach einer Zensur fragen, sondern:

— Wie kommt unser Kind mit all dem zurecht, was Schulanfänger lernen müssen?
— Hat es gelernt, was es lernen mußte?
— Hat es Lernfortschritte gemacht?

Im Gespräch mit mir im Verlauf des Schuljahres — und am Ende des Schuljahres auch im Zeugnis — bekommen Sie auf diese Fragen Auskunft.

[5] *Wie ich mein Kind stärken kann*
Vielfach werden Kinder entmutigt: Ständiges Nörgeln an ausbleibenden Leistungen, Tadeln und überzogene Erwartungen machen das Kind mutlos; es wird nicht so akzeptiert, wie es ist. Die permanente Entmutigung, die heute sehr verbreitet ist, führt dazu, daß sich Kinder schnell aufgeben, jeder Anstrengung aus dem Wege gehen, sich nicht mehr viel zutrauen.
Daraus ergibt sich für uns:
Die Ermutigung muß zentraler Aspekt des Förderns sein. Dazu gehören die folgenden Grundeinstellungen, die bei Dinkmeyer und Dreikurs (1980, S. 58) zitiert sind:

— Du gehörst zu denen, die es schaffen.
— Ein Versuch kann nicht schaden. Versagen ist kein Verbrechen.
— Man sollte viele Möglichkeiten für erfolgreiche Leistungen schaffen. Die Maßstäbe sollten nicht so hoch sein, daß die Kinder ihnen nie gerecht werden können.
— Jeder einigermaßen geglückte Versuch sollte anerkannt werden. Es ist wichtig, Vertrauen in die Fähigkeit des Kindes, etwas zu vollbringen, zu setzen und dies auch zu zeigen.
— Man muß das Kind so anerkennen, wie es ist, und es gern haben, damit es sich selbst auch gern hat.
— Man sollte gewisse Rechte gewähren.

Was sagen Zensuren aus?

1 *Die wichtigen Fragen*

FRAGE 1: Hat das Kind persönliche Lernfortschritte gemacht?
(Kann es heute mehr als vor einer Woche? Was kann es mehr?)
FRAGE 2: Hat das Kind das gelernt, was es lernen sollte?
(Entsprechen seine Leistungen den Anforderungen?
Welche Anforderungen sind das?)

2 *Die unpädagogische Frage*

FRAGE 3: Wo steht das Kind in der Rangfolge der Klasse?
(Wieviele sind besser, wieviele sind schlechter?)
Hier werden die Kinder in Konkurrenz zueinander gesetzt.
Ein solches Denken fördert die Arroganz der Sieger (der Besseren),
die Mutlosigkeit der Verlierer (der Schwachen, der Versager).
Ein solches Denken mißt die Leistung nicht an der Anstrengung, am Interesse um der Sache willen, sondern nur daran, wieviele schlechter als man selber sind.
Ein solches Denken ist deshalb unpädagogisch und muß in der Grundschule, so gut wie möglich, vermieden werden.
Deshalb sind Fehler- und Zensurenspiegel ungeeignete Informationen.

3 *Was bedeuten die Zensuren?*

Die amtliche Erläuterung:

sehr gut =	die Leistung entspricht den Anforderungen in besonderem Maße
gut =	die Leistung entspricht voll den Anforderungen
befriedigend =	die Leistung entspricht im allgemeinen den Anforderungen
ausreichend =	die Leistung weist zwar Mängel auf, entspricht aber im ganzen noch den Anforderungen
mangelhaft =	die Leistung entspricht nicht mehr den Anforderungen, doch sind die notwendigen Grundkenntnisse vorhanden, so daß die Mängel in absehbarer Zeit behoben werden könnten
ungenügend =	die Leistung entspricht nicht mehr den Anforderungen, selbst die Grundkenntnisse sind so lückenhaft, daß die Mängel in absehbarer Zeit nicht behoben werden könnten

Zensuren geben also vor allem auf die Frage 2 Auskunft: Entsprechen die Leistungen den Anforderungen?
Sie geben aber keine Auskunft darüber, was und wie das Kind gelernt hat. Dies ist nicht durch eine Zensur auszudrücken, sondern nur durch einen Text. Deshalb enthalten die Zeugnisse in Klasse 3 neben den Zensuren für alle Fächer die Rubriken:

— Hinweise zum Arbeits- und Sozialverhalten
— Hinweise zu den Fächern

4 *Wie werden die Anforderungen bestimmt?*

In den amtlichen Lehrplänen sind die Ziele und Inhalte verbindlich festgelegt.
Wie die Anforderungen im Einzelfall aussehen, muß der Lehrer selbst entscheiden.
Denn: Er weiß, was er seinen Schülern zumuten kann.
Er weiß, welche Besonderheiten er berücksichtigen muß.

> Jedes Kind hat ein Recht auf erfolgreiches Lernen.
> Der Lehrer muß deshalb die grundlegenden Anforderungen so setzen, daß jedes grundschulfähige Kind in seiner Klasse auch die Chance hat, den Anforderungen gerecht zu werden.

Dies bedeutet: Zensuren sind immer bezogen auf die Anforderungen,die für eine bestimmte Klassenstufe gelten.

Ein Befriedigend heißt z. B.: Das Kind hat die Anforderungen, die für die Klasse gelten und auf die hin der Lehrer es gefördert hat, im allgemeinen erreicht.

Ziel des Lehrers ist es, jeden Schüler so zu fördern, daß er zumindest dieses Niveau erreicht.

5 *Welche Aufgabe haben Klassenarbeiten?*

Klassenarbeiten gibt es ab Klasse 2 oder 3 (je nach Bundesland) für die Bereiche: Mathematik, Schriftlicher Sprachgebrauch und Rechtschreiben.

Sie dienen der Überprüfung, inwieweit die Kinder die gesetzten Anforderungen erreicht haben.

Doch können sie nicht alles überprüfen, was in diesen Bereichen als Leistung wichtig ist:

— In Mathematik muß der Lehrer außerdem im Unterricht z. B. beobachten, wie die Schüler rechnerische/mathematische Probleme bearbeiten.

— In Rechtschreiben muß der Lehrer außerdem z. B. die tägliche Rechtschreibleistung und die Fähigkeit zur Selbstkontrolle beobachten.

Die Zensuren der Klassenarbeiten machen deshalb nur einen Teil der Zeugniszensur aus. Wer das Leistungsbild seines Kindes vollständig kennen will, muß mit dem Lehrer sprechen.

6 *Wieviele Arbeiten werden geschrieben?*

Das Schuljahr darf nicht zur ständigen Teststrecke werden.

Der Unterricht darf nicht vor allem aus Vorbereitung — Durchführung — Nachbearbeitung von Klassenarbeiten bestehen.

Deshalb muß die Zahl der Klassenarbeiten beschränkt bleiben — auf 6 bis 8 Arbeiten pro Jahr in jedem der 3 Bereiche.

7 *Mein Kind hat meistens „gut" — kann es aufs Gymnasium?*

Die Zensuren geben nur Auskunft, wie das Kind die Anforderungen bewältigt, die in seiner Klasse gelten. Das Anforderungsniveau ist von Klasse zu Klasse, von Schule zu Schule unterschiedlich.

Die Zensuren dürfen deshalb nicht ausschlaggebend sein für die Übergangsentscheidung. Dafür sind andere Gesichtspunkte wichtiger, die aber erst in der Klasse 4 aktuell werden (z. B.: Selbständigkeit, Anpassungsfähigkeit, Leistungswillen, sprachliche Fähigkeiten, logisches Denken — solche Gesichtspunkte müssen durch Beobachtung der Schüler und durch Tests ermittelt werden).

BEISPIEL:

Problematisierung der Zensur (Bericht einer Lehrerin)

Klasse 3: „Hurra, es gibt Zensuren" — die Not mit den Noten

20. Oktober. Ich habe in meiner 3a das erste Klassendiktat geschrieben. Jetzt sitze ich vor den Heften und sehe sie nach. Die Kinder haben in ihren ersten beiden Schuljahren keine Zensuren bekommen, sondern Hinweise zu ihren persönlichen Lernfortschritten. Nun soll ich ihnen Zensuren erteilen, z. B.:

befriedigend, wenn die Leistungen den Anforderungen entsprechen,
mangelhaft, wenn sie erhebliche Mängel aufweisen.

Also ans Werk: Das Diktat hat 56 Wörter. Ein Kind hat 48 richtig geschrieben. Entspricht das noch den Anforderungen? Oder müßten es nicht wenigstens 50 sein? Oder reicht es noch bei 46 Wörtern? Das muß ich jetzt entscheiden. Damit entscheide ich darüber, wieviele Kinder in meiner Klasse Erfolg haben, wieviele Mißerfolg, wieviele stolz sind oder enttäuscht, vielleicht wieviele mutlos werden.
Ich schreibe unter eine Arbeit „ausreichend". Schweren Herzens, denn ich weiß, daß das Kind zu Hause fleißig geübt hat. Viele dumme Fehler — Aufregungsfehler. Ich schreibe als Trost und zur Ermutigung dazu: „Beim nächsten Mal werden wir mehr üben, dann klappt es bestimmt besser." Ich nehme mir vor, dieses und einige andere Kinder vor dem nächsten Diktat besonders zu fördern. Ob es nützt?
Bei einem anderen Kind kann ich „sehr gut" schreiben. Schön! Aber ich weiß, daß dieses Kind sich nicht besonders anstrengen mußte und zu Hause nicht extra geübt hat. Brauchte es auch nicht, weil es eben schon ziemlich sicher im Rechtschreiben ist.
Sind Zensuren gerecht?

■ *Elterninformationen: die Leistungsanforderungen*

Den Anforderungen kommt im hier vertretenen Konzept der Leistungsbeurteilung ein hoher Stellenwert zu: ist die Leistung des Kindes doch neben der individuellen zunehmend mehr auch von der kriteriumsbezogenen Bewertungsnorm her zu beurteilen.
Verständigung über die Beurteilungspraxis schließt deshalb die Verständigung über die aktuellen Anforderungen/Ziele ein. Wenn dies nicht gar gesetzlich vorgeschrieben ist, wie im Schulmitwirkungsgesetz in Nordrhein-Westfalen, so sollten Sie doch zumindest die Information der Eltern über das, was im Unterricht ansteht, zu Ihrem Pflichtpensum machen.
Über die Ausführlichkeit der Mitteilungen und das Ausmaß an Mitwirkung der Eltern allerdings sind die Meinungen und auch Erfahrungen kontrovers. Dies nimmt nicht wunder, kann doch die Information der Eltern, mehr noch ihre Mitwirkung, unterschiedliche, darunter auch nicht wünschenswerte Effekte, auf die Leistungsdiskussion haben.

Lernzielkataloge für Eltern verleiten zum Abhaken

So stehen dem Recht der Eltern auf Information über das schulische Lernen und an Mitwirkung die folgenden Risiken gegenüber:

- Gefahr der Festlegung des Lehrers auch bei unvorhergesehenen Schwierigkeiten/Ereignissen
- Vergleich zwischen verschiedenen Lehrern/Schulen und kurzschlüssige Aburteilung des vermeintlich weniger fähigen Lehrers
- Schwierigkeiten in der Vermittlung teiweise komplizierter curricularer Zusammenhänge an Nicht-Fachleute
- Gefahr, daß leistungsehrgeizige Eltern bestimmte Fächer (Rechtschreiben, Aufsatz, Mathematik) favorisieren und bevorzugt gelehrt wissen wollen.

Deshalb können Sie die Mitteilung und Diskussion der geplanten Ziele und Themen pädagogisch nur dann als sinnvoll begründen, wenn dies in vertrauensvoller Zusammenarbeit mit den Eltern geschieht.
Intensive Zusammenarbeit bedeutet unter vielem anderen auch die Vermittlung und Diskussion des pädagogischen Konzeptes und die Öffnung des unterrichtlichen Alltags für die Eltern, in dem z. B. anschaulich wird, welche oft wenig geradlinigen Prozesse den Zielen zuarbeiten.

■ *Offene Schultür*

Eltern sollen nicht nur Zaungäste sein

Eltern wollen das Beste für das Kind; oft jedoch wissen Sie nicht, was denn das Beste sein könnte. Hier können Sie mit Rat und Tat zur Seite stehen: Gerade zu Beginn der Schulzeit sind Eltern für gute Ratschläge und Hilfestellungen aufgeschlossen.
In diesem Zusammenhang hat die „offene Schultür“ ihre Bedeutung: die Öffnung der Schule für Hospitationen, für die Mitarbeit der Eltern bei Spiel und Feier, Übung und Experiment.
Wenn die „offene Schultür“ als Alltag praktiziert wird, wenn Sie ihr also positiv gegenüberstehen und auch bereit sind für vorbereitende oder anschließende Gespräche, dann sind Eltern keine Unruheherde in der Schule, sondern anregende Partner.
Eltern, die Sie in die Schule und auch in den Unterricht einladen, werden über die Wahrnehmung Ihres Erziehungs- und Unterrichtsstils auch ihre Einstellungen ändern und damit schließlich das konkrete Verhalten. Für Eltern sind Unterrichtsbesuche günstige Gelegenheiten, unter anderem auch dies anschaulich zu erfahren:

— wie notwendig und alltäglich soziales und sachbezogenes Lernen in der Schulklasse ist
— wie verschieden Kinder tatsächlich sind, wie Individualisierung notwendig ist und unter den schwierigen Bedingungen unserer schulischen Situation versucht werden kann.

Von solchen Erfahrungen her läßt sich besser als nur vom blanken Tisch aus über Leistungsanforderungen in der heutigen Grundschule reden.

■ *Beratungsgespräche während des Schuljahres und zur Zeugniszeit*

Gemeinhin werden Beratungsgespräche zwischen Lehrern und Eltern so verstanden, daß der Lehrer die Eltern berät. Dieses Verständnis sieht zwar zu Recht den Grundschullehrer auch als Fachmann für Kindererziehung (ein Schuh, in den er oft wohl noch hineinwachsen muß), steht aber in Gefahr, an die Eltern den Part der Unwissenden, der passiv Rat Empfangenden zu verteilen.
Dies zu Unreccht, denn Sie lernen Ihre Schüler nur unter eingeschränkten Bedingungen und in bestimmten Situationen kennen, die Eltern wiederum erleben ihr Kind unter oft ganz anderen Gegebenheiten — möglicherweise verhält sich das Kind im außerschulischen Bereich anders als im schulischen? Vielleicht sind Erfahrungen des Kindes in dem einen Bereich ein Schlüssel für das Verhalten im anderen?

Lehrer und Eltern beraten sich gegenseitig

Neben diesen zwangsläufig unterschiedlichen Erfahrungen mit dem Kind bringen die Eltern in das Gespräch ihre persönlichen Möglichkeiten zur Förderung des Kindes ein. Dies umfaßt ihre Einstellung ebenso wie ihr Bildungsniveau oder ihre zeitlichen Spielräume. Zudem sind die Eltern in der Pflicht, ihr Kind optimal zu fördern. All dies macht erforderlich, Beratung immer in einem beiderseitigen Sinn zu verstehen: Beratung der Eltern durch den Lehrer und Beratung des Lehrers durch die Eltern — jeder mit seinem eigenen erzieherischen Auftrag, seinen Einblicken, Perspektiven, Möglichkeiten und Kompetenzen.
Dabei sollten Sie überlegen, inwieweit auch schon in der Grundschule das Kind in die Gesprächsrunde einzubezogen werden kann.
Tatsächlich führen Sie ja täglich kleine Beratungsgespräche mit Kindern: wenn mit dem Kind überlegt wird, wie die Hefte ordentlicher zu führen sind, wie sich Streitigkeiten in der Gruppe lösen lassen, wie die Zensur in Mathematik zu verbessern ist. Diese täglichen Gelegenheiten sollten Sie bewußt und kontinuierlich nutzen und ausbauen.

Beratungsgespräche mit Eltern haben unterschiedliche Gesprächsziele; z. B.:
— die Verabredung von Maßnahmen, wie die Rechtschreibleistung verbessert werden kann
— die Verabredung von Maßnahmen, wie Verhaltensschwierigkeiten abgebaut werden können
— Klärung, welche weiterführende Schule für das Kind in Frage kommt.

Zeugnisse sind Anlaß zum Blick nach vorn

Es ist von Nutzen, wenn Sie sich auf solche Gespräche vorbereiten. Dabei mag die folgende kleine Liste hilfreich sein:

Drei Vorbereitungspunkte für den Lehrer

1	Durchsicht der Aufzeichnungen zum Lernverhalten und zu den Lernergebnissen des Kindes (Die Aufzeichnungen müssen den Eltern nicht vorgelegt werden, sollten aber griffbereit liegen)
2	Bereitstellen von Materialien, Arbeitsprodukten, schriftlichen Arbeiten, Klassenarbeiten des Kindes
3	Überlegen konkreter Möglichkeiten der Förderung in Schule und Elternhaus (nicht um die Eltern mit einem Förder-Fahrplan zu überrollen, sondern um, wenn nötig, auch fundierte Anregungen geben zu können)

Weitere wesentliche Voraussetzungen sind der äußere Rahmen und die Art der Gesprächsführung. Gelegenheit für Beratungsgespräche ergeben sich vielfältig:
— zufällig (zwischen Tür und Angel, beim Telefonat, beim Unterrichtsbesuch)
— verabredet (Sprechstunde, Elternsprechtag).

Wir gehen nun näher auf die Gespräche ein, die im engen Zusammenhang unseres Generalthemas geführt werden.

Beratungsgespräche zur Zeugniszeit

Auch wenn die Zensuren ausformulierte Bewertungen enthalten, sind sie immer nur knapp gehaltene Zwischenbilanzen auf dem Lernweg des Kindes mit begrenzter Aussagekraft:

Zensuren sind pauschal, wenig informativ und geben keine Hilfe für das weitere Lernen, ...

— Sie verkürzen das, was alles zum Lernen des Kindes zu sagen ist, auf einige wenige Aspekte.
— Bei der Verwendung von Zensuren lassen sie weithin unberücksichtigt, wie dieses Kind mit seinen speziellen derzeitigen Möglichkeiten gelernt hat.
— Sie lassen offen, was Eltern und Lehrer tun können, um das Kind zu fördern, vorhandenen Neigungen zu entsprechen, Schwächen auszugleichen

Und schließlich:
— Sie haben einen Autor und Adressaten und sind für diese eingleisige Kommunikationsrichtung (von der Schule zu den Eltern) konzipiert.

Die Idee gemeinsamer Verständigung zwischen Schule und Elternhaus erfordert aber, den Dekretcharakter der Zeugnisse abzubauen, Zeugnisse zum Anlaß zu nehmen, miteinander über den bisherigen und den zukünftigen Lernweg des Kindes zu beraten.

Aus all diesen Gründen halten wir ein Gespräch zwischen Eltern und Lehrer im Zusammenhang mit der Zeugnisausgabe für erforderlich.

... deshalb sollten Zensurenzeugnisse im Gespräch mit den Eltern ausgegeben werden

Was hier an gegenseitiger Information nötig ist, hängt vor allem von der bisher geleisteten Elternarbeit ab. Fragen nach den Zielen von Sozial- und Arbeitsverhalten, nach den Anforderungen in den Fächern, nach dem Unterrichtsstil, nach der Zensurendefinition sollten Sie möglichst schon bei anderen Gelegenheiten geklärt haben.

Dann erst kann sich bei der ohnenhin knapp bemessenen Zeit ein Gespräch ergeben, in dem

Drei Anregungen für das Gespräch mit den Eltern

- die Zeugnisaussagen gegebenenfalls mit veranschaulichenden Beispielen konkretisiert werden
- gemeinsam Rückblick auf die Lernentwicklung seit dem letzten Gespräch gehalten wird
- gemeinsam überlegt wird, wie das Kind weiterhin zu fördern ist (Ausbau individueller Fähigkeiten, Ausgleich individueller Schwächen).

Für diese Gespräche praktizieren Grundschullehrer unterschiedliche organisatorische Möglichkeiten, die hier nur aufgezählt werden sollen. Welche dieser Möglichkeiten Sie wählen, hängt ab vom schulischen Verfahren und von der Absprache mit den Eltern (vgl. zur Zeugnisausgabe auch S. 135 f).

Vier Möglichkeiten einer pädagogisch sinnvollen Zeugnisausgabe

- Auf einem Elternabend gegen Schluß des Schulhalbjahres erhalten die Eltern die Zeugnisse, zugleich werden Gesprächstermine an den nachfolgenden Tagen oder gebündelt an einem Elternsprechtag vereinbart.
- Die Eltern kommen sukzessive in den letzten Tagen vor dem Ende des Schulhalbjahres nach Vereinbarung in die Schule, sie erhalten hier zu Beginn des Beratungsgesprächs das Zeugnis.
- Die Schüler bekommen das Zeugnis mit nach Hause; einige Tage später findet der Elternsprechtag statt.
- Die Eltern bekommen das Zeugnis am Elternsprechtag.

Alle vier Möglichkeiten können Sie so durchführen, daß sie ohne Kinder als Gespräch unter Erwachsenen verlaufen; aber auch so, daß das betroffene Kind am Gespräch teilnimmt. Dann aber sollte es auch tatsächlich teilnehmen, d. h. mitsprechen können.

Literatur

BAMBACH, H.: Ermutigungen. Zeugnisse ohne Noten im dritten und vierten Schuljahr der Bielefelder Laborschule. In: Die Grundschulzeitschrift 1993

BARTNITZKY, H. u. a.: Differenzierte Diktate: Klassen 3 und 4, Bielefeld (CVK) 1984

BARTNITZKY, H.: Freie Arbeit und Leistungsbeurteilung. In: Lehrer-Journal Heft 5/1986 S. 215 f.

BARTNITZKY, H.: Sprachunterricht heute. Frankfurt (Scriptor) 1987

BARTNITZKY, H./BUNK, H.-D.: Unsere Fibel. Stuttgart (Klett) 1986

BOBROWSKI, S./WUSCHANSKY, E.-M.: Differenzierte Lernkontrollen im Mathematikunterricht: Klassen 1 und 2, Bielefeld (CVK) 1983

BEHÖRDE FÜR SCHULE, JUGEND UND BERUFSBILDUNG: Schülerbeurteilung im Unterricht der Klassen 1 bis 4. Hamburg 1991

BENNER, D.: Hauptströmungen der Erziehungswissenschaft. München (List) 2. Aufl. 1978

BENNER, D./RAMMSEGER, J.: Zwischen Ziffernzensur und pädagogischem Entwicklungsbericht: Zeugnis ohne Noten in der Grundschule. In: Zeitschrift für Pädagogik Heft 2/1985, S. 151—174

BIRKEL, P.: Schriftliche Prüfungen durch Klassenarbeiten. In: HELLER, K.: Leistungsdiagnostik in der Schule. Bern u. a. (Huber) 1984[4]

BUNK, D.: Schülerhearing in der Grundschule. In: Die Grundschule Heft 1/1984, S. 27—29

CHRISTIANI, R.: Hürdenlauf von 4 nach 5: Länderspezifische Übergangsspielregeln. In: Die Grundschule Heft 1/1984, S. 12—16

CHRISTIANI, R.: Pädagogische Weichenstellung in Richtung Freie Arbeit. In: Lehrer-Journal Heft 5/1986, S. 198—200

CHRISTIANI, R./HELLER, K.: Übergang in weiterführende Schulen. In: BARTNITZKY, H./CHRISTIANI, R. (Hrsg.): Handbuch der Grundschulpraxis und Grundschuldidaktik. Stuttgart u. a. (Kohlhammer) 1981, S. 106—112

COHN, R.: Von der Psychoanalyse zur themenzentrierten Interaktion. Stuttgart (Klett) 1975

DINKMEYER, D./DREIKURS, R.: Ermutigung als Lernhilfe. Stuttgart (Klett) 5. Aufl. 1980

FEND, H.: Theorie der Schule. München u. a. (Urban und Schwarzenberg) 1980

FISCHER, R.: Lernen im non-direktiven Unterricht. Frankfurt, Bern (Lang) 1982

FLITNER, A.: Das Schulzeugnis im Licht neuer Untersuchungen. In: Zeitschrift für Pädagogik 1966, S. 531—538

FLITNER, A.: Besinnung auf die Grundschule. In: Die Grundschule Heft 11/1981 S. 454—458

FLITNER, A.: Gerechtigkeit als Problem der Schule und als Thema der Bildungsreform. In: Zeitschrift für Pädagogik Heft 1/1985, s. 1—26

FROST, K.: Eigenzeugnisse — Kinder schreiben sich ihr Zeugnis. In: Integration konkret. Pädagogisches Zentrum, Berlin 1990

GEWERKSCHAFT ERZIEHUNG UND WISSENSCHAFT (Fachgruppen Grund- und Hauptschule): Grundschule ohne Zensuren. Heidelberg (Carl Winter Universitätsverlag) 1985

GRAUMANN, C. F.: Eigenschaften als Problem der Persönlichkeitsforschung. In: THOMAE, H./LERSCH, Ph. (Hrsg.): Handbuch der Psychologie, Bd. IV: Persönlichkeitstheorie und Persönlichkeitsforschung. Göttingen (Hogrefe) 1960

HASEMANN, K.: Verhaltensbeobachtung. In: HEISS, R. (Hrsg.): Handbuch der Psychologie Bd. VI: Psychologische Diagnostik. Göttingen (Hogrefe) 1964

HECKHAUSEN, H.: Leistung und Chancengleichheit. Göttingen (Hogrefe) 1974

HELLER, K./NICKEL, H.: Psychologie in der Erziehungswissenschaft. Band IV: Beurteilen und Beraten. Stuttgart (Klett-Cotta) 1978

HELLER, K. A. (Hrsg.): Leistungsdiagnostik in der Schule. Bern, u. a. (Hans Huber) 1984[4]

HENTIG VON, H.: Das Beurteilungssystem der Bielefelder Laborschule. In: Neue Sammlung Heft 2/1982, S. 238—260

HÖHN, E.: Der schlechte Schüler. München (Piper) 1967

HOFER, M.: Die Schülerpersönlichkeit im Urteil des Lehrers. Weinheim u. a. (Beltz) 1969

INGENKAMP, K. (Hrsg.): Die Fragwürdigkeit der Zensurengebung. Weinheim (Beltz) 1971

INGENKAMP, K.: Lehrbuch der pädagogischen Diagnostik. Weinheim, Basel (Beltz) 1985

KLAFKI, W.: Neue Studien zur Bildungstheorie und Didaktik. Weinheim, Basel (Beltz) 1985

KLEBER, E. W. u.a.: Beurteilung und Beurteilungsprobleme. Weinheim, Basel (Belz) 1976

KLEBER, E. W./THOMANN, W.: Die Schullaufbahnempfehlung — wie sie entsteht und wie sie wirkt. In: Die Grundschule Heft 1/1984, S. 16—19

KRAPP, A./MANDL, H.: Einschulungsdiagnostik. Weinheim, Basel (Beltz) 1977

KRAPP, A.: Forschungsergebnisse zur Bedingungsstruktur der Schulleistung. In: HELLER, K. A. (Hrsg.): Leistungsdiagnostik in der Schule. Bern u. a. (Hans Huber) 1984[4]

KULTUSMINISTER DES LANDES NORDRHEIN-WESTFALEN (Hrsg.): Richtlinien und Lehrpläne für die Grundschule in Nordrhein-Westfalen. Frechen (Verlagsgesellschaft Ritterbach) 1985

LABORSCHULE BIELEFELD: Schulalltag in der Eingangsstufe der Laborschule. Bielefeld 1982

LANGFELDT, H.-P./FINGERHUT, W.: Empirische Ansätze zur Aufklärung des Konstrukts „Schulleistung". In: HELLER, K. (Hrsg.) Leistungsdiagnostik in der Schule. Bern u. a. (Huber) 1984[4]

LANGHORST, E.: Beobachtung und Beurteilung des Schülerverhaltens im Unterricht. In: HELLER, K. (Hrsg.): Leistungsdiagnostik in der Schule. Bern u. a. (Huber) 1984[4]

LICHTENSTEIN-ROTHER, I.: Jedem Kind seine Chance. Individuelle Förderung in der Schule. Freiburg (Herder) 1980

LICHTENSTEIN-ROTHER, I.: Innere Differenzierung — ein Auftrag der Grundschule. In: Die Grundschule Heft 1/1982, S. 15

LICHTENSTEIN-ROTHER, I./RÖBE, E.: Grundschule. Der pädagogische Raum für Grundlegung der Bildung. München u. a. (Urban und Schwarzenberg) 1982

LICHTENSTEIN-ROTHER, I.: Der pädagogische Ort der Freien Arbeit in der Regelschule. In: Lehrer-Journal Heft 5/1986, S. 194—197

MANTHEY, R. u. a.: Mathemax. Bielefeld (CVK) 1986

NIEDERSTEBERG, I.: Aufbau eines Grundwortschatzes. Frankfurt a. M. (Scriptor) 1986[2]

PEISKER, M.: Diktat und Aufsatz zwischen Ermutigung und Zensierung. In: Lehrer-Journal Heft 6/1984, S. 249 ff

ROLFF, H. G. u. a.: Jahrbuch der Schulentwicklung. Bd. 4. Weinheim, Basel (Beltz) 1986

ROLFF, H.-G. u. a. (Hrsg.): Jahrbuch der Schulbuchentwicklung Bd. 7. München 1992

ROSEMANN, B.: Konstruktion und Auswertung informeller Schulleistungstests. In: HELLER, K. A.: Leistungsdiagnostik in der Schule. Bern u. a. (Hans Huber) 1984[4]

ROTH, H.: Wie lernen wir unsere Schüler als Menschen kennen? In: Pädagogische Psychologie des Lehrens und Lernens. Hannover (Schroedel) 1957

ROTH, H.: Pädagogische Anthropologie. Band II: Entwicklung und Erziehung. Hannover (Schroedel) 1971

RUPPERT, J. P.: Die seelischen Grundlagen der sozialen Erziehung. Band I: Sozialpsychologie im Raum der Erziehung. Weinheim (Beltz) 1954

RUTTER, M. u. a.: Fünfzehntausend Stunden. Weinheim und Basel (Beltz) 1980

SCHEERER, H./ SCHMIED, D./ TARNAI, Ch.: Verbalbeurteilung in der Grundschule. In: Zeitschrift für Pädagogik Heft 2/1985, s. 175—200

SCHUBERT, K.: Elternfragen. In: Encyklopädisches Handbuch der Pädagogik. Langensalza 1904

SCHWARZER, Ch./ SCHWARZER, R.: Praxis der Schülerbeurteilung. München (Kösel) 1977

SENNLAUB, G.: Spaß beim Schreiben oder Aufsatzerziehung. Stuttgart (Kohlhammer) 1980

SINGER, K.: Maßstäbe für eine Humane Schule. Mitmenschliche Beziehung und angstfreies Lernen durch partnerschaftlichen Unterricht. Frankfurt (Fischer) 1981

SPITTA, G.: Kinder schreiben eigene Texte: Klassen 1 und 2. Bielefeld (CVK) 1985

STRATMANN, K.: Schule, Leistung und Zensur. In: Die Deutsche Schule 1976, S. 333—339

TEIGELER, P./ GAUDE, P./ TEIGELER, U.: Skalen zur Beschreibung von Schülerverhalten. In: Die Deutsche Schule 1973, S. 786—799

THOMAE, H.: Beobachtung und Beurteilung von Kindern und Jugendlichen. Basel u. a. (S. Karger) 1976[12]

VALTIN, R./ NAEGELE, I.: „Schreiben ist wichtig!" — Grundlagen und Beispiele für kommunikatives Schreiben(lernen). Frankfurt a. M. (Arbeitskreis Grundschule) 1986

WEINERT, F. E. u. a. (Hrsg).: Pädagogische Psychologie Teil III, Sozialisation. Weinheim, Basel (Beltz) 1976

WENDELER, I.: Standardarbeiten. Weinheim, Berlin, Basel (Beltz) 1969

WINTER, H.: Sachrechnen in der Grundschule. Bielefeld (CVK) 1985

WINTER, H.: Mathematik entdecken. Scriptor (Frankfurt) 1987

WITTENBRUCH, W.: Perspektiven des sozialen Lernens im schulischen Raum. In: WIEDERHOLD, K. A. (Hrsg.): Soziales Lernen in der Grundschule. Kastellaun (Henn) 1976

ZIELINSKI, W.: Verfahren zur Beurteilung des Unterrichts. In: Funkkolleg „Pädagogische Psychologie", Bd. 2. Frankfurt (Fischer) 1974

ZIMMER, E.: Die weiterführenden Schulen — Lernorte für Viertkläßler. In: Die Grundschule Heft 1/1984, S. 28f.